陈春花 著

陈春花文集

第一集

管理研究 ③
企业家与领导力

华南理工大学出版社
·广州·

图书在版编目（CIP）数据

企业家与领导力/陈春花著.—广州：华南理工大学出版社，2018.9
（陈春花文集．第一集，管理研究；3）
ISBN 978-7-5623-5769-8

Ⅰ.①企…　Ⅱ.①陈…　Ⅲ.①企业管理　Ⅳ.①F272

中国版本图书馆CIP数据核字（2018）第191886号

Qiyejia Yu Lingdaoli
企业家与领导力
陈春花　著

出 版 人：卢家明
出版发行：华南理工大学出版社
　　　　　（广州五山华南理工大学17号楼，邮编510640）
　　　　　http://www.scutpress.com.cn　E-mail:scutc13@scut.edu.cn
　　　　　营销部电话：020-87113487　87111048（传真）
总 策 划：卢家明
策划编辑：罗月花
责任编辑：李秋云
印 刷 者：广州市新怡印务有限公司

开　　本：787mm×960mm　1/16　印张：20.25　字数：375千
版　　次：2018年9月第1版　2018年9月第1次印刷
印　　数：1～2000册
定　　价：96.00元

版权所有　盗版必究　印装差错　负责调换

《陈春花文集》
总序

对实践敬仰，守理论自信

如果不是这样的幸运，我相信这套文集不会有面世的一天。

我是幸运的。1982年开始能够在华南理工大学学习和工作，让我有机会置身于改革开放浪潮下的珠江三角洲这片热土。1992年开始，因为青年教师需要到基层学习和实践，我来到东莞厚街镇，在这里我直接接触并切身体会到乡镇经济发展的点点滴滴。之后由于学校的机缘到汕头春源集团任职，在这家香港企业家投资创办的加工企业参与管理，深入了解境外投资企业本土化的管理过程。随后，我开始有机会到康佳、TCL、科龙、美的、万和、顺德农商银行（原顺德信用合作社）、南方航空、深圳航空、南方电网、广东电信、珠江啤酒、香港星光集团、招商基金、威创股份、东方园林等企业做管理顾问工作或者主持咨询项目，与这些企业一起成长并拥有了长期近距离观察企业的机会。更有幸的是，2003—2004年出任山东六和集团总裁，2013—2016年出任新希望六和股份有限公司联席董事长兼首席执行官，2017年则接任新华都集团的工作。这些直接的管理实践，让我更清晰地理解管理研究与管理实践之间的融合度，也为我能够展开研究奠定了丰厚的企业实践基础。

而对我而言，最大的幸运是一直可以保有作为一个管理学教师和研究者的身份，与众多的商学院学生们一起学习和交流，见证和参与了中国改革开放40年间中国企业的成长与进步。这些经历无疑了我巨大的帮助，让我能够因应企业的成长去透彻理解管理理论的价值,去理解并找寻理论的本质内涵,去发现和发展管理理论与研究的真正意义。也正因如此,在过去30年从教经历中,可以针对管理问题展开充分的讨论,并形成了这些文字。企业实践中不断涌现出新的方案,也促使我的思考、研究与写作源源不断,那些实践激荡我的想法,甚至有无法停下来的感觉,这种感觉真的很好。感恩这所大学,感恩这片热土,感恩这个时代,感恩中国,感恩中国企业实践。

研究会带来什么?

当我决定做一个教师,把教学与研究作为终生职业的时候,我并未真的理解"研究到底意味着什么"。20多年前,我把自己的研究目标确定为研究"中国本土企业成长模式"时,我和我的团队开始对研究进行了漫长而艰难的思考,其产品就是那本《领先之道》。这本书的内容是对中国企业成长的分析,在其中,我们试图回答这些问题:一些中国企业为什么可以成为领先者?这个成长的过程到底发生了什么?这些影响因素是否可以让其他企业借鉴并获得成长?对于这三个问题的追问和探讨,持续了接近30年,我们持续给出阶段性的答案,这些答案帮助到一些企业成长,也帮助了我和我的团队成长。更重要的是,对这些问题的答案的不断追寻使我持续与企业互动,并将感悟持续融入教学、研究中,让更多人去关注这三个问题,去寻找属于每个思考过这三个问题者自己的答案。接近30年持续的研究,让我可以真切地理解研究带来的贡献到底是什么,研究本身给我的帮助是什么。

我深受彼得·德鲁克先生的影响,德鲁克先生1994年写给《经济学人》主编的信中再一次重申管理研究要解决实践问题。在信中,他列举自己1950—1971年间从事管理学研究和实践的累累硕果。这一时期,他完成了自己9部主要管理学著作中的6部;这一时期,他是纽约大学研究生院的全职管理学教授,其中有10年,他还在宾夕法尼亚大学沃顿商学院任兼职教授;他的主要商业咨询活动也是在这一时期完成的。这样的研究路径,让德鲁克的著作承载着其极具旺盛生命力的管理实践思想。

德鲁克先生认为,管理研究要解答实践问题。能提出管理实践中出现的问题并解决这些问题,是管理学进步的标志。在其一系列经典著作中,德鲁克回答了管理实践研究中最根本的问题:管理作为独特的组织活动如何设定自己的结构?管理中如何面对人?管理决策的依据是什么?管理的范围如何界定?管理实践界定的标准是什么?管理的成效如何评价?当德鲁克先生清晰、准确地回答了这些问题的时候,管理实践所取得的成效成为人类历史上最激动人心的一项创新。而对于管理教育应该如何具有价值,也应该如德鲁克先生所设计的那样,让管理者"可以把课堂上学的东西立即运用到他们的实践中,同时把他们在日常工作中的经验和问题拿到课堂上进行讨论分析"。

"比使命更重要的是实践"这句话是我总结德鲁克先生经典著作《价值贡献》一文的结束语。在点评先生的信件时,我忍不住还是用这句话做结束语,但是改动了一个词"行动"——"比使命更重要的是行动"。我们一直在思考德鲁克思想旺盛生命力的来源,最后发现其长盛不衰的原因就在于,作为旁观者的德鲁克的思考是如此地贴近管理实践的真实情况,以至于后人的所有优秀作品的重要观点几乎都可以从其思想中找到根源。德鲁克的思想可以被不同的个人和组织所接受,并且应用于不同的领域。正是源于他对于管理本质的界定:"管理是一种实践,其本质不在于'知',而在于'行',其验证不在于逻辑,而在于成果。"对于每一个管理学者而言,比使命更重要的是行动,就像德鲁克先生倾力实践他的使命一样。我是这样评价先生的,也是这样去要求自己的。

研究会带来什么?在管理学领域,研究可以解答实践问题。我的研究致力于关注中国企业的实践,那些存在于管理日常行为中的、对绩效和成长有意义的、充满着鲜明个性的却又隐含着共性价值的各种真实案例。在我看来,如果不能够真切地去观察、去理解并融入其中,是无法真正理解管理本身、无法真正理解管理理论本身的。管理研究的对象不仅仅是管理本身,同时也是管理研究及理论在管理实践中的位置,它对日常管理生活的意义,它在日常管理生活中的功能,尤其是它的思想方式和行为方式本身,都会直接或间接地彰显着管理理论及研究的价值。如果作为管理研究学者,根本未关注到这些真实的管理对象,未能真正接受和理解这一事实,我们又怎么可能真正有对于管理理论与知识的自信呢?

波提舍(Sulpiz Boisser`ee,1783—1854)说过一句让我记忆深刻的话:"对不引人注意之事的虔敬。"在19世纪的进程中,这一揶揄之词却成了充满敬意的话语，因为人们开始将许多被忽略的民间文化看作是文化的见证。每每想到这句话，我也总是对企业实践充满敬意，从1992年的东莞厚街开始，我几乎一半的时间都在与实践者交流、与实践对话，这些交流与对话，给了我用实践的视角去看待管理问题的帮助，正如哲学家恩斯特·布洛赫（Ernst Bloch）提出的警言，即我们不能隔岸钓鱼。

我也同样要求自己拿出另外一半的时间，保持与实践的距离，因为我把自己定位于一个研究学者，定位于一个让理论与研究创造价值的人，如果我完全陷入到具体的日常管理中，这又会导致我因缺少必要的时间和距离，无法去反思实践，无法去找寻理论的价值，或者只是满足于解决个案，满足于具体的实践绩效，而陷入到经验主义之中。

珠江三角洲企业的实践给了我莫大的帮助，这里有大量的企业实践、大量的创新和可见的绩效，这里区域经济发展和产业集群的功效，让我既可以看到企业成功的个案，也可以理解产业价值链的集合成效；让我既可以了解非经济因素的作用，也可以感受每一次外部环境变化对企业成长的影响；只要我踏实地走在这片土地上，这里的企业实践总是会以它们鲜活的事例，给我的研究以支撑和启示，甚至于我的很多观点完全是因为它们而得出。

保持对实践的敬仰，又坚守理论的自信，这就是过去近30年的研究带给我的帮助。正是这个帮助，让我可以安静而持续地做研究，可以真切地与中国本土企业成长互动，可以呈现出自己的思考和观点，并与企业实践做深度的对话。

研究学者会带来什么？

在我的初中学习生活中，因为宁齐堃老师，每一天我们都要提前一个小时到学校，大声朗诵《古文观止》《增广贤文》和唐宋诗词。年少的我并不知道这样的学习，对我意味着什么。到了大学的时候，我保留了阅读典籍的习惯，《大学》《论语》《道德经》《金刚经》《易经》和《六祖坛经》等，这些经书典籍的阅读，在其时我并不能够完全理解，只是因为阅读变成习惯，保持了下来。但是多年后，我才恍然大悟，这些不期然的、积极投入的朗诵和阅读，已经把这些经典沉淀在我的认知和秉性里，这些我早年并不理解的典籍，已经在多年前成了改变我人生埋入的种子。时至今日,这些看似遥远的典籍,却真实地解决了今天世事的苦恼与问题——怎样与自然相处?怎样与变化相处?怎样与人相处?怎样去发现和想象美好?选择怎样的生活?让我在今天,能够去理解"如何成为一个更好的人"和"如何创造一个更好的世界"的思维方式和可能性。

借助于怀特海在《教育的目的》一书中的一段话来说明我的想法,他在书中写道:"要用充满想象力的视角去看任何人类组织的约束力,用充满同情的眼光去看人类天赋的局限性以及唤起服务忠诚度的条件。要掌握一些养生规律、疲劳规律和保持持久耐力的条件的知识。要富有想象地理解工厂的社会影响。要对科学对现代社会的作用有充分的概念。要懂得对别人说'不'或是'好'的原则,不是出于盲目的固执,而是出于对相关可选择的方案经过理智的评估后得出的坚定回答。"

无论是中国传统文化的典籍还是有关现代大学教育作用的诠释,都给予我们有关知识的魅力和价值的理解。美国《独立宣言》的作者杰弗逊(Thomas Jefferson)曾说:"我们相信最终会证明,人是可以受理性和真理支配的。"先贤把知识比喻为一个代代相传的火炬,照亮着人类前行的路,并指向人类的理想。人类的自信心是由人类社会在获取知识进步方面所取得的成就而产生的自豪感,如果回顾人类发展的历程,进步的地方通常就是那些知识空前繁荣的地方。怀特海继续写道:"学者的作用是唤起生活中的智慧和美……一个前进中的社会需要依靠这三类人:学者、发现者和发明者。它的进步也依赖这样一个事实,即社会中的受教育人群由同时具有些许学识、发现能力和创造能力的人组成。我在这里用的'发现',指的是关于具有高度一般性的原理方面的知识进步;'发明',指的是根据当前的需求,一般原理以某些特殊方式进行应用的知识进步。"

研究学者会带来什么?在管理学领域,研究学者带来理论知识与实践经验的完美组合。我从这个组合中获益良多。我之所以能够享受到管理研究与管理实践之间的自由切换,正是基于这样的原因:一是理论研究与教学,让我得以了解较为完整的知识体系;更多的阅读让我了解丰富的案例和文献,让我可以隔开一定的距离理性地面对问题,并了解其中关联与相互的影响。二是承担具体的企业绩效成长,让我得以面对各式各样的实际问题与挑战,并与同事们寻找一个又一解决方案，从而取得绩效实现目标；承担具体的绩效成长，让我得以承受压力而去感受管理者真实的立场和角色，从而要求自己做出理性决策并承担责任。

我明确地意识到了这种组合的完美，我们去看管理经典理论产生的背景和缘由，不难发现，那些贡献了经典管理理论的研究学者，无一不是把理论知识与实践经验完美组合的人。Coloquitt和Zapata-Phelan（2007）回顾了1963—2007年在AMJ杂志上发表的667篇文章，发现管理学领域中的大部分理论都是在20世纪50—80年代之间发展起来的。结合管理实践现象不难发现，在这个时期出现了有意思的实践现象。在20世纪50—80年代，是欧美经济快速发展、工业化进程非常高的时期，也就是在这个时期，管理实践的创新层出不穷。以前从来没有过一家工厂可以有十几万人，在大工业革命时代成为现实；以前从来没有过一个小的组织单元可以全球分布，这个时候已经做出来了；以前也从来没有过用绩效来获取收益的职业经理人。所以我们会发现，实践上做出一堆创新，研究上就会贡献出一堆新理论。管理研究和管理实践本身的合一，造就了非常多的、具有影响力的、改变世界进程的管理理论。这些理论学者共性的地方，是密切观察，并且亲身经历了他们那个时代的社会问题。更重要的是他们对已观察到的各种组织形式和实践的变异，具有很深的感受和困惑，然后试图去解答它，而且幸运的是，他们解答出来了，也就出现了相应的管理理论。因此研究与实践是本源归一的。

所以，管理研究学者的基本价值取向是：理论研究与实践经验不能分离，研究主题的选择要基于某些管理实践现实中的问题并包含着对现实的启蒙。就如《浮士德》里的句子："如果你们没有感觉，你们就不能有所追求！"在具体责任之下的、对决策结果的理解是最真实的。当你需要对几万人的成长负责、对每一个顾客负责、对每一分钱的投资负责、对利益相关者和社会负责的时候，对于管理决策本身的理解是极为深刻而清晰的，而由此对理论价值的阐述和界定也是深刻而清晰的。就如泰勒对于生产效率的理解，波特对于成本与竞争优势关系的理解，德鲁克对于知识员工价值创造的理解，他们都是把自己置身于真实的管理实践之中，寻找到有效的答案——将实践经验升华为理论知识。

康德在《实践理性批判》第一卷第一章第一节中，对实践原理下了定义，在他看来，所谓实践原理是包含意志一般决定的一些命题，这种决定在自身之下有更多的实践规则。当主体认为条件仅对自己的意志有效时，这些原理是主观的，或者是准则；当主体认为条件是客观的，对于每个理性存在者的意志均有效时，这些原理是客观的，或者就是法则。这些话的意思其实就是说只有这些实践原理对每个理性存在者都是客观有效的，才能够成为普遍受用的法则，否则就是准则了，这些准则只能主观上受用。康德还明确地指出："实践的规则始终是理性的产物，因为它指定作为手段的行为，以达到作为目的的结果。"我试着去理解康德，去理解实践理性，这也许可以帮助我们去理解研究学者的价值与意义。

研究学者必须强调学术性，必须能够运用抽象的、理论性的表述，准确的引文以及规范性训练，这是基本技能，但是这不是学术本身，即便是詹姆斯·马奇（James G. March），一个被誉为一以贯之的数理科学倾向的学者，其核心也是一直围绕着人类的各种决策过程和问题的解决过程，以及这些过程在不同组织中的表现和意义。

研究主题的选择要基于某些管理实践中的问题并包含着对现实的启蒙，这就是研究学者能够贡献的价值。《墨经》上说：知，接也。人的知觉，是与外面物质界接触而生的。我依然觉得自己幸运，可以与中国企业的实践界充分接触，从而有机会去感受管理理论知识的意义与价值，并有机会把这些理论知识借助课堂传递出去，从而见证和参与了一些企业的成长和发展。

重新创造"道"

我曾经为我的一个班的学生写过一段毕业寄语，这段话比较完整地表达了我之所以写出这样多文章的原因。毕业寄语如下：

你们无疑会成为各自领域里的未来领导者，也正因如此，你们的品性与思想将会显得更重要，因为那会影响到很多人。所以，我决定手抄《德道经》送给大家，因为这是对我影响至深的，关于"道"的启悟。

很多人都相信每个人应该是一个充分认识自我的独特个体，尤其是在互联网技术的驱动下，每个人都相信自己应该活得真实，对真理保持忠诚。所以，我们都会为"如何成为一个更好的人"和"如何创造一个更好的世界"做出努力，这也是我想教授给你们的一种世界观。

因我们拥有着共同生长的训练，你不会让自己从整个世界中抽离出来，而是让自己深深地融入现实世界中，因为你我都很清楚，唯有在实践与行动中，人的性格才会被培养出来。换句话说：我们不止于我们现在的样子，我们还可以成为更好的人。这项任务并不简单，这要求我们改变自己，而从你我认识的那一天开始，我希望改变开始发生。

我们再回到"道"。"道"并不是一个我们必须尽力遵循的"理想"，而是一条通过我们自身的选择、行动与努力而不断去开拓的道路。

这套文集就是我的选择、行动与努力，集合了过去20多年我对于中国企业实践的观察、思考与判断。这套文集，我并不曾想如管理学家们，有系统、有组织、严格地、精准地，把思想凝练在一条线上，依照逻辑的推演，祈求创造出一个理论体系。我只是想把伴随中国企业成长过程中所遭遇的各种真实问题，展开真实的对话，让理论与实践之间实现动态呼应，让管理研究与管理教育，能够根植于中国企业的实践，能够面向中国企业实践，能够与企业管理者交流，并给实践以理论的回应和支持。

所以这套文集分为3集10卷，第一集《管理研究》，包含5卷，分别为：《组织与文化管理》《变革与创新》《企业家与领导力》《组织学习与知识管理》《本土管理研究》，这是我在管理学研究领域所发表的观点，我在自己定位组织与文化管理领域、关注组织与文化管理过程中所产生的问题，以及有关这些问题的答案。第二集《商业评论》，包含3卷，分别为：《经营》《管理》《成长》，这是围绕着每个阶段现实案例和企业实践所面对的现实问题而展开的思考，我曾经分别在主要的财经杂志开设专栏，及时与大家探讨中国企业面临的现实问题，并给出我自己的答案。第三集《春暖花开》，包含2卷，分别为：《不为彼岸只为海：陈春花人生感悟》和《正在发生的未来：陈春花商业洞见》，这是在我所主持的微信公众号"春暖花开"上所发布的一系列的随笔，虽然不是全部，但是也收入了大部分。在"春暖花开"公众号上，我不仅仅关注企业管理实践，也关注人们的日常生活，甚至是人生部分的自我管理与自我成长，这是我另外一部分的价值创造。

整理这套文集出版，是接受了华南理工大学出版社卢家明社长的建议，社长从学术价值如何得以更持久展开的视角，尤其是对于中国改革开放40年取得成效的视角，给了我这个建议，让我深受感动和鼓舞；编审罗月花老师细心地和我探讨具体的内容安排、文体以及相应的建议和帮助，罗老师从其专业的视角给出明确的指引和帮助，让我下定决心整理这套文集。整理这套文集整整花费了10个月的时间，在这10个月的时间里，苏涛、程城、李芷慧、王霞、袁璐、蔡明峡、刘祯一直陪伴着我，刘祯最后还承担了分类和分卷的工作。这些工作需要极大的耐心和细心，需要专注与认真，当我看到最后文集总成的文稿时，内心充满了感激，感恩学生们与我在一起，激励并启发我。而在这套文集整理好交付给出版社后，华南理工大学出版基金又给予了巨大的支持，让这套文集得以呈现在大家面前，正如我开篇说的那样，能够在华南理工大学学习与工作，是我的大幸！

整理出版这套文集，我需要着重强调，我坚持持续研究写作，也是为了鼓励我的同仁们采取行动。管理本身是知行合一的，而其核心在于"行"。在过去40年中国企业成长的过程中，管理研究与管理教育产生了很大的影响并贡献了价值，但是在学界和实践界也一直存在着质疑，质疑管理研究是否对管理实践真正发挥了应有的价值影响。我对这种质疑深表理解，但依然坚持认为管理研究与管理实践是合一的，并确信管理理论能够解决管理实践的问题，我是这样想的，也是这样做的，并借此希望，我的写作能够起到一种作用，促使管理学界付诸行动，让自己的研究面向企业实践，面对现实问题并对现实启蒙。

对中国企业来讲，我们来到了一个最重要的时代机遇点。这是中国企业从未有过的一个时间点，我们在改革开放40年前里一直都在跟随西方先进企业，并没有太多的优势，无论是在规模上，还是在技术、人才和资本积累上，都无法与传统强国企业竞争。但是，我们来到了一个特殊的时间点，互联网技术使得数据、协同、智能等全新的生产力要素能高效组合在一起，也就重构了整个商业系统。

处在整个商业系统重构的今天，无论是中国企业还是世界企业，都重新站在同一条起跑线上。所以，有人跟我讲我们要不要做"弯道超车"，我不同意这个词。我们今天没有弯道，我们共同站在一个全新的起点上，我们不需要在弯道超越谁，只需要站在一个新起点上重新开始就可以。

而且已有很多中国企业的确做到了。在彭博社公布的 2017年4月份全球市值排名榜中，中国有两家企业进入前十，这在以前是不可思议的，可见中国企业进步的速度是非常快的。在2017年世界 500 强的名单中，无论是中国的国有企业，还是民营企业，都在彰显着它们的中国力量，也越来越多进入世界 500 强的

排行榜。再看看中国的"新四大发明"以及很多的优秀产品案例,其实中国企业正在悄然地改变着世界。不仅仅是在规模和市值方面,我觉得最重要的是中国企业开始真正去创造一些全新的价值,这个价值跟人类所追寻的美好生活相关,蕴含着生活的意义。

如果说中国企业已经来到最好的时代机遇点上,这也同样意味着中国管理研究也已经来到最好的时代机遇点上。说到致敬改革开放40年,我们最好的致敬方式就是:站在这个时代最好的机遇点上,昂然走出一条全新的道路来。这条道路如果按照十九大的报告,用国家领导人的说法就是"中国智慧和中国方案"。我相信经历了改革开放40年的中国实践,肯定会为世界贡献一个优秀的中国方案,这就是我们研究学者的价值贡献,这是使命更是行动!

陈春花

2018年1月3日于朗润园

第一集

序

研究的三个关键词：规范、坚持、价值

我是从1992年开始步入管理教育领域并设定自己的管理研究主题的，1994年正式转入华南理工大学工商管理学院，从事管理教学与研究，有意思的是，在当时我就有一个梦想，研究面向中国本土企业的管理理论并为世界管理理论创新贡献价值。在我的认知里，管理学研究一定要回答本土的企业的问题并给出理论指导。所以，我当时就想，一定会有一天由管理研究学者来告诉大家：中国企业到底好在哪里？这个梦想在20多年前就放在我的脑海当中，带着这样的梦想踏上了我的中国本土企业研究之路。

在了解和认识企业的过程中，我对自己提出要求，一定不要以顾问和专家的身份去企业，必须以一个企业成员的身份在企业中，这样才可以知道这个企业到底在发生什么？能够真正发挥作用的东西是什么？唯有这样才能够真正理解它，理解它之后，才能去确定企业发生的问题是否具有理论研究的价值。

选择这样一条研究的路和三个人有关系。第一个是彼得·德鲁克，当我第一次看到《卓有成效的管理者》时，我知道这就是我要做的事情。第二个是苏东水教授，他所坚持研究的"东方管理学"对我启发极大。第三个是赵曙明教授，他一直坚持把中国管理的现实介绍给西方学者，并把西方人力资源管理理论与中国企业实践相结合，这些让我深受影响。

在持续20多年的研究中，我慢慢摸索出自己的研究感受，也不断分享给我的学生和研究团队成员，所以才有了入选《陈春花文集》第一集的内容，这些内容是沿着我在1992年设定的"中国领先企业成长模式研究"这一主题展开，以组织与文化管理作为核心脉络贯穿其中，产出了《组织与文化管理》《变革与创新》《企业家与领导力》《组织学习与知识管理》以及《本土管理研究》5卷内容。在

每一卷的最后一部分，我都放入了面向实践和未来的开放式思考，这些思考并未借助于研究范式去呈现，而是将来要转换为研究论文的相关思考和观点，这也是我自己的研究习惯，从实践和观察中得到研究的话题，不断思考与实践对话框定问题，并把这些思考分享出来，接受实践的检验，然后再用规范的方法，深入研究下去。

当我结集这些研究论文的时候，我也和学生们分享了我对于研究的一些心得。

1．满足规范+创造价值

一开始选企业文化研究作为自己的研究方向时，朋友们基本都是反对的，他们觉得这个方向很难出成果。但是，设定一个伟大的目标会成为强的内驱力来驱动自己。在我看来，企业文化领域是最有本土化特征的，也可能会有独特的价值贡献，所以我还是坚持做下去。有了目标带来的内在驱动力，就可以展开持续的研究了。如何展开研究需要满足两个条件：一个是符合规范，一个是创造价值。规范是什么？是研究中共同认定的基础，只有在相同的规范上，才能与其他人交流，才会获得认可，在此基础上才有机会创造独特的价值。

掌握了研究范式之后，要给自己一个更高的标准，那就是创造价值。在入选的论文中我表达了一个观点："界定问题，优于选择方法。" 2005年开始，有幸与一些学者借助于《管理学报》一同发起了"直面中国管理实践"的倡议，就是希望更多的学者能够对中国管理实践做出贡献。在过去的10年间，中国组织管理研究领域主要有两个方向，一是徐淑英教授提出的中国管理要有适应全球情景的方向，二是我们这些本土教授提出的直面中国管理实践的方向。令人高兴的是，经过10年的各自发展，现在殊途同归，研究学者们几乎都在做一个共同的方向："实践本土化，理论全球化。"

2．选定目标+坚定不移

做研究坚持很重要，你如果选定了一个研究点，不要犹豫，要一直跟踪，哪怕是10年、20年，甚至更久。我选择了自己的研究点——中国领先企业研究，就一直沿着这个方向往下走，现在已经26年了。我自己也不知道最终的结果会是什么，但是我认为这个研究点是我一辈子要去做的事情，不会因为其他的事情而动摇。更重要的是，这个研究必须可以面向管理实践，这是我的目标和价值追求。

选择了就要不断去研究它，坚持住，别赶时髦。比如，很多人都在做实证研究，大家就都选择实证研究，但是实证研究到底要解决什么问题，其价值贡献是什么，如何从方法论到价值创造，很多学者甚至没有去深思和理解。我希望去寻求真正意义的实证，就是要进到企业去，与企业一同成长，用与企业共同成长的数据做实证。重要的还是要选择研究点，建立框架和逻辑，不断研究它，而不是满足于流行的标准。

我深受《论语》的影响，儒家讲求内圣外王，内心要有强大的坚持，成为圣人，外要有王者之态，在实际检验中获胜，这构成了真正意义上的儒家标准。所以，孔子虽然遭遇诸多挑战，但是他的目标始终不变，要辅佐君王建立更好的社会。更令人钦佩的是，他不会因为君王的要求或者不被赏识遇到挫折，就把他坚持的东西放弃了，他不会因为遭遇现实的挑战，就逃避现实而不再解决问题、接受挑战，这就是我所要学习的。

3. 没有窍门+发掘乐趣

研究要求不断读、不断看、不断思考、不断训练和反复努力。很多人问怎么做研究，我的回答是"多读、多看、多思考、多训练"。这其实是一个很笨的方法，但是研究是没有窍门的。爱因斯坦也说："学习知识要善于思考、思考、再思考，我就是靠这个学习方法成为科学家的。"即使你突然顿悟，找到了创新点，找到了新的研究方法，你还是会发现，在此之后依然是平淡的、大量的思考和工作，需要你投入精力去完成，研究是一个没有窍门只有辛苦的工作。

同时，研究要有趣。是因为研究者要通过研究感受到乐趣，才可增强坚持下去的内驱力。我必须承认，在一个人还没有修炼到一定境界时，外部检验和激励还是非常重要的，人需要通过外部的奖励来提升乐趣。所以我对学生们说：期刊发表，获得奖励，在学术会议上宣讲论文并参与交流，得到同仁的赞赏，等等，都是极为重要的。当有一天你不再需要借助外部检验，依然充满激情地做研究，我会特别为你高兴，因为你养成了研究的习惯。

4. 广泛交流+善用"求助"

做研究不是闭门造车，我们要有大范围的交流，甚至是跨学科的交流。研究很多时候是被激发出来的，一个人冥思苦想有时反而陷入困境。"求助"是我推荐的一种快速提升的方式，建立一个学术讨论的圈子非常重要。我的学生们在同门内部的交流很顺畅，这个习惯比较好。同样与外部其他同学和老师交流学习更加重要，包括学术会议等等。参加学术会议也一样，你必须写好论文才可以参加会议，如果你没有写文章，那你就是局外人了，听不懂会议在谈论什么，你的价值贡献也没有了。与同行交流是一个非常重要的选择，一定要多向同行请教，请教的前提是能够分享自己的研究。

胜辉在苏黎世大学读博士，他看文献过程中接触到一位加拿大教授，认为这个教授的研究很有趣，就和那位教授通信交流，之后申请到加拿大跟随教授学习一段时间，教授同意了，胜辉在加拿大学习几个月，并掌握了很好的研究方法。

要知道,当你有一些想法,而这些想法可以被理解时,是一件蛮美好的事情。

我之所以选择"中国领先企业成长模式"研究,也深受德鲁克先生《公司的概念》的影响,他在《公司的概念》中热情洋溢地赞颂大企业在现代社会中的核心地位。他说:"大型公司的雇员只占产业工人的少数,但是他们的劳资关系为全国树立了标准;他们的工资水平决定了全国的工资水平,他们的工资条件和工作实践也成为一种规范。大型公司的交易量虽然在全国不占多数,但它们的繁荣与否决定了国家的繁荣与否。当我们谈论美国的经济机会时,首先想到的是大规模生产的现代工厂和现代大型公司提供的机会;我们谈论美国的技术时,想到的不是统计上的平均值,而是龙头企业设立的标准值;我们谈论过去半个世纪中新出现的另外两种重要的社会机构——工会和政府管理部门时,也只是把它们作为大企业和大公司的社会产物。总之,只有大企业在自由企业经济体制下的具体组织形式才是具有代表性和决定性的社会经济机构,它为人们树立了典范决定了他们的行为。"

这使我从中感受到,大公司不仅通过大规模的生产为人们提供了赖以生存的生活必需品,而且其组织制度引导了社会中其他企业组织的制度,从而规范和影响着绝大多数人的工作和生活状态。在某种程度上可以说,大企业很大程度上承载着社会信仰、精神和希望。而我也很希望找寻到中国领先企业,并从中寻找到那些有价值的管理规律,并渴望这些研究能够真正传播中国优秀企业的管理实践、经营哲学和社会责任。

这个研究真正帮助了我,让我可以持续地获得研究的问题以及取得成果。除了这些研究论文之外,我还写了相关著作20多部,并产生了很好的影响。在《领先之道》新版发表时,我在序中写到:"从尼采那里借一个比喻来说,我们是被召唤来做宇宙舞者,不会沉重地停在一个定点上,而是轻盈地从一个位置转身跳跃到另一个位置。先锋企业正是宇宙舞者,当他们选择持续领先的时候,这种选择,充实了他们的品性,也保持了他们的活力。"

今天,很多中国企业已经站在世界的前端,这令人振奋的实践成果,让我持续地激励自己,持续地坚持研究,持续地与中国企业在一起,就如圣雄甘地所说:"把注意力转移到内在去。"这既是一种内在力量的唤醒,也是我寻求中国先锋企业持续领先的真正驱动因素。虽然还需要付出巨大的韧性和努力,但是会一步一个脚印地、坚定地走下去。

陈春花

2018年1月7日于朗润园

目录

第一部分 领导风格

组织文化视野下的领导行为方式研究 / 002

科研团队领导的行为基础、行为模式及行为过程研究 / 009

领导行为与中小企业成长协同发展研究 / 016

辱虐管理影响因素研究述评 / 022

领导特质理论的第三次研究高峰 / 029

国外关于自恋型领导的研究述评及未来展望 / 036

领导学领域组织公正研究进展综述 / 045

领导关爱下属行为、员工表面和谐价值观与员工沉默行为 / 052

服务型领导对团队绩效的影响：一个调节-中介模型的构建 / 064

中国情境下变革型领导与绩效关系的Meta分析 / 076

事件层次的领导学研究现状与展望 / 091

家长式领导的有效性：来自Meta分析的证据 / 099

第二部分　高阶管理研究

企业家与团队建设浅议　/ 118

职业经理人的市场化程度与企业核心能力的关系　/ 123

企业家经营能力评价的层次分析与模糊决策　/ 128

实践回应中的领导者价值观研究百年演变　/ 134

国企高管激励与约束机制研究
　　——基于动力之源的视角　/ 145

第三部分　家族企业

刍议家族企业继承机制　/ 164

中国家族企业的可持续发展治理模式构建　/ 168

家族企业代理人治理机制研究
　　——基于代理理论和嵌入理论　/ 175

家族性、家族企业文化与家族企业绩效：机制与路径　/ 186

第四部分　经典理论解析研究

打造企业文化的7个基本理论模型　/ 202

巴纳德的意义和经理人员的职能　/ 211

法约尔与组织效率最大化　/ 219

福列特的四个管理基本原理　/ 226

西蒙：管理行为中的有限理性判断　/ 234

第五部分　领导者的新挑战

是传奇，更是科学　/ 242

不确定时代最需要企业家精神　/ 247

未来已来，企业需要重新定义经营观　/ 251

我为什么尊重乔布斯？不是因为他改变了世界　/ 259

成为未来的领导者　/ 266

成为变革领导者的五个关键　/ 278

老板与经理人：寻找的是存在感，还是存在价值？　/ 282

中国企业40年：企业家精神驱动　/ 286

世界是设计的，我可以相信蒂姆·布朗吗？　/ 291

第一部分

领导风格

组织文化视野下
的领导行为方式研究

一项组织事业的成败，关键在于领导。因此，领导理论一直是人们研究的焦点之一。而在领导理论的研究中，人们关注这么一个基本问题：有没有一种唯一正确的领导行为方式，或者说，有没有适用于所有组织的正确的领导行为方式呢？如果有，这是一种什么样的领导行为方式？如果没有，那么正确的应对策略又是什么？这个问题就是本文的主题。

一、前人研究成果简述及本文思路

关于这个问题，主要有两种观点。一种是确定的观点。即认为存在一种领导方式是最佳的。美国俄亥俄学派把对领导行为的描述归纳为两大类：结构维度和关怀维度。结构维度指的是领导者更愿意界定和建筑自己与下属的角色，以达到组织目标。它包括设立工作、工作关系和目标的行为。关怀维度指的是领导者尊重和关心下属的看法与情感，更愿意建立相互信任的工作关系。以结构维度和关怀维度的高低为标准，可以划分出"高结构—高关怀""高结构—低关怀""低结构—高关怀"和"低结构—低关怀"四种领导方式。俄亥俄州立大学经过大量研究发现，"高结构—高关怀"领导者常常比其他三种类型的领导者（"高结构—低关怀""低结构—高关怀""低结构—低关怀"）更能使下属取得高工作绩效和高满意度。换言之，"高结构—高关怀"的领导方式能够产生积极效果。

密执安大学的研究群体也将领导行为分为两个维度，称之为员工导向和生产导向。员工导向的领导者重视人际关系，他们总会考虑到下属的需要，并承认人与人之间的不同。相反，生产导向的领导者更强调工作的技术或任务事项，主要关心的是群体的完成情况，并把群体成员视为达到目标的手段。密执安大学研究者的结论对员工导向的领导者十分有利。员工导向的领导者与高群体生产率和高工作满意度成正相关；而生产导向的领导者则与低群体生产率和低工作满意度联系在一起。

美国管理学家布莱克和莫顿发展了领导风格的二维度观点，在"关心人"和"关心生产"的基础上提出了管理方格论，并分析了五种典型的领导方式：1.1型方式表示对工作和人都极不关心；9.1型方式表示对工作极为关心，但忽略对人的关心；1.9型方式表示对人极为关心，但忽略工作的效果；5.5型方式表示既对工作关心，也对人关心，兼而有之，程度适中，强调适可而止。但这种领导往往缺乏进取心，乐于维持现状；9.9型方式表示对工作和对人都极为关心。布莱克和莫顿根据自己的研究得出结论，9.9型风格的领导者工作效果最佳。

另一种是权变的观点。即认为不同的情境下应采取不同的领导方式以达到最佳的实际效果。但各理论的具体研究角度和研究结论又有所不同。美国管理学家费德勒研究了1200个工作群体，对八种情境中的每一种，均对比了关系取向和任务取向两种领导风格。他得出结论：任务取向的领导者在非常有利的情境和非常不利的情境下工作更有利。如图1所示，当面对Ⅰ，Ⅱ，Ⅲ，Ⅶ，Ⅷ类型的情境时，任务取向的领导者干得更好。而关系取向的领导者则在中等有利的情境，即

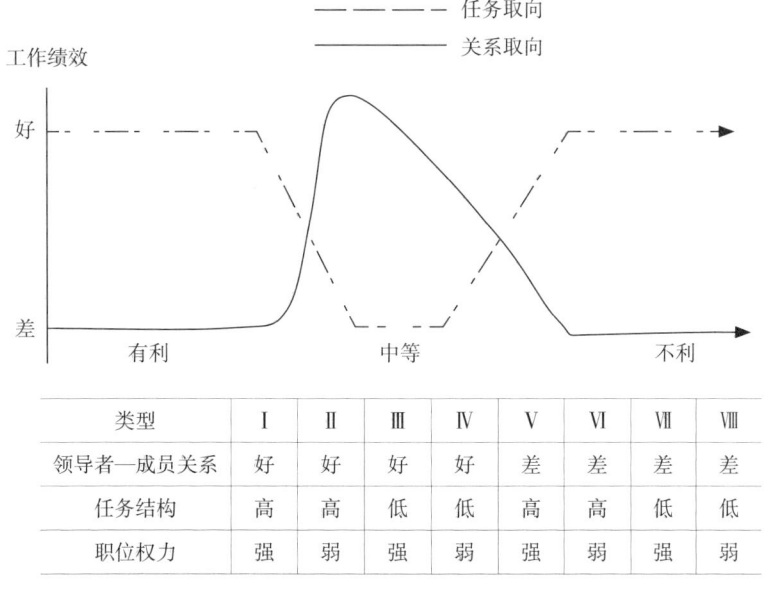

图1 费德勒模型的发现

IV，V，VI型的情境中干得更好。

在保罗·赫塞和肯尼斯·布兰查德的情境领导理论中，情境领导模式使用的两个领导维度与费德勒的划分相同：任务行为和关系行为。但他们认为每一维度有低有高，从而组合成四种具体的领导风格。①指示型（高任务—低关系）：领导者定义角色，告诉下属干什么、怎么干以及何时何地如何去干，其强调指导性行为。②推销型（高任务—高关系）：领导者同时提供指导性行为与支持性行为。③参与型（低任务—高关系）：领导者与下属共同决策，领导者的主要角色是提供便利条件与沟通。④授权型（低任务—低关系）：领导者提供极少指导或支持。这四种领导风格适用于不同成熟度的下属。具体见图2。

	不愿意	愿意
有能力	参与型	授权型
没能力	指示型	推销型

图2　情境理论领导模式矩阵图

在"路径—目标"理论中，研究者得出以下几个结论：①与具有高度结构化和安排完好的任务相比，当任务不明或压力过大时，指导型领导会带来更高的满意度。②当下属执行结构化任务时，支持型领导会带来员工的高绩效和高满意度。③对于能力强或经验丰富的下属，指导型的领导可能被视为累赘。④组织中的正式权力关系越明确、越官僚化，领导者越应表现出支持型行为，降低指导型行为。⑤当工作群体内部存在激烈的冲突时，指导型领导会带来更高的员工满意度。⑥外控型下属对指导型领导更为满意。其中，指导型领导的含义与俄亥俄学派的结构维度十分近似，支持型领导的含义与俄亥俄学派的关怀维度十分近似。

对比这些研究成果，笔者认为有两点值得关注：一是它们都把领导行为划分为"任务"和"人员"两个维度进行研究。尽管这两个概念在这些理论中被表达为各种不同形式，但其实质意义是相同的。二是它们都是通过领导行为的效果来评价领导行为方式的优劣的，但对效果的评价却集中于对个体（下属）工作绩效和满意度的研究，而没有对领导行为对于整个组织的影响，比如说对组织结构、组织文化、组织变革的影响加以研究。而事实上，这方面的研究却是十分必要的。本文抛砖引玉，试从组织文化建设的角度来研究这个问题，以期加强人们对这方面研究的关注。

二、组织文化视野下的领导方式

按照美国管理学者罗布·戈菲和加雷斯·琼斯的观点，文化就是社团，并且可以用"和睦交往"和"团结一致"这两个维度对组织文化进行衡量。其中，和睦交往是衡量一个社团中的成员之间真诚和睦的指标，团结一致是衡量一个社团（无论其成员的个人关系如何）迅速而有效地实现共同目标的能力的指标。本文同样把领导行为划分为"任务导向"和"员工导向"两个维度，并根据领导行为对组织文化的形成、维系和变革具有关键性影响的观点，认为任务导向的领导方式将促进组织中团结一致的程度；员工导向的领导方式将促进组织同类型的组织文化（见图3）。根据罗布·戈菲和加雷斯·琼斯的研究，没有一种文化是最好的。事实上，不同文化适合于不同的企业环境。

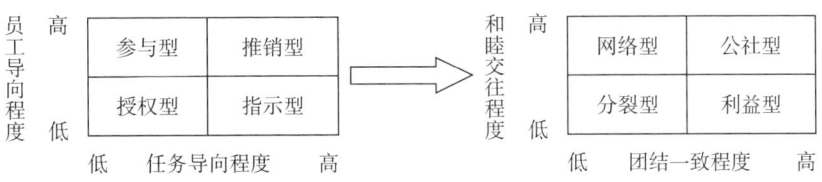

图3　领导方式与组织文化类型矩阵图

（一）网络型组织文化

网络型组织文化一般具有以下特点：①高度和睦交往。这种组织中的员工有时就像一家人，可能以诨名相称，有内部笑话，或从共同经历中提炼出的通用语言，并互相参加婚礼庆典、节日聚会和体育活动。②团结一致程度低，几乎没有对共同业务目标的奉献精神，对工作绩效标准、工作程序、规则和制度有不同看法，意味着管理人员在行使职能或使公司协作工作时往往会遇到麻烦。③并非以缺乏等级制度为特征，而是以有很多避开等级制度的办法为特征。即非正式的沟通方式往往流行于组织内部。④政治气氛通常很浓，其中的个人和小集团要花很多时间去完成他们自己的计划。

据研究，网络型组织在以下企业环境下运行良好：①企业具有长期战略。在不计算短期利益的情况下，关系和睦能保持对组织的忠诚度。②局部的市场知识是取得成功的关键要素。网络型组织团结一致程度低，组织成员往往不愿互相分享思想或信息。只有在熟悉局部市场知识就能取得成功的情况下，团结一致程度低才不至于成为组织成功的障碍。③公司成功是局部成功的一种集合。这是由网络型组织团结一致程度低所决定的。如果总部能够很好地在下级部门之间进行沟通，那么这种网络型组织文化就是合适的。

（二）利益型组织文化

利益型组织文化一般具有以下特点：①高度团结一致。在利益型组织中，个人利益与公司目标是一致的，那么目标通常与对"敌人"的清晰认识以及打败敌人所必需的步骤联系在一起，因此，能够对出现的市场机会或威胁做出迅速、一致的反应。②低度和睦交往。在利益型组织中，工作与社会生活是区别明显的（有趣的是，构成这种文化的人通常是那种视工作重于个人生活的人），组织成员之间在工作场所以外很少有亲近的表现。由于缺乏强有力的个人关系，利益型组织通常不能容忍低劣的工作绩效。那些不尽力工作的人会被解雇，或者会得到有关如何改善工作绩效的明确指令以及确定的改进期限。

据研究，利益型组织在以下商业环境中能够有效运转：①环境发生迅速而剧烈的变化的情况下，这种情况要求组织做出快速与集中反应。利益型组织能够做到这样。②通过创建优势协作中心，强制推行公司或部门工作流程和程序，从而实现规模经济或取得竞争优势的情况下。③企业目标清晰、可度量的情况下。在这种情况下，几乎不需要各级管理的投入，或者几乎不需要建设一致性。④在竞争性质清晰的情况下，在敌人以及打败敌人的最佳方式都清楚的情况下，利益型组织能茁壮成长。在能够从多个敌人中辨别出某一个敌人的情况下，尤其有利于利益型组织的发展。

（三）分裂型组织文化

分裂型组织文化一般具有以下特点：①低度和睦交往。表现为组织中的雇员表现出比较低的组织成员意识。他们通常认为他们只是在为自己工作，或者只认同职业团体——通常是专业团体。这种缺乏感情的相互关系会演化为工作行为。组织成员之间几乎不共享经验和信息，甚至试图破坏其"同事"的工作。②一致程度低。其成员很少能就组织目标、成功的关键要素以及工作绩效标准达成共识，对战略目标的看法很不一致，自然会使得这种组织通常难以实现严密的组织管理。

据研究，分裂型组织适用于以下企业环境：①在工作本身几乎不存在相互依赖关系的情况下。如由律师组成的事务所可能属于这种情况，这些律师分别为不同的客户服务。②在主要由个人而不是由小组完成重大革新项目的情况下。③在由投入控制而非过程控制来达到目标的情况下。在这样的组织中，一旦雇用合适的人，他们的工作就几乎不需要监督。④在个人之间几乎没有互相学习机会的情况下，或者在专业自豪感阻止知识传递的情况下。

（四）公社型组织文化

公社型组织文化一般具有以下特点：①高度和睦交往。组织的雇员具有强烈的，有时甚至是过强的组织一致性和成员意识。个人甚至将自我意识与企业的一致性连在一起。并且组织生命不时地被具有强烈宗教仪式意义的社会活动所强化。②高度团结一致，雇员们对竞争的认识非常清晰，对企业目标和企业价值高度认同，并同等分担风险和分享奖赏。

据研究，公社型组织在以下环境效用比较好：①在创新活动需要精细而广泛的跨职能努力乃至跨地区的协同努力的情况下。如制药公司、软件企业。②在组织内部各单位之间存在着真正的协同并且有真正的学习机会的情况下。③在战略是比较长期的战略而不是短期战略的情况下。也就是说，在企业目标不是可预知的未来就能实现的情况，需要管理机制能够保持人们高度的专注和奉献精神。④在动态、复杂的企业环境下。公社型组织文化适合于这种环境，因为其动态活力有助于综合处理来自于所有这些渠道的信息。比如资讯技术、电信和药物等企业所处的环境。

根据以上分析，本文认为，从组织文化建设这个角度来看，不存在唯一正确的领导方式。领导者必须根据不同的企业环境，采用合适的领导方式，塑造恰当的组织文化以适应环境变化的挑战，保证组织的生存和发展。领导者面临的挑战之一就是运用合适的领导方式以营造并调整企业文化，适应环境的要求和变化。而这对领导者提出了很高的要求：①他必须时刻把握企业所处的动态环境，并清楚该环境下何种企业文化将是合适的；②他必须清楚了解企业文化的现状，并明白需要哪方面的调整工作；③他清楚改进自身领导方式以调整组织文化的具体措施，并毫不含糊地付诸实践。因此，最后我们来探讨改变自身领导方式的具体措施。

研究表明，领导者采取以下行动可以有效增进其"员工导向"程度：①通过招募兼容性强的人来提高分享思想、利益以及感情的程度；②通过组织办公室内外的、比较随意的聚合活动，来增进雇员之间的社会接触；③鼓励雇员减少相互之间的繁文缛节；④重新设计组织结构，缩小等级差别；⑤像对待朋友一样对待雇员，关心有困难的成员，树立一种和蔼亲切的榜样形象。而领导者采取以下行动则可以有效增进其"任务导向"程度：①通过简报、通信、备忘录、电子邮件等，启发雇员对竞争对手的认识；②通过在组织中制定和传播一个虚构的口号或声明，创建组织员工的紧迫感；③通过奖励机制和表彰制度激发雇员必胜的斗志，鼓励雇员为共同的企业目标而奋斗。

（原载：《科技进步与对策》，2001年第11期；合作者：肖智星）

科研团队领导的行为基础、行为模式及行为过程研究

一、导引

对团队领导与团队绩效关系的大多数实证研究表明,团队领导与团队绩效有显著的相关性,团队领导是影响团队绩效的关键因素之一。团队领导是指负责为团队提供指导,为团队制定长远目标,在适当的时候代表团队处理与组织内其他部门关系的角色,他属于这个团队,是这个团队中的一员,并且从团队内部施加影响。团队领导与团队管理者的主要区别在于,团队的管理者是团队外部成员为团队提供支持的管理者。

科研团队是面向科研项目而组建的团队。本文对科研项目团队的领导机制进行了深入研究,分别从科研团队领导的行为基础、行为模式和行为过程三个层面,探讨了科研团队领导的权力基础、领导模式以及领导过程,并分析了有效的科研团队领导的一般原则。

二、科研团队领导的行为基础

科研团队领导的行为基础源自于它的权力基础,这决定了科研团队领导的行为风格和行为过程。科研团队一般来说是自我管理和自我领导程度较高的团队,有效的科研团队领导运用的权力基础有别于传统组织中领导运用的权力基础。

根据French和Raven的分类,权力基础可以分为强制性权力(coercive power)、奖赏性权力(reward power)、法定性权力(legitimate power)、专家性权力(expert power)和参照性权力(referent power)以及信息性权力(information power)、说服性权力（persuasion power）和魅力性权力（charismatic power）。对于一个组织的领导来说，其权力基础来源于组织赋予的法定性权力和由个人能力或魅力产生的权力。组织赋予的权力包括强制性、奖赏性和信息性的权力；而由个人能力或魅力产生的权力包括专家性、参照性、说服性和魅力性的权力。而对于具有较高的自我管理和自我领导能力的科研团队，其领导的主要权力来源于专家性的权力和组织赋予的信息性权力。科研团队领导的权威来自于其在某一领域的专业知识的影响力，并通过这种专业知识指导团队工作，与团队成员共同制定团队发展的目标和任务。科研团队的领导是团队的设计者、教练和服务者。科研团队的领导对拟组建的团队进行设计，对运行中的团队进行指导和提供必要的支持服务。团队目标、任务和工作方法由团队成员协商制定并达成共识。

有效的科研团队领导是善于运用专家性、参照性、说服性和魅力性权力基础的领导；而经常运用强制性、奖赏性权力基础的领导容易挫伤团队成员的积极性和主动性。科研团队领导的影响力主要是来自于个人能力，而非组织赋予。

三、科研团队领导的行为模式——领导模式

领导的行为模式用员工导向（employee-oriented）和生产导向（production-oriented）两个维度来分析，有多种领导模式。而团队领导应该是高员工导向和高生产导向的领导。根据领导关心员工和关心任务的行为方式，团队领导可以概括为三种类型：指导式的团队领导、支持式的团队领导和目标驱动式的团队领导。指导式的团队领导实际上是传统的领导方式，领导人站在前头指导、激励他的团队跟上来；支持式的团队领导是一种较松散的领导方式，领导人从后面领导，监视团队内有什么资源可用，并根据薄弱环节规定领导为填补差距应多做多少工作；目标驱动式的团队领导是支持式领导的改进，领导人通过一致的认识和挑战性目标指引团队前进并为团队提供必要的支持。

领导模式是领导的一种行为倾向，不同的团队领导模式适用于不同的团队环境。团队的发展经历一个形成期、发展期和成熟期的过程，团队发展的不同阶段具有不同特点和团队环境。因此，科研团队的领导模式应当与科研团队生命周期中的发展阶段相适应。不同的发展阶段采用与之相适应的领导模式。科研团队周期中的形成期、发展期和成熟期，相对应的有效领导模式是指导式、支持式和目标驱动式，如图1所示。

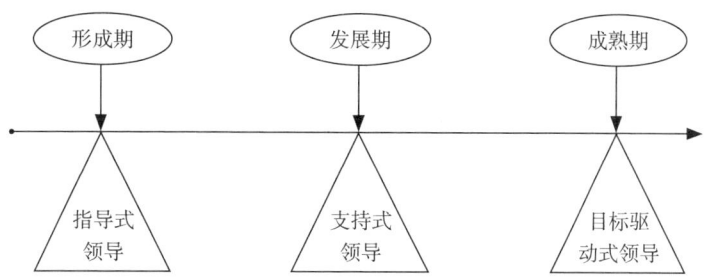

图1 科研团队生命周期内领导模式的选择

在科研团队的形成期，团队领导在团队工作中占主导地位。团队领导负责指导团队成员对团队的目的、工作方式达成共识；团队领导负责协调团队成员的任务分配；团队领导负责引导团队成员相互熟悉并相互合作；团队领导负责带领团队成员制定共同的目标和行为规范。而指导式的领导方式就是指导团队成员尽快进入团队角色并融入该团队中，使团队尽快进入正常工作轨道。因此，在这一阶段中指导式领导比其他领导方式具有较高的成员满意度和工作成效。

科研团队的发展期，是团队成员对团队角色和工作不断适应和调整的过程，同时也是对工作方法和共同的目标不断改进的过程。在这个过程中，团队成员基本形成了共同的心智模式和行为规范；团队成员需要支持与鼓励来实践共同的工作和克服遇到的困境。而支持式的领导创造了一个宽松的环境给予团队成员足够的支持。因此，在这一发展阶段中，支持式的领导更能塑造团队合作的氛围和积极主动的精神。

科研团队的成熟期，是团队成员真正发挥团队智慧的时期。在这个时期，团队已经形成稳定的行为规范和互动模式；团队成员产生了较高的社会认同感；团队领导主要是通过制定一致的具有挑战性的目标并为成员提供支持来驱动团队前进的；团队成员具有较高的自我管理能力。因此，在科研团队的这个发展阶段，目标驱动的领导方式是实现团队持续健康发展的有效的方式，这种领导方式实现了对团队成员的完全授权和自我管理，团队成员通过分享领导权力来加强自我领导、自我管理的能力。

四、科研团队领导的行为过程——领导过程

科研团队领导的行为过程，是团队领导在特定领导模式下运用权力基础行使领导功能的过程。团队领导的基本功能包括以下四个方面内容：收集信息并使其系统化；将系统化的信息运用于团队工作中；管理团队的人力资源状况；管理团队的物质资源状况，如图2所示。团队领导如何实施领导功能将影响团队的基本过程，进而影响团队绩效。

1. 收集信息并使其系统化 　　获得信息 　　组合和评价信息 　　反馈和控制 2. 将系统化的信息运用于团队工作中 　　确定需要和要求 　　计划和协调 　　信息沟通	3. 管理团队的人力资源状况 　　获得和分配人力资源 　　开发人力资源 　　激励人力资源 　　利用和监视人力资源状况 4. 管理团队的物质资源状况 　　获得和分配物质资源 　　维持物质资源 　　利用和监视物质资源状况

图2　科研团队领导的基本功能框图

有效的科研团队具有四个基本特性：达成共识、主动、积极和相互合作。四个有效科研团队基本特性的形成过程对应着四个基本的团队过程：团队的认知过程；团队的动机形成过程；团队的情感体验过程以及团队的相互协调过程。团

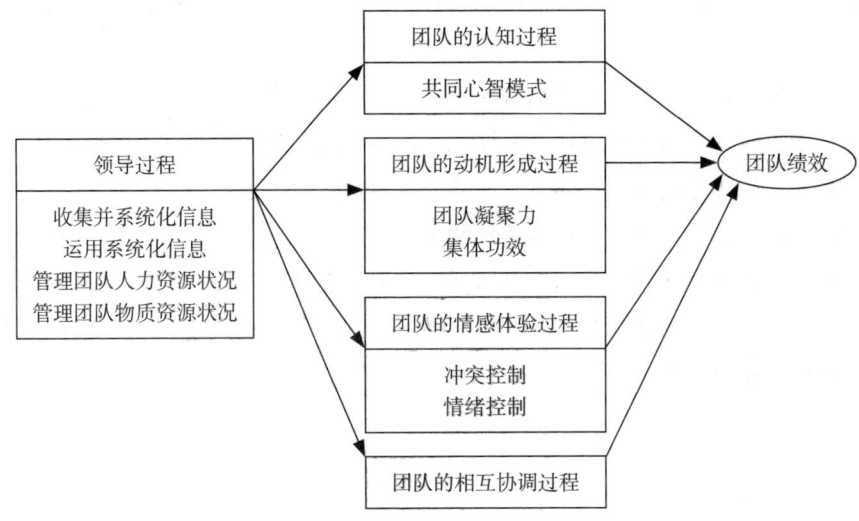

图3　领导过程—团队过程—团队绩效关系框图

队的认知过程在于形成团队的共识；团队的动机形成过程在于形成团队成员主动性；团队的情感体验过程在于形成团队积极氛围；团队的相互协调过程在于形成团队的相互合作。团队的领导过程是通过影响这四个基本团队过程来影响团队绩效的。如图3所示。

团队的领导过程和团队领导的心智模式从根本上影响到团队的认知过程。团队领导的责任之一就是培养团队成员对团队的环境、目标和任务的理解，并向团队成员沟通其关于团队的心智模式。而团队的认知过程就是团队成员形成共同心智模式的过程。所谓心智模式是一种心理机制，人们通过这种心理机制来描述其所处系统的目的和现状、解释系统的功能和观察到的状态，以及预测系统未来状态。而团队的共同心智模式就是团队成员对于他们的使命、目标、任务和工作方法达成的共识。完善的团队共同心智模式可以使团队成员更好地预测相互之间的行为和对团队任务做出更好的反应。

团队的领导过程对团队的动机形成过程的影响是通过培养团队凝聚力和团队的集体功效来实现的。团队凝聚力和团队的集体功效是团队成员主动性的主要来源。团队凝聚力是指团队对于团队成员的吸引力。凝聚力高的团队具有高的主动性而且团队成员愿意为团队目标主动承担责任。团队的集体功效是指团队的集体经验对团队成员的影响，主要影响到团队成员对能否完成当前团队目标的信心。高的凝聚力和强的集体功效感促使团队成员愿意主动承担责任并相信通过共同努力能完成团队任务。能提高团队凝聚力和加强团队集体功效的领导过程，可以提高团队的绩效。

团队的情感体验过程实际上是团队成员关于冲突和情绪自我控制的过程。团队的领导过程影响团队的情感体验过程是通过团队领导对冲突的处理和团队情绪的控制来实现的。团队中具有建设性的冲突和高昂的情绪是团队工作有效率的保证。而破坏性的冲突和低落的情绪影响了团队工作的效率。团队领导过程可能形成两种不同的团队氛围：积极的和消极的。团队领导过程中表现出来的对团队冲突适当地控制和对团队情绪不断地激发，有助于形成团队积极向上的氛围，激发团队成员实现团队目标的信心和勇气。

团队的相互调节过程是团队成员将各自的知识、能力和技能合成团队智慧的过程。团队的领导过程培育了团队相互调节的模式。在形成有效团队调节模式的过程中，团队领导需要促使团队成员对各自的知识、能力和技能进行确认和整合，使团队成员明白团队有哪些资源以及团队需要哪些资源；需要为团队成员提供培训、指导和机会；需要把团队成员合作的方式模式化和标准化，形成一个互动合作的机制。

五、科研团队有效的领导原则

科研团队的领导有各种权力基础，不同的领导风格和模式，会影响团队的各种基本过程。然而，一般来说，有效的领导都必须遵循六项基本原则：使科研团队的目的、目标和方式有意义并在成员中达成共识；培养科研团队成员的责任感和信心；促进科研团队中各种技能的组合，并提高技术水平；搞好与外部人员的关系，其中包括为团队的发展清除障碍；为团队中的其他成员创造机会；做实际的工作。

第一项原则：优秀的团队领导总是力求使团队的目标、目的和方式有意义并使团队成员达成共识。换句话说，他们帮助自己的团队澄清目标与价值观，并且确保团队成员不误入歧途，偏离这些目标。

第二项原则：优秀的团队领导要努力培养每个团队成员以及整个团队的忠诚与信心。他们鼓励团队成员尊重彼此的能力和技术，并鼓励团队成员主动采取行动。通过这些做法，他们激励那些组成团队的个人变得更加忠诚，或者继续保持对团队的忠诚，同时也激励人们具有责任感和自治力。

第三项原则：对团队的技术一直保持警觉。团队领导不断努力加强团队内各种技术的组合，同时提高各种技术水平。因为，如果在团队所需的各种技术和实际具备的技术之间存在着严重的"技术缺口"，那么，没有任何一个团队能够获得成功。团队领导要不时地对团队成员具有哪些能力进行评估，并找机会提高他们的能力。仅仅在团队刚刚建立起来的时候对技术进行评估是远远不够的，因为团队的活动一直都在变化，因此，团队的技术也必须随这些变化而发展。

第四项原则：处理与外部人员的关系，包括清除团队发展道路上的障碍。一般来说，正是团队领导负责处理团队与外部人员的关系，不管他是该组织的成员、普通大众还是来自其他组织的成员。即使这一责任由团队承担，外部人员也往往去找团队领导，而且认为理应由团队领导负责团队的对外交往。因此，团队领导的一个重要任务是扫平道路，以使团队能够畅通无阻地完成自己的任务。

第五项原则：为别人创造机会。即团队领导善于营造一种氛围，给团队成员发挥才能提供背景舞台，为他们的工作提供指导和支持。

第六项原则：团队领导要做实际工作。团队领导区别于一般组织的领导，团队领导参与团队的实际工作，与其他团队成员一起分担团队任务。

六、小结

本文研究了科研团队领导的权力基础、领导模式、领导过程以及一般的领导原则，着重分析科研团队领导可以运用的权力基础，科研团队发展的不同阶段采用的领导模式，以及团队的认知、团队的动机形成、团队的情感体验和团队的相互调节四个基本团队过程，总结了科研团队有效领导的六个原则。本文对科研团队领导和机理进行深入探讨，旨在为科研团队领导提供一个全面的视图和理论框架，为科研团队进行有效领导提供理论基础。

（原载：《软科学》，2002年第4期；合作者：杨映珊）

领导行为与中小企业成长协同发展研究

一、企业家能力制约中小企业快速发展

美国著名经济学家钱德勒（A.D.Chandler，Jr）把家族企业称为"企业家企业"是很有见地的。我国大部分中小企业都是以企业家为中心，结合家庭、亲戚、朋友等社会资源建立起来的家族企业。中小企业在成长初期，企业家起主导作用的管理组织结构单一，经营灵活性强，很容易在一方需求市场立足并发展起来。它们在市场上扬长避短、做精做专，成为活跃我国经济发展的生力军。由国家信息中心、国务院发展研究中心、中国企业家调查系统等单位联合对我国中小企业的经济发展状况进行的调查和分析显示，截至2001年底，我国中小企业创造的最终产品和服务的价值占我国GDP的50.5%。

然而，《2002年中国私营企业调查报告》的调查结果表明，到2001年底，私营企业的平均经营年数只有7.04年。私营企业的"短命"现象，理论界分析有私营企业的治理结构单一、家族企业管理的封闭性等原因，其中，管理能力不足是中小企业发展的瓶颈。国际上研究企业成长理论颇有盛名的彭罗斯认为，企业成长受到企业吸纳新管理能力的数量和速度的限制。中小企业的"个人所有企业——创业家式或家族式企业——经理式企业"的成长历程，表明管理者成长与企业成长的同步性。随着企业的发展，必然增加对管理资源的需求，有效的管理服务增加的速度越快，则企业的成长也越快，反之，企业的成长则受到约束。但是，目前我国民营企业管理人才严重匮乏，管理资源这种最重要的人力资本已经成为制约我国相当多民营企业成长的瓶颈。大部分中小企业管理规范化程度低，管理资源严重不足，企业主事必躬亲，企业家精神或能力困厄于日常经营管理事务中，不利于企业的扩张和创新发展。

二、经理人市场缺失

管理能力不足可以通过两个渠道解决：一个渠道是从外部吸收管理人才，通过经理人市场吸纳和集成管理人才，让企业家从日常的经营管理中解脱出来，致力于企业的扩张经营活动；另一个渠道是提升企业家的管理能力。我们先分析从经理人市场吸收和整合管理资源的可能性。

不少学者已经对我国目前经理人市场缺失或经理人市场失灵的情况进行了分析，可以归纳为两方面的原因。

（一）信用机制的缺失

经理人市场的缺失，首先是社会缺乏信用制度，社会文化缺乏信用道德使然。从企业主的角度，他们对职业经理人的职业道德和对企业的忠诚存在疑虑，担心企业的经营"隐私"泄露而带来的风险。现实中，的确有部分职业经理人缺乏职业道德滥用企业赋予的职权损害企业利益，所以企业主难以放心把企业交给经理人。

（二）企业和经理人双方家族主义取向对企业家队伍成长的影响

家族主义价值取向加剧了雇佣双方的相互不信任。一方面，企业主由于家族主义的局限，不愿意完全交出控制权，于是，家族成员进入企业可以不考虑德能，很快进入一个较高的管理岗位，他们在岗位上犯了错误，只受到轻微的惩罚，让经理人觉得不公平，工作绩效受到影响。另一方面，经理人本身也存在家族主义的倾向，认为为企业服务是替别人"打工"，在自主创业和做经理人之间的转换成本很低的条件下，他们"宁为鸡首，不做凤尾"，在位时积极为自己铺后路，为创业或者走出去做好准备。职业经理人带走一批骨干另谋新路，成为原有企业的竞争对手的情况不乏其例。可以说，家族主义的短视和封闭导致了职业经理人市场的不稳定性。

所以，从外部引入管理资源的条件是有限的。广东一些私营企业有过引入管理资源的先例，但以失败告终。如1997年，中山华帝集团7位创业人集体退位，引入职业经理人管理。但到2001年，经理人退出，创业人又重新回到管理岗位。对中山近300家民营企业调查发现，这种情况有一定的普遍性，相当比例的企业期望引入职业经理人和高级管理人员，但受到信任、经理人市场不规范、企业内部控制成本很高等因素影响而难以实现。

三、领导行为与中小企业协同发展的模型

（一）企业家能力提高是中小企业成长的必然要求

从上面的分析可知，企业家自身能力的提高和管理行为的转变是改变中小企业管理资源不足的根本途径。当前，管理资源对企业的制约已经逐步显现。据"中国私营企业研究"课题组在全国抽取3258家私营企业的调查结果表明，到2001年底，被调查的近70%的私营企业采用有限责任公司的组织形式，表明大部分私营企业从家族管理向现代企业管理的变革已经开始，然而，企业主个人资本占企业资本总量的平均比例仍然达到76.7%，说明大部分私营企业仍然是家族企业，由业主兼任总经理或厂长的企业数占全部企业总数的比例高达96%。企业已经向现代企业的组织形式发展，但企业的管理方式仍然依赖于企业家，因此，中小企业要保证管理资源与企业成长协同发展，必须走第二条路，即提升企业家的领导能力。只有提高企业家的领导力，从而提升企业内部的管理效能，汇聚企业外更广阔的社会资源，中小企业才能摆脱管理瓶颈对企业发展的掣肘，继续向前发展。

（二）传统领导理论的不足

关于领导理论的成果可以分为三类：领导素质理论、领导行为理论和领导权变理论。领导素质理论总结了一些领导者共有的特征，但是不能证明哪些素质与领导成效有关，不能解释为什么领导素质在这个企业有效，在另外的企业却不适用。领导行为理论则从领导工作行为的特点来分析问题，关心领导的行为表现以及领导用什么样的方式来领导群体。领导的权变理论则进一步探讨各种情景因素如何影响领导者素质和行为。其中，科曼（Korman）提出了领导生命周期理论，他指出随着下属由不成熟走向成熟，领导行为按照下面程序推移：指示型领导、说服型领导、参与型领导和授权型领导。如图1所示。

这个模型说明了领导者应该根据下属的成熟度权变地采取不同的管理行为。对于一个成长的企业来说，领导行为一成不变将会阻碍企业的进一步发展，相反，如果领导行为能够根据企业成长情况而协同发展，那么企业的顺利成长是可以预期的。领导的行为没有正确与否，只有适合才是最好的。就像杰克·韦尔奇选择了伊梅尔特，两位领导人的领导风格虽然不同，但适应于GE不同的发展时期的要求。

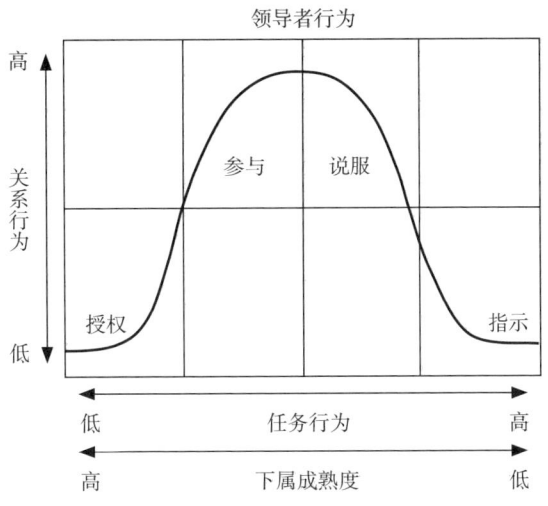

图1　科曼领导生命周期理论

但是，企业的成长不仅仅表现在员工的成熟度上，企业的成长伴随着资金的扩张、人才的增长和市场的拓展，企业家的领导行为就是把企业的资金、技术、人才等资源优化组合的创新活动。下面，笔者将把企业成长发展的阶段作为参照坐标来考察企业领导行为的变化。

（三）领导行为与企业协同发展的模型

如图2所示，横坐标表示以任务为导向的领导行为，纵坐标表示以关系为导向的领导行为，这与科曼的领导生命周期理论是类似的。第三个坐标是企业成长，它是单向发展的。随着企业的发展，根据领导行为的任务导向和关系导向两个维度，领导行为可以分为事务型、激励型、变革型和远景型四个类型。

事务型领导：着力解决企业经营管理中的各种问题，事必躬亲，经营比较粗放。但是，管理层的扁平化可以使企业内部信息畅通，有利于企业对市场及时做出反应。当企业进入成长阶段，专业知识、管理技能变得更加重要，不随企业发展而变化的领导都会使"创业容易守业难"变成现实。

激励型领导：以企业绩效为工作中心，以稳定和公平为员工管理导向，以明确的角色和任务指导下属，以组织的合法性为基础，强调建立赏罚分明的激励体系，注重绩效，注重标准和程序。分配过程遵循按劳分配的原则，资源分配强调过去而非将来潜在的贡献，力求通过一致的行为获取稳定的收益。

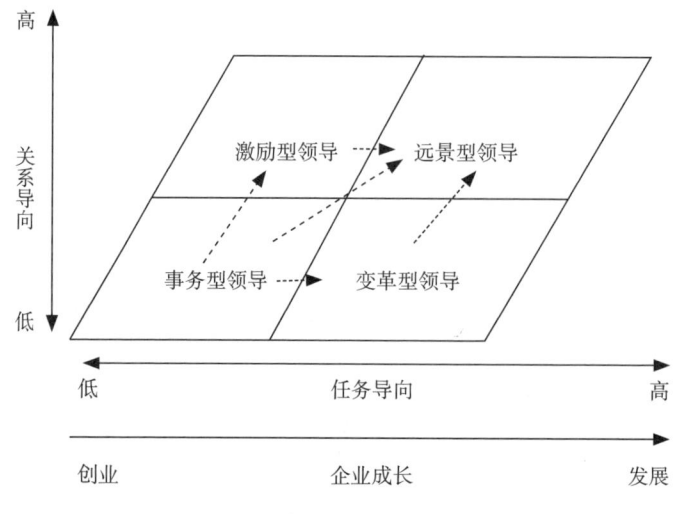

图2 领导行为与企业协同发展模型

变革型领导：注重变革和适应性，着力在员工中培养一种创新性和成长性的文化，以激发员工的潜能，去实现企业不断增长发展的企业目标。这类型领导对资源的分配强调未来而非过去的贡献，对有潜力的人给予更大的支持。

远景型领导：建立远景和目标，并引导其他人追随这一远景，激励每个人为目标的完成承担更大的责任。快速成长的企业一般对企业的远景、宗旨都有详细的说明，以利于在可见的预期内，对市场的变化及时做出有效的反应。管理学泰斗德鲁克认为，一个组织只能在其价值观内成长，一个企业的竞争力被其所能达到的价值观所限制。

四、领导行为与中小企业协同发展的路径分析

领导者从事务型领导向远景型领导转变是其领导行为适应企业发展的必然路径。杰克·韦尔奇曾评价自己是领导者而不是管理者。《哈佛商业评论》的研究指出，领导人最重要的三项任务是：构想并传递组织的远景并得到员工的认同和追随；增加组织的价值，包括价值观和企业文化；激励追随者乐于为实现组织远景而努力工作。一个卓越的领导者，必然脱离繁杂的管理事务的困厄，专注于企业未来战略发展的思考上。

从事务型领导过渡到远景型的领导，发展路径有三个方向：事务型 →激励型

→远景型、事务型→变革型→远景型、事务型→远景型（如图2所示）。其中，对于"事务型→激励型→远景型"的发展模式，领导者关心企业的利润和绩效，通过有效的激励机制，把富有合作精神和专长技术的人才吸引在自己周围，实现不断增长的目标利润。对于"事务型→变革型→远景型"的发展模式，领导关心企业规模和市场占有率的增长，始终坚持企业的内部管理不断跟进企业的经营发展目标，提升企业的市场竞争力。研究表明，激励型领导和变革型领导具有一定的相关性，它们是领导行为的两个方面，但不是同一连续体的两个极端。同一个领导的激励型行为和变革型行为常常呈现同时增强或同时减弱的趋势，即领导行为兼具激励型和变革型的特征，从事务型向远景型发展。例如，GE的韦尔奇是一个变革型的领导，他对GE的人员、技术、业务等方面进行了大刀阔斧的改革，但是，在他提出4E（energy，energizer，edge，execute）领导人品质里面，激发别人的能力（energizer）是不可或缺的一项。如果说韦尔奇是以命令的方式让员工做得更好，那么，伊梅尔特是一个激励型的领导，在多数时候他像一个啦啦队长，给员工持续鼓舞以达到组织目标。但是，伊梅尔特同样是一个强硬的人，需要撸起袖子大干一场的时候，他会站在所有人面前，雷厉风行地进行改革。所以，领导行为不是单一的，它是多种风格的综合体，但是，卓越的领导者必然是顺应企业发展航向的舵手。

我国中小企业的领导，大多数自主创业发展还停留于谋求生存、追求财富的原始阶段，还没有提升到实现企业价值和社会价值的抱负上来。企业家应在管理模式的转变中，根据企业经营发展的要求，不断调适领导行为，实现企业的快速发展。

（原载：《科技管理研究》，2005年第6期；合作者：李洁芳）

辱虐管理影响因素研究述评

辱虐管理是指下属感知到的管理者持续表现出的怀有敌意的言语和非言语行为，但不包括身体接触类的侵犯。大量研究表明，辱虐管理会对员工的心理、态度和行为造成不同程度的负面影响，降低员工的绩效，进而损害组织的效能。深入认识辱虐管理的前因变量，进而探寻应对和消除这一负向领导行为消极影响的管理措施，具有重大的现实和理论意义。为了弥补已有研究对辱虐管理影响因素认识不足的缺陷，本文梳理了2006年以来辱虐管理影响因素研究的重要文献，以攻击行为理论为主要框架，从多个角度对辱虐管理影响因素研究进行了系统回顾和评价。

一、以替代性攻击理论为基础的辱虐管理影响因素分析

挫折是产生攻击的动机，然而有些情况下，比如攻击者发现引发挫折感的对象地位较高或力量较强，出于对反对或惩罚的畏惧，个体可能以其他方式对另一目标表现出侵犯行为，这种现象被称为替代性攻击。替代性攻击有两种类型，包括攻击类型的替代和攻击对象的替代。

学者们最初对辱虐管理影响因素的探讨主要建立在辱虐管理是一种替代性的攻击和敌意认识的基础上，即当在组织中体验到各种类型挫折的主管认为直接报复对方（组织或上司）是不可能的或不可行的，在一定的攻击性线索影响下，他们会以辱虐管理的行为方式（攻击类型上的替代），转而将攻击和敌意指向那些方便和无辜的下属（攻击对象上的替代）。

（一）个体层面变量：心理契约与组织公正

心理契约指员工和组织对于相互责任的期望，心理契约违背指员工对于组织

未履行心理契约中的责任或承诺的一种感知，可能会造成组织成员敌对的反应。

Hoobler等（2006）的研究证实，心理契约违背感知程度高的主管，其下属会报告更高的体验到的来自主管的辱虐管理水平。同时，该研究显示敌意归因偏差会对心理契约违背与辱虐管理之间的正向关系起到调节作用，即倾向于将敌意投射到他人行为中的主管，心理契约违背对辱虐管理的影响更为显著。

Tepper等（2006）发现，程序不公正会诱发主管的抑郁情绪，进而导致对高消极情感下属的辱虐管理。研究者推断，程序不公正使主管体验到自尊和自我效能感的下降，产生抑郁感和对组织或上司的敌意。然而由于担心针对组织或上司的敌对或报复行为会引发组织或上司更进一步的不当对待，体验到组织程序不公正的主管会以辱虐管理的形式来表达他们对组织或上司的怨恨。而高消极情感的下属因为软弱、易受伤害、不愿或无力保护自己，更容易成为辱虐管理的理想目标，换言之，可见的、相对弱势的下属无形中成了出气筒。

Aryee等（2007）的一项研究指出，感知到的互动不公正是主管表现出辱虐管理行为的必要条件，并且威权领导风格对互动不公正与辱虐管理之间的正向关系具有显著的调节作用。研究人员判断，感知到上司的互动不公正会引发主管的挫折感或怨恨情绪，但这种负向情绪所导致的攻击行为指向目标可能是下属。尤其是高威权领导风格的主管，因为强调领导的支配和控制权力，强调下属对权威人物应表现出的无条件服从，会对下属表现出更明显的辱虐管理行为。

（二）群体层面变量：人际关系冲突

人际关系冲突指人与人之间的紧张、怨恨和厌恶状态。组织成员之间的人际关系冲突会导致成员情绪消沉，进而造成成员之间的排斥、对立等破坏性结果。

Harris等（2011）认为，主管所感知的同级别同事关系冲突会影响主管所在工作团队的每一位下属感知到的辱虐管理水平。因此，该项研究将主管所感知的同事关系冲突处理为群体层面的变量，通过建立多层线性模型，验证了主管所感知的同级别同事关系冲突对辱虐管理的跨层次正向效应。

研究者判断，与同级别同事的关系冲突是主管潜在的压力和挫折来源，主管可能会采取一些敌对行为来消除这种不愉快。但是，针对同级别同事的敌对行为可能会遭到拥有同样层级权力的同事更强烈的报复，并陷入冲突不断升级的恶性循环。这时，主管就可能会对下属实施辱虐管理行为，从而发泄自己的愤怒。可以理解的是，与主管关系越不佳的下属，越可能成为替代性的攻击对象，其报告的主管表现的辱虐管理行为频次也越高。

总体来看，以替代性攻击视角审视辱虐管理的研究，一方面重视辱虐管理是一种组织中遭受挫折的主管在攻击类型上的替代，另一方面也强调对作为攻击者的主管、作为替代性攻击对象的下属的个人特征以及组织情境因素的探讨。

二、基于社会学习理论的辱虐管理影响因素分析

攻击行为研究的另一重要基点是Bandura（1973）提出的社会学习理论。这一理论认为，人们的攻击行为是后天习得的，是直接经验和观察学习的结果。基于这一理论，学者们讨论了下属之所以成为辱虐管理对象的原因。

（一）个体层面的研究：家庭侵害经历

研究显示，家长非肢体接触，如精神、情绪和言语上的辱虐行为会对孩子的性格造成巨大的影响，类似的家庭侵害行为可能使成人后的子女表现出更多的攻击性或反社会性行为。

Kiewitz等（2012）的研究揭示了儿童时期的家庭侵害经历对主管辱虐管理行为的正向影响，而且自我控制在家庭侵害经历与辱虐管理之间具有调节作用。

研究者认为，在家长惯于辱骂子女等的家庭侵害环境中成长的儿童，由于观察、学习和模仿，可能在成人以后面对更多的敌对关系问题。特别是在"家长—子女"和"主管—下属"的镜像关系作用下，工作场所的权力不对称可能会诱发有家庭侵害经历的主管展现较多的辱虐管理行为。

（二）团队层面的研究：上司辱虐行为

在工作场所，主管学习和模仿的另一重要对象是其上司，因此，主管的上司的辱虐行为可能会对主管的辱虐管理起到重要的示范作用。

社会学习理论认为，在工作环境中，个人会努力效仿榜样的行为模式以确保自己的行为符合可接受的规范，以致工作团队的成员倾向于互相模仿，进而显现出类似的行为特征。此外，研究者认为，社会信息加工模式强调工作团队的成员会运用直接工作情境中的信息来对何为适当的行为进行事件解释和预期展望，"吸引—挑选—摩擦"（ASA）理论强调个体和工作团队其他成员在个性特质上的匹配，都支持了这项研究将经理的辱虐行为、主管的辱虐管理建构在团队层面上。

同样以社会学习理论为基础，LIU等（2012）证实，部门领导的辱虐管理对团队领导的辱虐管理具有正向影响，并且这一关系会受到团队领导归因动机的调节。

研究者指出，部门领导的辱虐管理作为团队层面的变量会跨层级正向影响员工所感知的主管的辱虐管理行为。但是，当员工观察到部门领导辱虐管理这种典型的负向领导风格时，团队领导行为模仿和学习的程度与他们对部门领导的归因动机有关。

从社会学习的角度来探讨辱虐管理的影响因素对更好地理解这一负向领导行为具有重要的价值，但需要学者们进一步探索的内容还包括：主管学习和模仿辱虐行为的心理过程，除了家庭和上司因素以外的文化和社会中的其他攻击性榜样（媒体）的影响机制等。

三、一般攻击模式对辱虐管理影响因素的分析

一般攻击模式是Anderson（2002）在社会学习和社会认知理论基础上提出的一个攻击行为理论的整合框架，既关注人格特征对攻击行为的影响，又阐明了特定情境下攻击行为的发生过程。

Kiazad等（2010）验证了主管的马基雅维利主义人格以威权领导风格为中介对下属感知的主管辱虐管理行为的正向显著影响，并且下属所感知的组织自尊在威权领导风格与辱虐管理之间的正向关系中起调节作用。

研究者以一般攻击模式为出发点，认为高马基雅维利主义人格的主管倾向于抵制社会影响，努力抑制自己的人际互动，在人际关系中普遍显示为缺乏情感。因此，他们运用攻击行为的可能性更高，展现对他人敌意的行为偏差程度更高，进而会表现出较多的针对下属的辱虐管理行为。

从一般攻击模式的视角来审视主管的人格特质等因素对辱虐管理的影响，在某种意义上填补了这一研究领域的空白。但综合主管人格特质、文化和组织情境以及攻击行为过程的探讨，可以更好地帮助我们加深基于这一理论的辱虐管理影响因素的研究。

四、其他视角下的辱虐管理影响因素分析

（一）道德排除理论

道德排除理论指出，将某些人排除于自己的道德关怀之外，伤害行为就会变得合理。或者说，某些人认为，对那些与自己差异较大、有冲突或没有价值的人，攻击或伤害行为就会成为可以接受的，甚至是适当的。

Tepper等（2006）以道德排除理论为基础识别了辱虐管理的三个主要影响因素：主管感知的（与下属的）深层次差异、主管感知的（与下属的）关系冲突以及主管对下属的绩效评价。该项研究表明，主管对下属的绩效评价在主管感知的（与下属的）深层次差异与辱虐管理之间的正向关系中起部分中介作用；主管感知的（与下属的）关系冲突、主管对下属的绩效评价在主管感知的（与下属的）深层次差异与辱虐管理之间的正向关系中具有中介作用；主管对下属的绩效评价在主管感知的（与下属的）深层次差异通过主管感知的（与下属的）关系冲突间接正向影响辱虐管理过程中起调节作用。

研究者在解释上述因果关系框架，即为什么主管会辱虐特定的下属时指出，主管感知的（与下属的）深层次差异导致（与下属的）关系冲突，而关系冲突又引发了主管对下属较差的绩效评价，进而造成高水平的辱虐管理。从道德排除的视角来观察，主管感知的（与下属的）关系冲突以及主管对下属较低的绩效评价使得这种下属被排除于主管的道德关怀之外，从而产生了针对特定下属的辱虐管理。

（二）下属感知视角

辱虐管理作为组织与管理领域的一种构念，其定义强调下属的感知，在测量上采用问卷调查方式。因此，下属报告的感知到的主管辱虐行为的频次，在一定程度上也受到与下属感知因素有关的个性或人格特质等变量的影响。

Martinko等（2011）在归因理论框架下验证了下属的敌意归因风格，即下属对失败的外在、稳定的归因方式，以下属感知的领导—部属交换关系（LMX）为中介变量对辱虐管理具有显著的正向影响。

研究者强调，具有敌意和自我服务归因风格的员工倾向于否认遇到问题时的个人责任，并将之归咎于外界因素，因此，他们同样倾向于将主管的负面反馈视为不公平和辱虐行为，断定主管是辱虐型的管理者。敌意归因偏差会造成领导与下属之间的关系紧张，一旦下属认为这种紧张状态是主管固有的缺点等原因造成的，他们会过度分析主管的行为，从而把一些孤立的敌意或攻击性行为视为较高

辱虐管理水平的一种证据。

Wu等（2009）的研究表明下属的核心自我评价水平对其感知的辱虐管理程度有显著的负向影响。核心自我评价高的员工有积极的自我认识，较为关注主管正面的态度和行为，所以报告的辱虐管理水平较低；核心自我评价低的员工自我认识消极，更加关注主管负面的态度和行为，因而报告的辱虐管理水平较高。

五、结论与展望

第一，研究体系。相当一部分研究并不仅仅局限于对辱虐管理影响因素的分析，而且视辱虐管理为工作场所一系列事件中的一个环节，从社会互动的系统性的角度对辱虐管理进行了综合探讨。

第二，受害者侵害理论。部分研究在探讨受害者侵害理论时指出，主管对特定下属的辱虐行为未必可以用上述几种理论来解释，有时只是因为这些受害者的挑衅行为而难于相处。但因为缺乏专项研究，本文未就这一视角进行专题论述。

第三，研究层次和研究方法。在继续深入探讨辱虐管理个体层面前因变量作用机制的基础上，学者们越来越注意群体和组织层面变量对辱虐管理的影响效应；同时，在研究设计上也更加强调在多种类型的组织中获取多阶段、多来源的样本数据。

总体来看，目前的研究已辨识出来的前因变量显得较为零碎，未能形成完整的体系，更无法形成累积效应。未来的研究可能需要从以下几个方面展开进一步的探讨。

（一）以攻击行为理论为基础的深入研究

未来的研究可以依循此种思路，更多地讨论现有研究还未涉及的替代性攻击理论、社会学习理论和一般攻击模式中相关变量对辱虐管理的影响。相对于前三种理论，现有的辱虐管理影响因素研究对攻击行为的社会信息加工模式的探讨相对薄弱，后续的研究可以继续充实这一理论视角下的研究内容。

（二）攻击行为理论以外的其他相关理论探讨

以攻击行为理论之外的视角来探讨辱虐管理的影响因素应该说是对这一研究领域的重要补充。未来的研究可以关注如下一些理论视角对辱虐管理影响因素的解读。①社会比较理论：实行辱虐管理的主管可能通过与其他主管进行社会比较来确定自己在组织中的社会地位，并通过辱虐行为获得能够控制他人的较高的社会地位。②道德推脱理论：主管可能会产生一些特定的认知倾向，比如重新定义自己的辱虐管理，使其伤害水平显得更小，最大限度地减少自己在辱虐行为后果中的责任，并降低对受害者痛苦的认同。③特质激活理论：倡导甚至使辱虐管理合法化的组织文化、工作与人际关系中存在攻击性或争议性解决途径的组织，都可能会更大程度地激活主管的某种辱虐性人格特质。④下属感知的LMX水平与辱虐管理的同质异构性：在某种意义上，辱虐管理也许只是较低水平LMX的一种特例。这些研究假设有待学者们通过实证研究进一步验证。

（三）以攻击行为理论为主体的理论整合

随着学者们对辱虐管理产生过程内在机理的深入探讨，对个体、群体和组织层面影响因素的深层次挖掘，未来的研究可能会以攻击行为理论为基础，整合若干其他相关理论，构建一种综合性的理论模型，将辱虐管理的前因变量纳入相对统一的模型框架，从而对各种研究结果进行可比性更强的解释。

（四）跨文化研究

不同文化背景下，相同的影响因素可能会对辱虐管理产生不同的影响效果。未来的研究可以更多地讨论不同文化背景下相关前因变量和调节变量对辱虐管理影响的异同。此外，我国学者对辱虐管理影响因素的研究尚处于起步阶段，而且以借鉴西方的研究成果为主。但在传统文化和现代文明交错发展、经济转型和社会重构的大背景下，中国企业主管的辱虐管理行为的前因如何？会对企业造成何种影响？与西方的研究结论有何不同？对这些问题的求解应该是我国学者几个重要的研究方向。

（五）破坏性领导和反生产力工作行为研究的系统思考

辱虐管理作为组织中的一种形式特殊的攻击行为，它的产生有着复杂的社会、经济、文化和历史等原因，因此对辱虐管理的理解和预防就不能仅仅依靠组织心理学的研究和干预手段，还需要对领导理论和管理现实综合梳理和全面考察。在这一方面，破坏性领导和反生产力工作行为的研究也许可以更好地扩展学者们的研究视野，给予研究辱虐管理影响因素问题的学者们更多启发。

（原载：《领导科学》，2013年第26期；合作者：文晓立）

领导特质理论的第三次研究高峰

在传统的管理学典籍中，相较于领导行为理论和权变理论，领导特质理论往往被视为过时、无用甚至是"有害"的理论。然而，20世纪80年代以来，随着管理环境的复杂性和不确定性前所未有的增强，领导特质越来越凸显出其在影响领导有效性时的关键作用，这也引发了学者们不断对领导特质理论进行新的审视并产生新的研究兴趣。

事实上，如Zaccaro（2012）所指出的，领导特质理论的研究在经历过20世纪初期和80年代前后的两次高峰之后，目前正在迎来以多变量视角为标志的第三次研究高峰。尽管不同的学者对这一次研究高峰中的领导特质概念的表述有所不同，如Yukl（2009）认为，领导特质理论所研究的特质表示了多种多样的个人品质，范围应包括人格、脾气、需要、动机和价值观等，Zaccaro等（2004）则认为领导者特质是能够促使个人在不同的群体和组织情境中形成一贯的领导绩效模式的相对稳定和连贯的个人特征综合体。然而学者们普遍认为，对领导特质的研究正处在"复兴的尖端"，在未来，领导学研究将构筑的领导特质、行为和结果整合的理论框架中，现代领导特质理论必将成为理论大厦建构的主要基石之一。本文拟对领导特质理论的研究做一简要回顾，并对第三次研究高峰的主要理论模型展开述评。

一、早期的领导特质研究

Zaccaro等（2004）和Hoffman等（2011）的综述指出，始于20世纪早期的领导特质理论的理论渊源可以追溯到苏格兰哲学家Carlyle的"伟人论"，即"世界史无非是伟人们的自传"。Terman在1904年第一次正式以心理学的研究方法来讨论领导者与非领导者的品质区别，由此展开了延续至今100多年的对领导特质研究模式的探讨。

早期的领导特质理论通过形形色色的领导者的实例研究，对体力、才能、智力或者个人价值观等领导者品质因素做出各种不同的评价，试图分离出可以区别领导者和追随者的关键性的领导特质。Stogdill（1948）第一次系统总结了早期的领导特质研究并得出两个重要结论：①领导者和追随者在品质上并没有本质区别；②某些品质，如责任感、友善和支配力，与领导有效性存在一定的关联。其后，Mann（1953）和Stogdill（1974）的进一步回顾性研究同样支持了这两项结论。然而，很多研究者由于仅仅关注到Stogdill（1948）所说的"一个人不会凭借拥有一些特质组合而成为领导者"，从而错误地得出结论，认为个人特性不能用于解释领导的产生和有效性，由此，后来的领导研究大多转向了领导行为和领导情境理论。

二、领导特质理论的复兴

20世纪80年代以来，随着管理实践的发展和领导理论的深化，特别是在下述三个方面研究进展的推动下，领导特质理论出现了复兴的迹象，并迎来了又一次研究的高峰，可称之为现代领导特质理论。

首先，Lord等（1986）以及Kenny和Zaccaro（1983）分别对早期的领导者特质研究重新进行了统计检验，分析数据表明领导者特质与领导的产生和效能之间的相关性远比研究者原先的估计要高。这一结论得到了其他一些类似研究的支持，从而带动了学者们对领导特质研究的再一次重视。

其次，以变革型领导和魅力型领导为主导的新领导理论范式强调领导者的品质是决定领导有效性的关键因素之一，如魅力型领导可能具有强烈的权力需求、高度的自信和对自己信念和思想的强烈的说服力，也在一定程度上提升了特质研究范式的价值。

再次，心理学和社会心理学的研究进展，如大五人格理论和Schwartz价值观理论在很大程度上解决了传统特质理论对领导者品质定义模糊、内涵不清楚、语义交叉和相互矛盾的问题，使得各种研究结论有可能被纳入一个统一的理论框架之内互相补充，共同解释某一类特质对领导有效性的影响。

在以上多种因素的共同作用下，围绕领导特质与领导效能这一核心命题，学者们展开了对个性、能力和动力倾向等特质对领导效能影响的大量实证研究。综合20世纪80年代以来现代领导特质理论的研究成果,可以发现如下一些鲜明的特点。

(一)以关键特质为核心的研究取向

现代领导特质理论在解释各种领导特质与领导有效性的匹配模式时,坚持两项重要原则:其一,个体倾向可以较好地解释相应的态度和行为;其二,特质对领导效能的影响依赖于具体的情境。以这些原则为依据,研究者假设:一些人具有的关键品质使他们更可能寻求和达到领导位置,并在领导位置上做出更大的贡献。Daft(2005)和Zaccaro等(2004)分别总结了20世纪90年代之前和之后学者们对领导者关键品质的研究成果,如表1和表2所示。

表1 20世纪90年代之前领导学研究中的领导者关键特质

特质类型	描述内容
个性特征	精神饱满,富有活力
智力和能力	聪明,有认知力,有知识,有判断力和决策力
个性	自信,诚实和正直,热情,有领导愿望,独立性
社会特征	有人际交往能力,有合作精神与合作能力,有机智、灵活的交际手段
与工作相关的特征	有追求卓越的愿望,有完成目标的责任感,遇到困难时坚忍不拔
社会背景	教育,流动性

表2 1990—2003年领导学研究中的领导者关键特质

特质类型	描述内容
人格	外倾性,尽责性,情绪稳定性,开放性,随和型,MBTI
动机和需要	权力动机,成就动机,领导他人动机
社会能力	自我监控,社交智力,情绪智力
问题解决技能	建构问题,提出方法,元认知
隐性知识	—

Yukl(2009)指出,尽管各项研究中所选择的品质类别甚至名称都有所不同,但与领导有效性有关的特质主要包括:精力旺盛且忍耐力强、自信、内在控制点导向、情绪成熟、个性正直、社会化权力动机、中等程度的高成就导向、低亲和需要。

（二）对关键特质分类的系统研究

首先，针对原有的领导者特质研究缺乏对特质系统性分类的缺点，研究者开始对影响领导有效性的特质进行系统梳理，以构建连贯和有意义的领导特质研究的概念框架。特别是在对领导特质的分类上，不再局限于原有较为狭窄的分类视野（人格维度或智力等），而是以阐明影响领导有效性的核心品质为中心，按照与行为结果的远近，从远端特质和近端特质，或特质类品质和状态类品质的不同视角对领导特质进行合理细分。

其次，对特质细分的研究倾向在一定程度上也表明学者们的研究视角在不断深入，所研究的领导者特质从由基因所决定的先天特质，逐渐扩展到后天获得的特质，以及领导者所具有的价值观、文化观念和知识结构等。特别是有关领导者价值观的研究越来越多，体现了特质理论研究的重大进步。

再次，研究者开始逐渐重视导致无效领导和破坏性领导的黑暗面人格特质研究。Hogan R.和Hogan J.（2001）提出，黑暗面人格特质是指一些会激怒他人或无益于组织的行为倾向，这类特质干扰着领导者形成高凝聚力团队的能力，并使追随者无法尽力追求实现目标。一般而言，每个人都至少有一项诸如多疑、情绪化之类的黑暗人格特质，但如果领导者定期表现出这些黑暗特质，则必然会对领导者通过下属达成结果的能力产生负面影响。Judge等（2009）进一步分四个维度全面探讨了领导者光明特质的光明面和黑暗面、黑暗特质的光明面和黑暗面对领导效能的影响。

（三）在关键特质影响领导效能过程中的情境依赖性研究

现代领导特质理论的一个重要假设是不同情境下领导特质对领导有效性的作用机制可能不同，因此越来越多的学者开始深入探讨具体情境下各种领导者特质如何作用于结果变量，对不同层面的情境变量特别是社会、文化、制度等方面的情境变量如何影响领导者特质与领导效能的关系的研究也呈逐渐增多的趋势。

（四）对特质影响领导效能的理论基础的探讨

针对目前的领导特质研究更为偏重实证检验的研究倾向，Judge等（2009）以进化心理学、行为基因学和社会分析理论为基础，系统解释了特质与领导产生和有效性关系这一重大问题。研究者认为，首先，根据进化心理学，某些特质更为适应领导现象，这在一定程度上回答了为什么领导者与追随者不同这一领导特质研究必须面对的重大理论问题。其次，根据行为基因学，领导在很大程度上根植于个体基因，领导者是天生的这一观点是有其合理之处的。再次，按照社会分析理论，在人际交互的群体中，具有某些特质比如尽责性和外向型人格特质的个体更易于产生进步（代理）的动机，从而更可能成为领导者。基于以上认识，研究者建立了一个领导者特质与领导产生及有效性（LTEE）模型，这一模型目前已成为解释领导者特质作用机制的重要理论框架之一。

三、领导特质理论的第三次研究高峰

2012年以来，国际学术界基于领导特质理论的最新研究成果，再一次展开了对这一既古老又新颖的领导理论发展趋势的探讨。Zaccaro（2012）指出，领导特质理论研究的前两次高峰为目前正在出现的第三次研究高峰奠定了坚实的基础，在这一历史趋势中，领导特质研究模型的构建需要考虑更大的复杂性问题。他认为，领导领域的前沿研究应该构建特定的更为细致的整合领导特质与领导过程和结果的模型，以多变量的视角来剖析领导这一复杂的组织现象。在这一基本思路指引下，学者们主要构建了如下三种理论模型。

（一）领导特质的多级模型

Zaccaro等（2004）所构建的领导特质的多级模型（见图1），主要关注的是从领导特质到领导过程再到领导结果这一过程特定路径的问题。此模型的重要性在于它提供了领导特质如何及为何影响领导过程和结果。

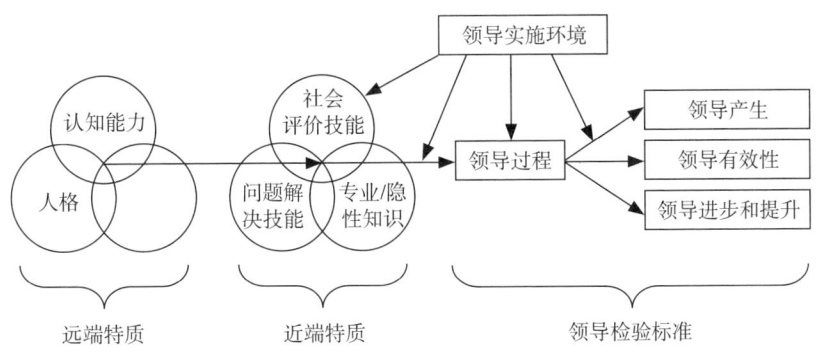

图1 领导特质的多级模型

精确的解释框架，能够阐明相对稳定的领导者特质怎样倾向于展示为特定的领导行为模式和独特的领导技能的成长。Zaccaro（2012）归纳指出，按照领导特质与结果之间作用路径的不同，多级模型又可以划分为三种类型：以二元、团队或组织过程为中介，以领导行为为中介，以领导者对团队过程的贡献为中介。

（二）领导过程模型

Antonakis等（2012）则提出了领导特质的"过程类型"模型（见图2）。此模型试图阐明在"远端预测因子——近端预测因子——组织行为结果"这一因果链中，相对领导结果而言，较为近端的因素（行为和态度）在相对较为远端的因素（深层决定因素，如特质）与领导结果（领导效能）之间的中介作用机制。这种"过程类型"模型可以清晰辨明特质效应如何表达为个体结果甚至组织结构和系统。

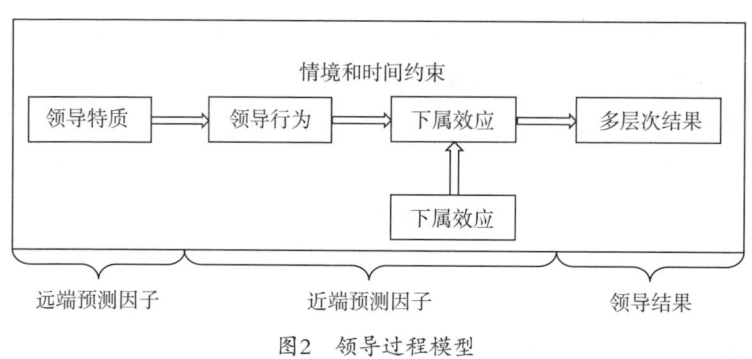

图2　领导过程模型

一般而言，领导行为和态度是内生的，因为它们没有被研究者处理过，或从本质上看它们不是随机分布的。因此，除非经过内生性净化处理，内生回归因子不适合作为其他内生变量的回归元，亦即研究中所可能发现的领导行为或态度（内生回归因子）和组织行为结果（因变量）之间的关系可能并不是因为二者之间确实存在相关关系，而是因为这些变量共同依赖于某些被忽视的因素，如领导特质。一般性的领导行为研究所发现的领导行为（内生回归因子）与领导结果（因变量）之间存在的共变关系可能是一种肤浅的关联关系，难以为实践和政策提供有用的信息，而领导过程模型则有针对性地弥补了领导行为研究范式的缺陷。

（三）连接个体差异与领导结果的替代性视角模型

Dinh和Lord（2012）总结指出，从理论上看，领导特质倾向研究方法的基本假设是相对稳定的个人性格（特质）产生领导行为，领导行为继而影响领导结果如领导感知和效能。如图3所示，这一概念体系可以由传统特质研究视角下的特质到结果的关系 c 所表示，也可以分解为替代性视角下特质到行为的效应 a 和行为到结果的效应 b。换言之，领导技能和行为可视为个体差异效应的中介因子。依照这种特质到领导结果关系的概念化思路，效应 c 等于 a 与 b 的乘积，其中效应 a 是个人内部过程，效应 b 则包括领导者的任务和社会环境。

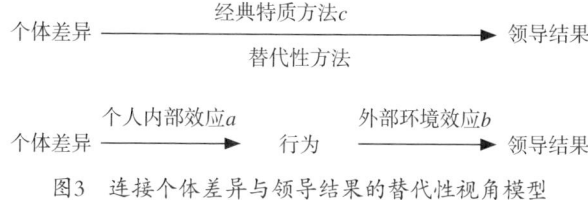

图3　连接个体差异与领导结果的替代性视角模型

除了以上三种主要的领导特质理论模型，其他一些学者，如 DeRue 等（2011）、Judge 和 Long（2012）、Judge 等（2009）、Zaccaro（2007）等越来越多的学者将领导者特质、行为和结果相连接并进行了理论上的整合，认为应以更为宽广的领导特质—行为—结果整合的视角来对领导特质的有关议题进行更为深入的研究，从而相对系统地呈现领导对下属和组织的影响。

四、小结

总体而言，面对领导科学实践和理论的不断发展，越来越多的学者普遍认识到，领导的产生和效能一定是领导特质、行为和情境综合作用的结果，单单重视或忽视哪一方面都可能会产生错误的研究结论。因此，现代领导特质理论中的特质不再是静态概念，一位领导者的行为反映了某种特质或多种特质与不同情境因素之间的互动关系，并在一定的领导环境中产生相应的效能。

这一关于领导特质理论的重大共识对处于高度复杂性和不确定性的环境中的现代组织选择和培训领导者的管理实践同样具有重要意义。由此可以期待的是，领导特质理论的第三次研究高峰一定能取得更为丰硕的研究成果，从而进一步推动领导科学在21世纪新的发展。

（原载：《领导科学》，2014年第35期；合作者：文晓立）

国外关于自恋型领导的研究述评及未来展望

近年来，组织情境中的自恋型员工和自恋型领导逐渐成为组织科学领域研究的一个话题。自恋型领导是一个比较新的概念，目前相关研究不多，国内学术界对自恋型领导的研究则更少。为了让国内学者更好地了解自恋型领导，本文对国外学者近年来在自恋型领导方面的研究加以述评。

一、自恋型领导的定义、维度及分类

自恋这一术语首先由Havelock在1898年提出，他将自恋描述为一种强烈的自爱。后来，Freud对自恋问题进行了系统论述，他认为存在一种特定的自恋性格类型，这种性格类型以表面上的镇定自若、自信和有时候会出现的自傲为特征。根据美国精神病学协会（APA）出版的《精神疾病诊断和统计手册》（第4版），诊断一个人是否有自恋人格障碍，要看一个人是否具备下述9个条目中的5个：过度高估自己的重要性；沉迷于对无限的成功与权力的幻想；认为自己特别或者身份特殊；不合理地感觉到权力或者期望得到权力；在与人交往中有特权感；需要他人过度的赞美；不关心别人的感情；嫉妒；傲慢的行为或态度。综上所述，自恋的定义应包括集中注意力于自身和对自身过高评价两个方面。

自恋包括显性自恋和隐性自恋两个维度。Cooper和Ronningstan（1992）、Gabbard（1989）认为，显性自恋者与自我扩张的感觉相关，倾向于需要有人注意，尽管他们对他人需求不关注或者是不易察觉，但仍有较大的社会魅力和较高的心理健康水平；而隐性自恋者感到自卑，对他人评价敏感，感到不满足。

如上文所述，自恋人格在有些领导者甚至是最高领导者身上也是存在的，对于自恋型领导的定义，国外学者并没有达成一致。Khoo和Burch（2008）、Resick等（2009）认为，自恋型领导是一种为了严格追求个人自私的目的而运用所掌握权力的领导，他们身上所体现的负面特性远超过正面特性。Higgs（2009）、Maccoby（2007）认为，为了确信自己所具有的优越感，自恋型领导利用自己所能利用的资源来渴望得到别人的倾慕和赞许，他们利用这些资源最主要的目的不是为组织服务的。这些学者并没有给出一个关于自恋型领导可操作的定义。关于自恋型领导，学者讨论较多的是该类型领导所带来的后果，虽然大部分学者认为自恋型领导给组织带来的是负面影响，但也有一些学者指出自恋型领导能够给组织带来一些益处。如Post（2004）认为，自恋型领导能够利用他们的冲劲和语言渲染上的天赋，从而使组织变得团结；Maccoby（2007）认为，当组织处于逆境时，自恋型领导者可以鼓舞组织内的其他人相信自己有能力克服困难、走出逆境等。正是这种争论限制了学者们对于该领导类型的定义，为了突破这一限制，突破仅仅基于特质来对自恋型领导进行定义，Rosenthal和Pittinsky（2006）结合情境因素对自恋型领导下了一个可操作的定义：当领导者的行动主要是因为个人极端利己的需要和信念而产生，而不是为了其所领导的组织或机构的利益和需要而产生时，这种领导就是自恋型领导。需要注意的是，这些极端利己的需要和信念主要是指一些自恋人格，如自负自大、追求无限的幻想以及权力和成就、过度追求别人的羡慕、嫉妒、自卑和高度敏感等人格特质。笔者认为，该定义是对于自恋型领导比较规范的定义。首先，其结合情境因素进行定义，突破了仅根据特质进行定义的局限，也避免了一些弊端；其次，该定义具有良好的操作性，便于后续量表的开发，也便于学者在工作场所中对自恋型领导进行把握和研究。

学者们对自恋型领导的内容和维度也进行了探讨，大多是根据自恋人格特别是显性自恋人格所具有的特质来进行归纳的。Gerard Ouimet（2010）认为，自恋型领导主要由以下成分构成：魅力、自私地追求自我影响力、虚伪的动机（他们提出的一些宏伟目标，其实更多的是为自己的私利着想）、对他人表现的抑制和假装的关心等。作者在提出这些成分时，都是基于一些现有的实证研究提出的。Rosenthal和Pittinsky（2006）在综合相关研究的基础上，提出自恋型领导行为中可能包含的维度和内容：自大、自卑感、永不满足他人的赞誉与自身的优越感、高度敏感、愤怒、非道德、非理性、缺乏同情心和偏执等特质。总体来讲，自恋型领导的构成成分主要包括魅力、自私、优越感、抑制他人和追求他人的倾慕等。

在自恋型领导的分类方面，由于自恋分为隐性自恋和显性自恋，同样地，有学者将自恋型领导分为隐性自恋领导和显性自恋领导。根据自恋型领导给组织带来结果的好坏，又将自恋型领导分为建设性（健康性、积极性）自恋领导和破坏性自恋领导。

二、自恋型领导的测量

在自恋型领导的测量方面，主要分为领导者自答的自恋人格问卷和下属评答的自恋型领导问卷。这两种问卷在使用过程中各有优缺点，学者们应结合研究的具体情况进行使用。

（一）领导者自答的自恋人格问卷

在自恋型领导的测量方面，最先被学者应用的是心理学研究中测量自恋人格的量表（NPI），该量表是Raskin和Hall于1979年开发，根据DSM—III对自恋人格障碍标准发展而来的，经Raskin和Terry修改之后被广泛应用。该问卷认为，正常的自恋的操作性定义包括七个成分：自主、特权、爱表现、探索、自满、优越感和虚荣。NPI问卷一共包括40个二选一强迫选择项目，要求被调查者在读完一段陈述声明之后完成相应的题目，根据个人的具体情况看这些条目所描述的特征是否适合自己，各个题项分数之和作为该被调查者的最终NPI分数。但该问卷测量的往往只是可以观察到的自恋行为和表现，即显性自恋。在隐性自恋的测量方面，主要有自恋病态人格量表（NPDS）、自我敏感性量表和自恋—过度敏感性量表等。

（二）下属评答的自恋型领导问卷

在进行自恋型领导测量时，领导者针对问卷题目进行自答可能会带有一定的主观效应，从而影响测量的客观性，因此，开发下属对其领导进行评答的自恋型领导问卷十分必要。不同于NPI量表，Emmons（1984）开发了一个由下属进行评答的10条目量表，这是一个李克特5点量表，每个题项选择范围是从"非常不准确"到"非常准确"。这10个条目是在充分考虑了NPI中的因素基础上，用10个形容词或者短语来进行提问，分别是：我的上级是自负的、以自我为中心的，我的上级是自信的，我的上级对他人漠不关心，我的上级喜欢成为别人关注的焦点，我的上级希望每个人都仰慕他，我的上级喜欢和别人竞争，我的上级十分注重外表，我的上级希望成为一个好领导，我的上级能够自我满足，我的上级擅长影响他人。

正如上文所说的，自恋型领导也分为建设性自恋领导和破坏性自恋领导两种，于是就有学者进行建设性自恋领导量表和破坏性自恋领导量表的相关研究。其中，具有代表性的是Wink（1992）开发的由他人评答的包含三个分量表的自恋量表，该量表是基于CAQ（California Q-set）中的自恋标准进行开发的，三个分量表包括与任性、过度敏感和自主三个维度相关的题项，前两个维度是消极的自恋形式，而自主维度则是积极的自恋形式。John等在研究中用Wink开发的量表中5个题项测量自主维度，即测量建设性自恋领导；用7个题项来测量人性维度和过度敏感维度，即测量破坏型自恋领导。

三、自恋型领导的前因变量

在自恋型领导提出之后，一些国外学者对自恋型领导的前因变量进行了研究，不过这些前因变量大多是基于一些相关理论而进行的推测，较少是通过实证研究进行的。这些前因变量的提出，为我们更好地理解自恋型领导在组织中的产生条件做出了一定的贡献。

（一）特质因素

在关于自恋型领导产生的特质因素方面，有两个实证研究成果。第一个是Paunonen等人（2006）研究表明，那些在同事或者平辈中被视为领导者的人，在自评的问卷调查中，在自负（认为自己天生就优于别人）和自尊（对自己有自信）上得分很高。第二个是Brunell等人（2008）的研究，他们研究发现，在一个集中小组中，那些被选为领导者的人，在有关希望得到施加于其他人的权力方面得分很高。因此，这两个实证研究表明，那些与自信（自负、自尊和行使权力的需要）相关的个人特质会促使自恋型领导在组织中产生。另外，虽然在自恋型人格中的外向性与自恋型领导的产生之间缺乏一定的实证研究，但是根据相关理论研究可知，这两者存在的正相关关系是十分确定的。例如，Judge等（2002）的研究表明，一个人性格上的外向性和他是否会成为领导具有较强的关系，又由于实证研究表明自恋型人格中包含较强的外向性，可以推测外向性会在自恋型领导的产生中起到一定的作用。Lubit（2002）认为，导致组织中破坏性自恋领导产生的原因是，自恋型领导能够用他们的高度自信、激情、魅力、控制他人的能力和推销自己的能力来掩盖自身的弱点，并且利用他们的政治技能来让组织中成员特别是下属畏惧抱怨或者反对自恋型领导。

另外两种特质因素也会对自恋型领导的出现起到一定作用，它们是下属的软弱性和野心。自恋者非常希望得到别人的倾慕，想要成为别人关注的焦点，这就导致了两种类型的下属会纳入自恋型领导形成的内循环中：由于盲目的感情依赖，下属的软弱性会刺激自恋型领导产生全能感，并且这种下属会渴望自己能有个偶像，这也会促成自恋型领导的产生；另外，自恋型领导总是希望得到别人的赞扬，那些野心勃勃的下属为了满足自己的雄心就会对其领导没有顾虑地进行阿谀奉承，这正好满足了自恋型领导的需要，也会促使自恋型领导的产生。

（二）文化因素

在国家和社会文化层面上，根据霍夫斯泰德的文化维度的研究，个人主义倾向的社会中人与人之间的关系是松散的，人们倾向于关心自己及小家庭；而具有集体主义倾向的社会则注重族群内关系，关心大家庭，个人则必须对族群绝对忠诚。因此，可以推测，在个人主义的国家和社会中，人们对自我更加关注，自恋人格更易产生，而集体主义文化的国家和社会则反之。Foster等（2003）研究了国家文化与该国国民自恋水平之间的关系，得出了一个有趣的结论：个人主义文化与该种文化下的人们的自恋程度之间存在正相关关系。

在组织文化层面上，在组织中自恋型领导产生过程中起作用的还有其他一些文化因素。根据Duchon和Burns（2008）的研究，如果组织无情地强迫下属去超越自己，或者鼓励组织成员要有胆量、雄心、个人主动性，鼓励成员追求经济上的成功、职业上的声望和社会名声等，那么该组织很有可能会滋生自恋的文化。

（三）环境因素

自恋型领导的成功与失败，不仅取决于个人因素，也取决于环境因素。Rosenthal和Pittinsky（2006）以及Padilla（2007）等人认为，当组织处于政治、经济和技术等不稳定的时期或者其他威胁临近时，组织内的成员会容易接受那些在个人能力中展现高度自信的人来作为他们的领导，以希望能够避免不稳定时期带来的坏运气和坏结果。在面临危机时，这两种环境因素会使那些先天就比较自傲和自信的人成为组织中的自恋型领导。Maccoby（2000）认为，自恋型领导在混沌无秩序的时期很有可能会出现，但在更加稳定的时期内，自恋型领导就显得不太合适。

虽然自恋型领导很有可能会使组织产生一些坏的结果，但有些学者认为，当面临一些特定的意外情况时，自恋型领导的作用会显得十分明显。例如，当组织处于充满社会危机的时期时，自恋型领导能够利用他们的冲劲和语言渲染上的天赋，起到使组织变得团结的重要作用。当组织处于逆境时，自恋型领导可以鼓舞组织内的其他人相信自己能够克服困难、走出逆境。在危机刚发生时，自恋型领导能够利用其传递希望的角色来鼓舞组织内成员去面对困境。另外，Robins和Paulhus（2001）认为，在那些个人魅力和外向性非常重要的岗位（销售）中，自恋型领导更有可能会成功，然而在需要建立持续的关系和信任的岗位（科研）中则不然。同时，当自恋型领导与其下属和组织的目标相一致时，他们的表现和绩效可能会更好；反之，如果自恋型领导的成功是以下属或者组织的利益为代价的话，那么他们的表现和绩效可能会比较差。

（四）结构因素

有一些结构因素也会促使自恋型领导在组织中产生，例如对主管人员的监督和对信息的严格控制等机制的缺乏，这些都会限制下属的行动能力，并且给自恋型领导实现他们的幻想和抱负创造了很大的空间。自恋型领导一般会无所顾忌地在工作上扩大自己的影响力，从一个结构的视角来看，只有当组织在限制自恋型领导特权和信息流通方面做出规定，从而使得组织成员真正意识到自恋型领导施加在他们身上的权力的价值时，才能够有效地使自恋型领导的过分行为得到控制。Lubit（2002）认为，导致组织中破坏性自恋领导产生的最重要的原因是组织的招聘和人员升迁调任机制、绩效衡量系统和工作程序等。Gerard Ouimet（2010）认为，组织实施下列一些措施是合理的：建立一个基于团队表现而不是个人表现的奖赏系统；进行训练计划，监督自恋型领导者的个人行为；建立一个管理委员会，经常对自恋型领导的职业绩效表现进行评价，从而可以帮助组织确认自恋型领导管理行为的有效性。

四、自恋型领导的影响效应

综合学者们对自恋型领导影响效应的相关研究，发现绝大多数学者认为自恋型领导会给下属或者组织带来消极甚至灾难性的影响。在积极影响方面，Lubit（2002）以Morrison Knudsen的前任CEO William Agee和财富500强的高管们做了两个案例研究，结果认为破坏性自恋领导更能让自己较快升迁到拥有更大权力的岗位。Maccoby（2003）认为，自恋型领导能够促进组织创新，为组织带来更宏伟的愿景。Maccoby（2007）认为，在面对逆境时，自恋型领导能够使员工相信自己有能力克服困难，给他们自信心。Post（2004）认为，自恋型领导能够利用自身的冲劲和语言渲染能力让组织暂时变得团结。在消极影响方面，学者们通过研究得出的结论较多，总体来看，可以分为以下三个方面的影响效应。

一是对领导者个人的影响效应。Lubit（2002）认为，破坏性自恋领导为了让自己较快升迁到拥有更大权力的岗位，容易冲动地做出灾难性的商业决定。Blair等（2008）则认为，自恋型领导一般都是根据个人利益行事，经常利用他人，会使得领导者与其下属的关系及交往缺乏诚信，相互之间的关心是以利益为纽带产生的。

二是对下属的影响效应。一些学者研究了伴随自恋型领导而产生的对下属的一系列影响，总体来讲，自恋型领导多数情况下会给下属造成身心上的消极影响。例如，Penny和Spector（2002）研究发现，在日常工作中，在自恋型领导者领导下的员工会产生工作场所偏常行为和反生产行为。自恋型领导还会导致领导自身的恃强凌弱行为、对员工的强迫行为，甚至给员工身心健康造成伤害。根据Benson和Hogan（2008）的研究，自恋型领导者与下属的不信任之间存在着正相关关系，领导者的自恋程度越高，下属对其越不信任。自恋型领导者会对自己的竞争对手以及那些能力突出并对自己造成威胁的员工进行抑制和打压，所以有时候会使得那些有能力的员工选择离开公司（Lubit，2002）。由于自恋型领导者在工作中，只有当其认为符合自身利益的时候才会对他人给予一定关心，一般不会真正地为下属着想，导致领导者与下属、下属之间的人际交往表现变差，流于形式，降低交往中的诚实水平。Blickle等人（2006）甚至认为自恋型领导会导致白领的犯罪行为。

虽然学者们认为自恋型领导会对下属造成上述的一些负面影响，但是这些因果关系如果在实验设计或者准实验设计情况下进行实证研究，那么得出的因果关系质量将会更高，也更具有说服力。

三是对组织的影响效应。在自恋型领导对组织的负面影响方面，学者们认为，自恋型领导会降低组织的绩效。Judge等（2002）认为，自恋型领导会降低组织的关系绩效。Benson和Hogan（2008）认为，领导自恋会降低组织效能。Higgs（2009）则认为，该种领导会使组织缺乏达到可持续绩效的组织氛围。Goldman（2006）也认为，自恋型领导会造成有害的工作氛围，因为领导者会对员工冷漠、无情、缺乏同感，导致工作氛围变差。自恋型领导会降低组织绩效、对组织氛围造成消极影响。Russell（2013）研究得出，自恋型领导会导致团队沟通问题。Campbell W.K.和Campbell S.M.（2009）则认为还会导致管理上的混乱。更甚的是，Lubit（2002）认为，自恋型领导会导致组织道德的破坏，导致员工产生非道德的行为。

需要说明的是，学者们对自恋型领导关注较多的是其带来的负面影响，在一定程度上忽略了其正面影响，这点将来可以作为进行深入研究的拓展方向。

五、未来的研究方向

目前学术界在自恋型领导的研究上还不够深入，国内研究较少。笔者在结合现有研究的基础上，对未来自恋型领导的研究方向给出了以下建议。

第一，后续的研究应当着眼于如何预防和克服破坏性自恋型领导带来的弊端，以及如何发挥建设性自恋领导的作用。因为理论研究最终是为了指导实践，对于自恋型领导，我们需要关注的是如何在组织情境中避免其负面影响，发挥其积极效应。一些学者对于上述两方面的研究可以为我们提供一些借鉴和启发。首先，在解决破坏性自恋领导问题方面，Lubit（2002）认为，解决破坏性自恋领导的关键在于预防该领导类型的产生，既要在人员招聘过程中注重对待聘人员进行破坏性自恋人格考核，又要通过企业文化的建设和渗透、规章制度的完善、工作流程等方面的强化来预防现有员工产生破坏性自恋，上文中Gerard Ouimet（2010）提出的一些结构性的措施就有助于预防和治理破坏性自恋型领导。Lubit（2002）认为，当组织中存在破坏性自恋型领导时，企业或组织重点要做的是识别哪些人是破坏性自恋领导者，在其达到更高职位时及时发现并制止他们。站在下属的角度来看，如何处理与自恋型领导者的关系也值得我们深入研究。其次，在发挥自恋型领导的积极作用方面，我们要看到自恋型领导建设性的一面，有些岗位需要自恋型人格发挥作用，在一定情境下，对组织来讲自恋型领导也是拥有其他领导类型所不具有的优势的，如Post（2004）和Maccoby（2007）认为，在变动的环境中，自恋型领导更能够带领组织突破逆境，给员工施以鼓励，从而克服困难。如何发挥自恋型领导的建设性作用，也是值得学者们继续深入研究的问题。

第二，结合中国文化情境对自恋型领导进行研究。一方面，结合我国情境下一些特殊文化因素（集体主义、关系等）对自恋型领导进行研究；另一方面，致力于我国情境下的自恋型领导量表开发。像多数管理理论和管理学概念一样，自恋型领导也是源于西方，然而管理理论的研究和应用又强调情境化因素，如Xiao和Tsui（2007）对社会学家Ronald Burt所提出的结构洞理论在中国文化情境下的适用性提出了质疑，不仅对权威理论的情境适用性提出了挑战，还得出了一些有趣的结论。首先，在Rosenthal和Pitinsky（2006）等人对自恋型领导的定义中，都认为自恋型领导视自我利益高于组织利益，过度追求他人的羡慕，并对权力不断追逐。然而，集体主义文化情境下的组织强调组织利益，那些过分追逐个人利益的自恋型领导很有可能会受到排斥，但在高权力距离文化情境下，组织或下属会容忍自恋型领导的存在和发展，甚至会对该种领导阿谀奉承，因此自恋型领导在我国也经常可见。其次，开发中国情境下的自恋型领导量表。国内有些学者认为，有必要开发关于我国情境下的自恋人格量表。郑涌和黄藜对大学生测试后开发出自恋人格问卷，包括显性自恋和隐性自恋两个部分，共28道题，信效度良好。周晖等人根据开放式问卷、访谈和参考有关问卷的方法，编制了自恋人格问卷，在检验信效度的过程中，共有623名大学生参与其中，结果表明自编自恋人格问卷有满意的内部一致性，有较好的结构效度和较高的效标关联效度。

第三，加强实证研究。一方面，在自恋型领导的前因变量研究方面，相关实证研究太少，大多是基于相关理论进行推测，因此，自恋型领导的前因变量研究是未来可以深入的一个方向。虽然在关于自恋人格形成的前因变量研究方面，心理学界在实证和理论推演方面都已经得到了较为丰富的研究，但是自恋型领导与自恋人格不同，这一变量有赖于组织这一情境因素，因此，自恋型领导的前因变量研究应该得到进一步的实证探索。另一方面，自恋型领导的主效应模型、中介效应模型和调节效应模型三个实证研究方面都应该得到发展，尤其是后两个效应模型的实证研究目前还非常少，加强这些方面的研究有利于形成自恋型领导的实证研究框架，完善自恋型领导的研究，更好地指导实践。

（原载：《领导科学》，2015年第17期；合作者：张兵兵）

领导学领域组织公正研究进展综述

Yukl（2009）指出，领导学研究的核心议题始终是领导效力问题，即领导者如何有效鼓动和鼓舞下属。围绕这一重大议题，自领导科学创立以来，大量的文献主要从特质、行为和情境等影响因素，以及以变革型领导为代表的各种"新"领导理论的综合性视角对领导有效性问题展开了持续探讨，并取得了丰硕的成果。本文意在系统梳理、归纳和总结2008年以来与领导学科前沿有关的实证研究进展，并提出未来的研究方向，从而为这一组织与管理领域交叉议题的理论研究和实践认知提供一定的指导。

一、组织公正与领导力

Greenberg（1987）提出，组织公正是员工对组织中公正的感知，即个人认为何为公正以及他们对是否公正的反应。Colquitt等（2001）总结指出，与组织公正理论发展的三个阶段相对应，组织公正至少包括三个方面的内容，即分配公正、程序公正和互动公正。

就组织公正对组织成员的心理、态度和行为的影响来看，以Cohen-Charash和Spector（2001）为代表的组织公正的综述性研究均表明，工作场所的公正具有积极的正面作用，而不公正则具有严重的负面效应。Cropanzano和Ambrose（2001）提出，组织成员具有四种分别与个人利益、归属、自尊和有意义的存在相联系的心理需要，组织成员的公正感会使其产生满意的态度和行为反应，不公正感则会直接对这四种需要产生威胁，从而进一步引起防御性认知、消极影响及应对行为。由此可以推断，组织成员会特别关心源自领导者的公正感知，因为领导者的核心工作之一是决策、晋升、薪酬和职责分配的有关决定会对下属产生重要作用。

换言之，领导学领域组织公正研究的基本前提是领导者公正有利于提升领导效能，即下属会根据是否获得了满意的分配结果、达到这些结果所采用的程序以及在这一过程中得到的人际对待的质量等来判断领导者的公正程度，高水平的领导者公正会使下属产生积极的态度和行为结果。另外，与组织公正有关的领导行为也可能与领导力的其他方面产生交互作用，领导行为的公正性会构成领导力的其他方面有效性的情境因素。总而言之，组织公正会对领导效能产生直接或间接的影响。

二、不同领导风格中的组织公正研究

梳理领导理论的发展脉络可以发现，自变革型领导提出以来，学者们所构建的各种"新"领导理论总在一定程度上涉及公正内容。事实上，Burns（1978）认为，变革型领导者强调追随者的精神价值，试图提升下属公正、平等和集体利益导向的道德意识，而不仅是传统领导理论所重视的工具性交换关系。又如，Brown等（2005）在对道德领导的测量中已开始尝试基于领导者互动公正来设计问卷的题项。然而，如有学者所论述的，"新"领导理论所探讨的各种领导风格中，组织公正的有关研究依然呈碎片化状态，缺乏系统的对组织公正在不同领导风格中作用的整理和归纳。

综合近年来的研究成果可以发现，组织公正在不同领导风格中作用的研究具有三个显著的特点：其一，就研究的领导风格而言，虽然尚缺乏对魅力型领导等领导理论的讨论，但已有研究不仅关注了较为成熟的变革型领导等领导风格与组织公正的交互作用，还开始考察了服务型领导等还在不断完善之中的新型领导理论。其二，从所涉及的组织公正类型来看，既有将组织公正作为单一变量进行的研究，也有组织公正不同维度对领导风格影响的研究，而且多数研究集中在互动公正这一维度上。其三，在领导效能方面，除了少数研究以下属心理和态度变量为考察对象，大多数研究讨论了领导风格与组织公正的交互作用，对下属角色内绩效、角色外绩效和反生产行为的影响。这些特点表明，虽然研究不同领导风格的学者关注的领导特质、行为和情境不同，但组织公正作为影响领导效能的重要因素，近年来已逐渐得到研究人员广泛和一致的重视。

三、组织公正的不同维度对领导效能的影响研究

（一）分配公正

组织公正的有关研究一般倾向于认为，分配结果更多源自组织制度化程序，受领导决策影响较小。因此，大多数研究将分配公正视为整体公正的一个组成部分，而非领导力的构成因素，这使得有关分配公正对领导效能影响的研究相对较少。

Katrinli等（2008）综合组织公正和领导部属交换（LMX）理论，验证了LMX在分配公正影响下属工作满意度过程中的部分中介作用，以及组织政治认知对这一中介效应的调节作用。Mayer等（2008）讨论了包括分配公正在内的总体组织公正构念在服务型领导风格中的作用，研究结果表明服务型领导以组织公正为中介变量正向影响下属的需要满足度，进而对下属工作满意度产生积极影响。Sušanj和Jakopec（2012）对比了包括分配公正在内的总体组织公正构念在积极领导风格和消极领导风格影响下属工作满意度和组织承诺之间的中介作用，结果发现积极领导风格通过组织公正的传递作用对领导效能指标产生正向影响。

Cropanzano等（2007）则从管理实践的角度指出，管理者通常会认为员工最为关心是否获得满意的报酬，因此较为看重分配公正对领导力的影响。而实际上，从员工视角来看，较之程序公正和互动公正，分配公正对领导力的影响可能并没有管理者所认为的那么重要。Caza等（2011）的一项管理教育方面的实验研究证实了这一观点，并尝试通过引入一种名为"错失的提升"的角色扮演类的训练方式来提升商学院学员对分配公正与领导力关系的认识。

总体而言，近年来分配公正对领导效能影响的研究依然较为稀缺，原因在于组织与管理领域的学者们已形成一种共识，即分配公正对领导效能有一定程度的积极影响，但这种影响较之程序公正和互动公正相对较小。未来有关分配公正对领导效能的影响研究，可能应更多地考虑分配公正与其他领导力影响因素的交互作用。

（二）程序公正

程序公正与分配公正一样，在以往的组织与管理研究中往往被理解为组织公正更为系统的一种要素，而非领导力的组成部分。如Bies（2005）曾提出，程序公正和互动公正有关定义的差别也可以从组织系统性和领导力个人化的角度来区分。然而，Van Knippenberg等（2007）也指出，管理过程中的程序公正在一定程

度上依赖于领导者的自由裁量权,同时,基于公正理论和社会认同理论等相关理论的实证研究表明,程序公正能够影响下属对领导者的信任、认可和社会认同等心理和态度变量,从而使下属更易于接受领导的合法性和领导者施加的影响。基于上述理论和实证基础,近年来,学者们对程序公正直接或间接影响领导效能的议题产生了一定的研究兴趣,并不断填补着有关研究空白。

在程序公正影响下属反应的情境因素研究中,研究者开始深入地探讨领导者特质、行为和特征等要素的作用机制。De Cremer等(2009)基于程序公正的关系模型,以实验室研究证实了领导者热情这一特质在程序公正影响下属负向情绪和离职行为中具有调节作用。Ilse等(2011)综合了程序公正的关系模式等理论,通过运用情境试验、问卷调查和实验室研究三种方法,论证了领导者和下属相似性在程序公正影响下属合作性过程中的调节作用。Dijke等(2012)基于程序公正的关系模式的新理论进展——团队约束模型和自基合作模型,证实了程序公正以下属自我知觉地位为中介影响组织公民行为,并且领导者两种不同的授权行为起到不同的调节作用,鼓励自我发展和鼓励独立行动的领导行为分别强化和弱化了这一过程。Ullrich等(2009)以领导效能的社会认同模型为基础,论证了在下属团体认同水平较高的情况下,领导者典型性对程序公正积极影响领导认可的过程具有调节作用,高水平的领导者典型性会弱化这一过程。研究者据此认为,在下属高度认同自身的团队成员身份,而且又视领导者为团队代表时,领导者典型性对程序公正具有一定的替代作用。

程序公正对领导效能的影响不仅发生在个体层面,也可能存在于团队层面。Walumbwa等(2008)以公正判断模型为理论基础,在团队层面探讨了程序公正氛围水平和强度在领导者情境奖赏行为影响下属对主管满意度和组织承诺过程中的完全中介作用和在领导者情境奖赏行为影响下属组织公民行为过程中的部分中介作用。Walumbwa等(2010)的另一项研究则基于程序公正的团体价值和关系模式,论证了程序公正氛围在服务型领导风格和下属组织公民行为之间的部分中介作用,以及在下属对主管的承诺和组织公民行为之间的调节作用。Epitropaki(2013)从失调论的社会认同角度,探讨了团队层面的程序公正氛围和领导风格以个体层面的下属心理契约违背为中介变量,影响下属组织认同的作用机制,研究结果发现程序公正氛围正向影响组织认同,但心理契约违背对这一过程并不具有传递作用。

(三)互动公正

Masterson等(2000)指出,组织中的个体要处理两类关系,即与直接领导者的关系和与组织的关系。互动公正预测与领导者有关的组织行为结果,程序公正预测与组织有关的结果,互动公正对以代理人为参照的结果比对以系统为参照的结果有更强的预测力。Erdogan(2003)也认为,在三种公正类型中,互动公正对与领导者有关的组织行为结果影响更大。就管理实践而言,在决策过程中,领导者是否与下属相互沟通、是否重视和吸收下属的意见,以及是否愿意体谅下属的立场等都会影响下属的互动公正知觉。从实证研究来看,已有的大多数领导学领域的组织公正研究集中于互动公正这一维度,考察互动公正影响下属对领导者、工作本身和组织的评价性反应,以及影响下属组织公民行为、偏差行为和任务绩效等行为产出方面。Van Knippenberg等(2007)针对这一研究现象明确提出,互动公正可视为领导影响力的"天然家园"。

近年来,领导学中有关互动公正的研究多数还是集中在不同领导风格以互动公正为中介影响各种下属反应的作用机制方面。在较为成熟的领导理论研究领域,Min等(2014)基于社会交换理论和社会认同理论,研究了互动公正在变革型领导和下属组织公民行为之间的中介作用,同时从社会分类视角证实了下属与管理者的种族差异对这一中介过程具有调节作用。

在负向领导研究中,Burton和Hoobler(2011)以Tepper(2000)提出的基于公正的辱虐管理反应模型为理论框架,论证了互动公正在辱虐管理与下属人际攻击行为之间的中介作用,以及下属自恋特质在互动公正影响下属工作场所攻击行为过程中的调节作用。Rafferty和Restubog(2011)则基于社会交换理论和权力距离理论,检验了互动公正在辱虐管理影响下属亲社会建言行为过程中的中介作用。

在中国情境研究方面,Li等(2014)在社会渗透理论框架内,基于自我表露理论的归因过程分析,证实了诚信领导风格能够积极影响下属的互动公正感知,进而影响角色内绩效、创造性和组织公民行为,并且中国文化情境所特有的下属的传统性特征会增强这一影响过程。Wu等(2012)则在社会交换理论背景下,从文化的二元性和中国传统的"阴阳"视角审视了家长式领导的三个不同维度以互动公正为中介影响下属对主管的信任,进而影响工作绩效和组织公民行为的作用机制。研究结果表明,互动公正分别在仁慈领导、德行领导影响下属对主管的信任过程中具有完全和部分中介作用。

在上述有关领导学中互动公正研究的主流之外,学者们也拓展了几个很有价值的新研究领域,如互动公正子维度、互动公正影响因素、指向同事的互动公正等。

四、结论及展望

领导者是组织公正或不公正的重要源泉。公正的领导者可以与他们的下属建立更好的关系,使下属形成更积极的态度和情绪,产生更理想的工作行为和较少的不良行为。因此,领导学和组织公正理论理应跳出各自研究传统的拘囿,以更加整合的视角来完善组织公正对领导效能影响的探讨。然而,为了避免组织公正仅成为Van Knippenberg等(2007)所说的"领导力的另一个方面",未来的研究还需要基于领导学和公正理论,进一步从理论上探索两个研究领域整合的可能性。近年来的研究已为此奠定了一定的基础,而展望未来,尚有以下的研究领域需要学者们做出各自的贡献。

(一)中介作用

总体而言,大多数学者认为,组织公正在解释领导行为或特质影响领导效能时具有重要的中介作用。但是现有的研究也存在一定的争议,如有学者以领导风格作为第三方视角下互动公正与下属反应之间的中介变量,而有的则将变革型领导、交易型领导与组织公正处理为影响下属反应的并列的前因变量。因此,当涉及组织公正作为中介机制解释领导行为或特质对下属反应的潜在作用时,还需要学者们更多的实证研究来进一步明确领导行为和组织公正之间的因果关系,从而夯实领导理论与公正理论整合的基础。

(二)调节作用

在领导力和组织公正交互作用影响领导效能的研究中,一方面,研究人员应继续探讨各种组织情境因素对这一过程的调节作用,以明确有关作用机制的限定条件和适用范围。另一方面,已有的组织公正和领导力其他方面交互作用的研究结果表明,在与信任等有关的领导力的某些方面对领导效能的影响过程中,领导者公正具有潜在的调节作用。也就是说,当领导力的其他方面难以培养下属的信任,难以提升下属关于领导者如何被社会性评价的关注度时,领导者公正可能更为有效。因此,学者们可以在这一视角下展开更多的研究,进而尝试将领导有效性研究与公正理论进一步整合。

(三)前因变量

鉴于组织公正对领导效能的重要性,另一个值得后续研究探讨的方面是领导者公正的前因变量。领导学领域的研究者不仅要关心组织公正对领导有效性的影响,还应该关注"为什么是领导公正"的议题,亦即更为深入地讨论为什么下属要关心组织公正。从目前看来,可能影响领导者公正的前因变量包括领导者的性格、下属的特质和行为以及组织情境因素等,而更深层次地讨论领导者公正的影响因素不仅有利于领导理论和公正理论的整合,也有利于企业实践过程中更有针对性地训练与培养高素质的领导者。

(四)公正氛围

个体层面的公正感知和团队层面的公正感知存在很大的区别,因此,领导学领域的公正研究需要继续强化公正氛围的研究力度。Naumann和Bennett(2000)首次提出的程序公正氛围指"一个工作团队作为一个整体如何被(公正)对待的一种群体层面的独特认知",目前领导学领域已有的少量公正氛围研究也主要集中于程序公正氛围这一团队层面构念。后续研究还应综合组织公正研究的多焦点视角等理论,进一步丰富领导学中分配公正氛围和互动公正氛围的研究内容。

(五)第三方视角公正

未来的领导学领域的组织公正研究还可以关注基于第三方干预理论的其他公正形式,如指向同事的分配公正和程序公正与领导行为的交互作用及对领导效能的影响,甚至可以将公正的指向范围扩展至包括企业顾客等其他对象,并检验有关领导力的研究假设或提出若干有价值的命题。第三方视角下的领导者公正研究是对下属感知公正研究的有益补充,可以在拓展领导学领域公正研究对象的基础上,增强相关研究的客观性和有效性,提升领导学中组织公正研究的完整性。

(原载:《领导科学》,2015年第32期;合作者:文晓立)

领导关爱下属行为、员工表面和谐价值观与员工沉默行为

经营环境变化给组织所带来的挑战要求员工更多地表现角色外行为，即那些不受组织强制要求却能够有效促进组织绩效的积极行为。例如，与组织成员共享信息、为组织发展献计献策等。但事实上，在组织中普遍存在"员工沉默"的现象。尽管员工清楚地了解真相、意识到组织存在的问题或对关键问题持有建设性建议，但出于种种顾虑或担忧最终选择了有意的沉默、保留观点。这些员工沉默行为将使组织丧失在第一时间及时解决现存问题或对潜在问题进行预防的机会，甚至是良好的发展机遇，大大影响了决策的质量。同时，对于员工而言，沉默也会导致其情绪耗竭、心理退出并降低工作绩效。因而，如何打破组织中的员工沉默现象，营造积极的环境是组织必须面对的问题。

正如Morrison和Milliken（2003）所说，如果组织想要营造一个乐于表达观点、想法和意见的良好环境和氛围，理解驱动员工沉默和建言的影响因素至关重要。近些年，为了阐明员工沉默的影响因素，学者们从不同的理论视角进行了研究。例如，李超平和鲍春梅（2011）从领导—成员交换视角，发现信任能够影响员工的默许沉默和防御沉默。段锦云（2012）的研究结论却与之相悖，认为领导—成员交换与员工沉默行为并无显著的影响关系。领导者与员工之间的关系是否对员工沉默有影响以及如何影响需要进一步探讨。尤其是在中国文化背景下，探究组织中员工沉默的现象具有重要意义。原因是多方面的。首先，中国传统文化情境以中庸、和谐、集体主义、家长制及高权力距离等为特征，建言献策一直都是非常缺乏且难能可贵的员工行为。跨文化研究结果显示，处于高权力距离文化情境中的员工更容易接受组织内的不平等，习惯遵循权威而不愿意发表自己的意见，对于管理层的开放性及自身的参与机会缺乏足够的关注。在深受高权力距

离、集体主义和儒家思想影响的中国文化背景下，组织领导者对员工行为的影响较之西方要大得多。在这种文化环境中的管理者需要做出更大的努力才能激发员工的积极建言。其次，在中国讲人情、重面子、强调和谐的文化氛围中，中庸思维、风险回避、不确定性规避、权力距离及传统性（集体主义等价值观因素）已被证实在建言和沉默的组织情境中发挥着显著的作用。因此，在探讨领导行为对于员工沉默的影响时，加入对中国文化价值观因素的考察，有助于理解在中国文化背景下，组织中的员工更倾向保持沉默的文化根源，有利于组织采取有效措施以打破员工沉默的现象。基于此，本研究尝试从社会交换理论和冲突回避理论双视角来探讨关爱下属领导行为与表面和谐价值观对员工沉默行为的影响。

一、理论评述与假设提出

Morrison和Milliken（2000）最早界定了"组织沉默"的概念，他们认为，组织沉默是一种组织内的群体现象——多数员工面对组织中潜在的问题时，有意保留个人观点。员工保持沉默可能是因为担心负面结果或认为其观点对组织而言并不重要。随后，Pinder等（2001）采用"员工沉默"的概念来描述员工面对那些他们认为有能力改善组织现状或纠正组织问题的人（上司或同事）的时候，有意地保留自己对组织事务的行动、认知或感情方面的评价和想法。"沉默"的核心在于有意识地隐瞒或保留信息，是一种知而不言的状态。在现实工作中，员工可能因为不同的原因采取沉默行为。因此，探讨员工沉默的发生机理很有意义。

Pinder等（2001）根据沉默的行为动机把员工沉默划分为无作为沉默与默许沉默。前者是较为积极地保留观点，以保护自身免受威胁或担心发表意见会导致人际隔阂为目的。而后者则是员工因感到建言将不被组织所倾听，或无法产生有意义的改变而采取的消极缄默。在此基础上Van Dyne等（2003）进一步将沉默划分为：亲社会性沉默、默许性沉默及防御性沉默。这种划分方式与Pinder的划分一样包含了默许性沉默，而其中的防御性沉默与Pinder定义的无作为行为相一致。不过，Van Dyne认为基于利他或合作的动机，也会出现保留相关的信息和观点的沉默行为，即亲社会性沉默。郑晓涛等（2008）在中国情境下，通过访谈和量表开发提出了沉默的三个维度：默许性沉默、防御性沉默和漠视性沉默。此后的研究又将沉默的维度进一步划分为四维度及六维度。考虑到本土性，本研究采用郑晓涛等（2008）划分的三维度概念模型：默许性沉默行为主要描述员工认为无力改变现状而采取的消极顺从,防御性沉默行为主要描述员工避免人际隔阂和他人攻击而采取的自我保护,漠视性沉默行为则主要描述员工对目前工作和组织认同或承诺不够而消极保留意见。

(一)关爱下属领导行为与员工沉默行为

现在的研究普遍认同,沉默行为是由领导者直接造成的。领导者是帮助员工克服阻碍其真实表达对工作和组织问题的担忧及想法的因素的关键所在。作为嵌入在特定文化情境中的一类组织现象,领导行为的内涵、风格及效果必然深受文化因素的影响。王辉及其同事在中国的企业情境中进行的有关CEO领导行为的系列研究提炼出中国转型时期企业CEO的包括任务导向和关系导向在内的两大类共六种领导行为。其中,关爱下属有效反映了中国文化情境中人们注重人际关系和谐的普遍性。尽管他们所做的研究是针对CEO开展的,但其理论依据中的家长式领导行为对不同层次的组织领导者均具有普适性,其有关"关爱下属"领导行为的测量题项也不限于CEO领导行为的评价。基于冲突回避与社会交换理论,"关爱下属"的领导行为不仅反映了中国组织情境中显著的人际和谐的文化价值观取向,也隐含了下属对于上级"感恩图报"的人情交换情境。因此,这种中国情境中较为普遍的领导行为很可能对员工的沉默行为造成影响。

具体而言,根据社会交换理论,员工和领导之间高质量的私人关系更能激发组织公民行为,建言行为而不是沉默行为将更有可能成为员工在持有异议或重要信息时的行动选择。领导者所展现的关怀和帮助有助于消除员工对组织利益的漠视感和对组织事务置身事外的行为倾向,进而抑制漠视沉默的形成。根据冲突回避的分析框架,关爱下属的领导行为有利于营造一种包容、坦诚、互信的组织氛围,从而降低员工对建言行为引起人际冲突的负面预期,有效抑制员工因为担心受到威胁或攻击的防御性沉默。由此,提出以下假设:

假设1a:关爱下属领导行为负向影响员工的默许性沉默。

假设1b:关爱下属领导行为负向影响员工的防御性沉默。

假设1c:关爱下属领导行为负向影响员工的漠视性沉默。

(二)表面和谐价值观与员工沉默行为

在中国社会的人际关系导向文化之中,个体进行社会交往往往取决于对自我与他人关系的评估与判断——包括关系亲疏及等级差距。当员工考虑采取建言或是沉默行为时，这两方面的考虑恰好反映了两种价值观的影响，也即对于人际和谐的关注和对于权力距离的遵循。中国人在进行决策时习惯于同时考虑他人，原因就在于人际关系和谐在社会交往中的重要位置。然而，先前的大部分研究并未区分个体维持人际和谐行为的内在动机，事实上，维持人际和谐的行为的内在动机有两方面的因素：一是防止人际关系的破裂，二是促进人际关系的发展。与此观点类似，有学者对"真实和谐"与"表面和谐"进行了区分。真实和谐的价值观引导个体以积极的眼光看待他人，并以真诚、信任和支持的态度参与到人际互动过程中。而表面和谐的价值观则使个体持有消极的态度并谨慎、被动地行事，将自己置身事外，避免卷入冲突之中。

在组织情境中，员工对于表面和谐的重视将会促使其采取自我保护的方式以避免人际风险（包括推卸责任和防御可能受到的威胁），因此，表面和谐的价值观也会抑制员工的意见表达，尤其是当他们的观点与上司的决策相悖之时。而根据Triandis（1995）的观点，高集体主义者非常看重自己与集体及其成员之间的和谐关系。对于人际关系和谐的关注很可能对员工沉默行为起到推动作用。员工重视表面和谐的价值观取向将通过其思维方式进而影响其对建言情境的判断，对于因建言而可能使人际关系受损或使自己受到他人攻击等威胁的负面预期将促使其采取回避冲突的自我保护式防御性沉默。同时，在面临自我利益可能因建言而受损时，表面和谐价值观水平较高的员工更可能采取推卸责任的不作为方式来避免人际关系的破裂，从而做出漠视组织或其他成员利益的行动决策，采取漠视性沉默行为。由此，提出以下假设：

假设2a：员工表面和谐价值观对于员工的防御性沉默具有正向影响。
假设2b：员工表面和谐价值观对于员工的漠视性沉默具有正向影响。

（三）心理安全感的中介作用

对于建言结果的负面预期是个体选择保持沉默的最为典型的原因（段锦云，2012）。已有研究证实，心理安全感是驱动建言行为的关键认知因素。当员工对于建言行为缺乏安全感或因负面预期而感到恐惧时，其更倾向于采取沉默行为。在建言行为或员工沉默的相关研究中，心理安全通常是指个体相信上司和同事不会对其人际冒险行为进行惩罚或误解，这种冒险行为包括就工作中的问题提出自己的担忧或建议。Detert和Burris（2007）的研究已经发现，下属的心理安全感知可以中介管理开放性对员工建言行为的影响。而有关伦理型领导的研究也证实，心理安全感对于伦理型领导对员工进言行为的正向影响具有部分中介作用。

事实上，心理安全感可以进一步聚焦到本研究所涉及的沉默和建言行为的情境。基于对以往团队心理安全氛围的研究综述，吴志平和陈福添（2011）在中国组织情境下分析了团队心理安全氛围的内涵和维度，其研究认为团队心理安全氛围包含四个维度，其中的"直抒己见"正好反映出心理安全感可以更有针对性地指向建言情境。此外，在有关建言行为的研究中，有学者将心理安全感知聚焦于工作中发表意见和观点的具体情境。员工对于工作场域中进言情境及预期结果的心理安全感知，将促进其建言行为并抑制其保持沉默的行为倾向，而领导行为则主要通过影响员工对于组织情境的认知进而影响员工建言献策的行为选择。一方面，领导者关爱下属行为，可以增强员工对上司的信任，增强其对建言献策行为的心理安全感知和正向预期，从而减少或抑制沉默行为的产生。而另一方面，注重表面和谐的价值观取向则将增加员工对于建言行为的负面预期和人际风险认知，降低其对于在工作中提供重要信息、发表真实观点的安全感知，进而更倾向于选择沉默行为。由此，假设如下：

假设3a：心理安全感对员工的默许性沉默具有显著负向影响。

假设3b：心理安全感对员工的防御性沉默具有显著负向影响。

假设3c：心理安全感对员工的漠视性沉默具有显著负向影响。

假设4a：心理安全感在关爱下属领导行为对默许性沉默的影响关系起到中介作用。

假设4b：心理安全感在关爱下属领导行为对防御性沉默的影响关系起到中介作用。

假设4c：心理安全感在关爱下属领导行为对漠视性沉默的影响关系起到中介作用。

假设5a：心理安全感在员工表面和谐价值观对防御性沉默的影响关系起到中介作用。

假设5b：心理安全感在员工表面和谐价值观对漠视性沉默的影响关系起到中介作用。

二、研究方法

（一）研究样本与程序

本研究参考了以往研究的设计，对问卷发放和回收环节进行了控制。在问卷发放过程中，已明确要求参与调查者不得将问卷发放给下属，以免因顾虑和猜疑影响数据质量。调研范围主要集中在珠江三角洲地区，还包括河南省、浙江省、山西省、河北省、黑龙江省等。主要通过网络方式（电子邮件、即时通讯工具）和纸质版问卷。总共发放问卷300份，回收250份，剔除缺失关键变量和明显随意填写，以及员工沉默部分控制题目B0（请您回忆过去一年，您在工作中出现这种有意沉默的频率）选择"从未"的部分问卷，有效问卷为227份，回收的有效问卷率为90.8%。样本信息如表1所示。

表1 样本信息

样本特征	类型	人数（人）	占比（%）	样本特征	类型	人数（人）	占比（%）
性别	男	139	61.2	职位级别	普通职员	182	80.2
	女	88	38.8		基层管理者	27	11.9
年龄	18~24岁	82	36.1		中层管理者	15	6.6
	25~34岁	128	56.4		高层管理者	3	1.3
	35~44岁	16	7.1	雇佣类型	终身雇佣	32	14.1
	45~54岁	1	0.4		固定雇佣期限	174	76.7
教育程度	中专及以下	5	2.2		临时雇佣	15	6.6
	大专	20	8.8		其他	6	2.6
	本科	171	75.3	单位性质	国有企业	58	25.6
	硕士及以上	31	13.7		民营企业	90	39.6
					外资/中外合资	26	11.5
					政府机关/事业单位	44	19.4
					其他	9	4

（二）测量工具

本研究所选取的四份量表均来自现有研究成果，但考虑研究样本及情境的差异，本研究首先进行了预测试（共发放问卷96份，回收88份，有效问卷82份），然后进行探索性因子分析以检验各题项的有效负荷及解释力，从而筛选和最终确定量表题项和正式问卷。正式问卷的量表如表2、表3所示。

1. 员工沉默

主要选取郑晓涛等人（2008）开发的量表中的12个题项进行测量，例如，"领导基本已经决定了，自己的意见不会起太多作用"，在本研究中，信度为0.858（其中，默许性沉默0.837、防御性沉默0.831、漠视性沉默0.782）。此外，对员工沉默量表进行的探索性因子分析和效度分析结果显示，适合进行因子分析，具有良好的结构效度（KMO检验值为0.853，Bartlett球形检验达到显著水平，

表2 研究变量的均值、标准差和相关系数矩阵

	M	SD	1	2	3	4	5
1. 关爱下属领导行为	3.7638	0.94767					
2. 表面和谐价值观	4.0131	0.81019	0.032				
3. 心理安全感	3.6662	0.77601	0.218**	−0.190**			
4. 默许性沉默行为	3.3396	0.88671	−0.187**	0.114	−0.330**		
5. 防御性沉默行为	2.8499	0.89953	−0.027	0.274**	−0.292**	0.390**	
6. 漠视性沉默行为	2.2499	0.79757	−0.188**	0.223**	−0.272**	0.331**	0.487**

注：**$p<0.01$；双尾检验。

表3 关爱下属领导行为、表面和谐价值观、心理安全感与员工沉默：直接效应和中介效应

	变量模型	默许性沉默			防御性沉默			漠视性沉默		
		模型1	模型2	模型3	模型1	模型2	模型3	模型1	模型2	模型3
控制变量	性别	0.128	0.105	0.103	0.059	0.022	0.020	0.141*	0.099	0.098
	年龄	−0.020	−0.036	−0.028	0.065	0.051	0.057	0.123	0.100	0.105
	受教育程度	−0.051	−0.034	−0.032	−0.087	−0.039	−0.038	0.067	0.108	0.109
	职务层次	−0.075	−0.075	−0.070	0.012	0.015	0.019	−0.222**	−0.220**	−0.217***
	雇佣类型	−0.155*	−0.158*	−0.159*	−0.104	−0.097	−0.098	−0.014	−0.014	−0.014
	单位性质	−0.066	−0.063	−0.019	−0.056	−0.028	0.011	−0.089	−0.071	−0.042
主效应	关爱下属领导行为		−0.188**	−0.119		−0.033	0.029		−0.199**	−0.153*
	表面和谐价值观		0.090	0.037		0.263***	0.216***		0.222***	0.187**
中介	心理安全感			−0.293***			−0.261***			−0.193**
释义	R^2	0.046	0.087	0.163	0.025	0.090	0.150	0.064	0.145	0.178
	$Adj\text{-}R^2$	0.020	0.053	0.129	−0.002	0.056	0.115	0.038	0.114	0.144
	F	1.757	2.584*	4.687***	0.937	2.671*	4.245***	2.500*	4.618***	5.215***

注：（1）系数均为非标准化回归系数；（2）*$p<0.05$，**$p<0.01$，***$p<0.001$。

$p<0.000$）。员工沉默量表的三因素结构验证性因子分析（CFA）结果表明，"员工沉默"的三因素模型拟合数据最佳，检验指标都符合适配标准。因此，将员工沉默量表进行三维度划分，具有良好的区分效度。

2. 关爱下属领导行为

量表采用自Wang等人（2011）的研究，共包含4个题项，例如，"关心员工的家属"。在本研究中，量表信度为0.858。

3. 表面和谐价值观

量表采用自Leung等（2011）的研究，预测试后保留3个有效题项，"不应该与别人伤和气，以免日后见面时尴尬""人在江湖，身不由己，对一些不公平或自己看不顺眼的事，还是看开点好""不应多生事端，但求息事宁人"。在本研究中，量表信度为0.742。

4. 心理安全感

参考Liang等人（2012）的相关量表，共包含5个题项，例如，"在单位里，表达自己的真实感受是受欢迎的"。在本研究中，量表信度为0.824。

除了员工沉默量表采用5点李克特量表外，其余均采用6点尺度李克特量表以避免居中趋势带来的干扰。在控制变量方面，本研究根据以往有关员工沉默和建言的文献，选取性别、年龄、受教育程度、职务层次、雇佣类型及单位性质作为控制变量。

三、数据分析

（一）共同方法偏差检验

为了检验本研究中的各个变量是否存在共同方法偏差的问题，采用单因子检验。结果显示，共抽取出6个共同因子（特征根值大于1），并且解释力最高的第一个因子所解释的变异量为25.478%，不占大多数。此外，本研究在问卷设计时做了处理，并在发放过程中进行了严格控制，可以认为本研究的共同方法变异基本不会影响研究结论。

（二）描述性统计分析

由表2可以看出，管理者关爱下属的领导行为与员工的心理安全感正向相关，与员工的默许性沉默、漠视性沉默负向相关；员工沉默的三个维度之间显著正相关；心理安全感与员工表面和谐价值观、员工沉默的三个维度均显著负相关；而表面和谐价值观则与员工沉默中的防御性和漠视性两个维度存在显著正相关。

（三）假设检验

由于相关性分析结果显示，关爱下属领导行为与防御沉默之间无显著相关性，因此，假设1b得不到数据支持。其余按照理论假设进行一元线性回归分析，结果显示所有回归关系均具备显著性，可以进一步检验心理安全感的中介作用。本研究以默许性沉默、防御性沉默和漠视性沉默为结果变量，构建了3组分层回归模型。回归结果显示，关爱下属领导行为对默许性沉默和漠视性沉默具有负向影响（$\beta=-0.188$，$p<0.01$）。

本研究首先采用三步中介检验方法，对心理安全感的中介作用进行检验。结果显示：心理安全感完全中介了关爱下属行为与默许性沉默之间的正向关系，部分中介了关爱下属行为与漠视性沉默之间的正向关系、表面和谐价值观与防御性沉默之间的负向关系、表面和谐价值观与漠视性沉默之间的负向关系。需要注意的是，三步检验中介方法并没有直接检验中介效应间接效应，而是一种统计推断，Sobel test则直接检验这个间接效应是否显著。因此，本研究用Sobel test进一步检验心理安全感的中介作用。检验结果显示，各个中介效应均显著（$p<0.05$），如表4所示。

表4　心理安全感中介效应的Sobel检验

a	b	S_a	S_b	Test statistic	Std.Error	p-value	B(a)	B(b)	间接效应值=$B(a)*B(b)$
间接效应1：关爱下属领导行为→心理安全感→默许性沉默									
0.179	−0.347	0.053	0.073	−2.75317693	0.02256048	0.005902	0.218	−0.303	−0.066054
间接效应2：关爱下属领导行为→心理安全感→漠视性沉默									
0.170	−0.249	0.053	0.067	−2.49944564	0.01783235	0.01243878	0.218	−0.242	−0.052756
间接效应3：表面和谐价值观→心理安全感→防御性沉默									
−0.182	−0.289	0.063	0.073	2.33362984	0.02253914	0.01961511	−0.190	−0.249	0.04731
间接效应4：表面和谐价值观→心理安全感→漠视性沉默									
−0.182	−0.245	0.063	0.066	2.27984969	0.01955831	0.0226166	−0.190	−0.238	0.04522

注：（1）a、b表示原始系数，S_a、S_b为标准误，$B(a)$、$B(b)$表示标准化的系数；（2）路径说明：以间接效应1为例，a：心理安全感为因变量，关爱下属行为为自变量时，关爱下属行为的回归系数；b：默许性沉默为因变量，关爱下属行为和心理安全感为自变量时，中介变量（心理安全感）的回归系数。

综合以上的回归分析结果，本研究所提出的H1a、H1c、H2a、H2b、H3a、H3b、H3c、H4a、H4c、H5a及H5b均得到了实证数据的支持，即：①员工关于意见表达的心理安全感显著地负向预测三种类型的员工沉默；②领导者关爱下属的行为可以显著抑制员工的默许性沉默，并且员工的心理安全感在其中起到完全中介的作用；③领导关爱下属的行为可以显著抑制员工的漠视性沉默行为，并且员工的心理安全感在其中起到部分中介作用；④员工注重表面和谐的价值观可以显著地正向预测其所采用的防御性沉默和漠视性沉默行为，并且心理安全感在这一关系中起到部分中介的作用。

四、研究结果及其实践意义

（一）理论意义

本研究的研究结果支持了管理者所展现的关爱下属行为，对员工的默许性沉默和漠视性沉默有显著的负向影响，但与此同时，也发现关爱下属行为并不能有效减弱员工的防御性沉默。这一结果在一定程度上深化了先前的研究结论，认为先前的研究结果（例如，段锦云）显示"领导—成员交换关系对员工沉默影响不显著，认为二者可能并无直接联系"的原因在于，该研究没有对员工沉默进行维度的区分，因而未能识别出领导—成员交换与不同类型沉默行为的具体关系，只能获得较为模糊的结果。此外，领导对下属的关爱行为对员工的默许性沉默和漠视性沉默有显著的负向影响这一结果，在一定程度上反映了默许性沉默的构念内涵中所隐含的行为对象——员工的上司，因而关爱下属对于员工默许性沉默有较强预测力。而漠视性沉默是因对组织认同和工作依恋程度不高所形成，高质量的领导—成员关系已被证实与组织认同正向相关。

另外，员工个体注重表面和谐的价值观取向，对员工的防御性沉默和漠视性沉默分别具有显著的正向影响。这与先前有关传统性、集体主义倾向、风险回避、不确定性规避、中庸思维等的研究结果一致。出于动机视角的考察，本研究并未涉及表面和谐价值观对于默许性沉默的影响，研究结果也证实这两者之间并无显著相关性。这在一定程度上反映了员工对意见表达可能徒劳无果的消极预期，可能并不会受到其自身担忧人际关系和谐的影响。

此外，对于心理安全感的中介作用检验显示，心理安全感完全中介了关爱下属领导行为与默许性沉默之间的关系。这在一定程度上说明,认知因素和行为之间需要近端心理状态作为纽带连接。至于心理安全感对于关爱下属领导行为与漠视性沉默、表面和谐价值观与防御性沉默及漠视性沉默之间的关系起到部分中介的作用。原因可能在于,领导行为和价值观因素对于员工沉默的影响,存在其他的心理过程机制。例如,组织心理所有权可以解释个体价值观对员工沉默的影响途径。进一步地,本研究对所选取的关爱下属领导行为和表面和谐价值观进行中心化处理之后进行调节效应检验,结果发现它们对心理安全感和各类型员工沉默行为并不存在交互或协同作用。因此,无法进一步探究以往研究在员工建言或沉默中发现的"特质激活"或"价值观激活"现象。

(二)实践意义

本研究结果的实践指导意义在于,有助于深化理解员工沉默的发生机制和影响因素,从而帮助组织通过领导行为的调整、人员筛选和价值观管理,抑制员工沉默现象的发生。首先,组织应根据不同的内在动机针对性地分析和应对员工沉默,并根据差异进行权变管理。其次,组织需要营造开放、坦诚、互信的组织氛围,增强员工对于建言心理安全氛围的感知。再者,组织可以根据个体价值观差异实施沉默行为管理并确定人员招聘策略。员工注重表面和谐的个体价值观取向可以在一定程度上预测其所采取的防御性沉默和漠视性沉默行为。因此,管理者在人员招聘和团队人才选拔的组织实践时可以考虑个体的价值观特点,并适当地引入基于价值观差异的管理措施。

(三)研究局限性及未来研究展望

本研究主要从基于社会交换理论和冲突回避理论考察了关爱下属领导行为与表面和谐价值观对员工沉默行为的影响。本文的不足之处主要在于:①本研究所探讨的员工沉默是一种个体在组织和工作情境中的行为,但实际测量的是其行为意向和内在动机,这与真实组织情境中的工作行为可能存在一定的区别;②员工沉默行为选择的认知过程受到诸多因素的影响,但本研究主要探讨个体自身价值观和上司领导行为这两种因素通过心理安全感对员工沉默的作用,并不能完整地揭示员工沉默行为的内在心理机制;③本研究的实证分析采用的是横截面数据,这难免对因果影响关系的分析造成局限,尤其是领导行为对于心理安全感和员工沉默的影响可能存在一定的时间滞后性。未来的研究可以在关注员工沉默影响因素之外，拓展对其结果变量的研究。同时，关注员工沉默所有意保留的信息类型也将可能产生新的研究发现。此外，对于员工沉默维度或类别的划分，可以根据研究目的从更多视角进行研究。

（原载：《中国人力资源开发》，2015年第23期；合作者：宋一晓、陈鸿志）

服务型领导对团队绩效的影响：
一个调节-中介模型的构建

随着全球化持续升级和组织结构扁平化发展，团队逐渐成为企业应对竞争挑战的基本工作单元。理论界就如何打造高绩效团队进行了大量的研究，并提出了影响团队有效性的诸多因素，在这些因素中，团队领导者被认为是关键的因素之一。与此同时，移动互联网时代的个体变得越来越"强大和独立"，他们对领导者也提出了更高的要求，这些因素的变化迫使传统的命令和服从型领导方式必须做出相应的调整，而服务型领导把服务他人、服务组织、服务社会置于自身利益之上，并把"服务"作为其核心特征，这与移动互联网时代所需的领导品质高度匹配，所以研究新时代下的服务型领导具有十分重要的现实意义。Pekerti和Sendjaya（2010）指出不同的文化组织逐渐接受和认同服务型领导这一积极的领导方式，表明服务型领导越来越引起学者们的关注。但在领导方式如何影响团队绩效研究领域，通过梳理文献发现，我国学者大多局限在包容型领导、授权型领导以及变革型领导等领导行为上，对于服务型领导这一新型领导方式对团队绩效的影响研究还鲜有涉及。邓志华和陈维政（2012）指出，我国学术界对经济领域中出现的服务型领导行为的实证研究明显不足；黄海艳（2013）也表明，服务型领导对团队成员态度和行为影响的研究相对较少。目前，服务型团队领导影响团队绩效的过程探索仍然缺乏系统的理论视角与分析框架。因此，无论是从理论还是现实意义出发，深入了解服务型领导影响团队绩效的内在机制十分迫切和必要。

此外，费孝通（1985）指出华人的人际交往模式是以自己为中心，根据他人与自己关系的亲疏远近，划分成一圈圈的同心圆，越接近中心圆圈的人，表示与自己越亲近。基于此，郑伯埙（1995）探讨了"差序格局"背景下华人的组织行为，认为无论是人情与面子的权力游戏，还是信任格局，都是差序格局导向的。由于在中国社会圈子文化普遍存在，团队成员会围绕团队领导形成关系疏密的状态，其外在表现为不同团队成员与团队领导之间的关系有"质"与"量"的差异，凸显了团队的差序格局。徐文忠（2005）指出，在差序氛围比较浓重的团队，很容易引起团队成员身份认同的偏离，这不仅发生在那些远离权力中心的团队成员，在紧邻权力中心的成员同样会出现身份认同的"漂移效应"。对比而言，差序氛围相对淡薄的团队，在得到的资源性质和数量上，团队成员差异较少，这有助于在团队内培养互信互助的氛围，进而推动团队绩效的提升。所以，刘军等（2009）指出差序格局在团队中发挥着重要影响，尤其是在中国文化情境下研究团队的有效性，有必要考虑"团队差序氛围"在这个过程中产生的影响。基于以上论述，本文研究服务型团队领导对团队绩效的影响，也不可避免地需要探讨团队差序氛围在这个过程中起到怎样的影响作用，以期做出新的发现。

一、相关文献评述

（一）服务型领导

服务型领导又称为仆人型领导、公仆型领导等，是组织管理领域新涌现出的一个领导理论，并逐渐成为学术界的研究热点。Greenleaf（1977）最初提出了服务型领导这一概念，他认为伟大的领导者都是把服务他人、服务组织、服务社会置于自身利益之上，并把"服务"作为其核心特征。服务型领导理论崇尚"领导重在对服务的承诺"这一理念，强调领导者应尊重下属的尊严和价值，善于分享资源，授予他人发展机会，并且具有持续增长的成为服务者的愿望。服务型领导具备服务他人、树立愿景、信誉、信任、以身作则、开拓进取、欣赏他人、合理授权等特征，在此基础上，汪纯孝等（2009）设计并检验了中国情境下的企业公仆型领导量表，得出了服务型领导的11个维度：尊重员工；关心员工；帮助员工发展；指导员工工作；构思愿景；平易近人；甘于奉献；清正廉洁；开拓进取；承担社会责任；授权。

Reinke（2004）通过研究指出服务型领导和领导成员之间的信任水平呈显著正相关关系，不仅如此，在承诺和绩效方面，服务型领导还能够显著提升团队承诺和团队效能。Liden（2008）认为，服务型领导维度中的"帮助下属成长和成功"可以提高下属的组织承诺和工作绩效，在此基础上，Grant（2008）根据社会学习理论指出，服务型领导可以通过树立行为榜样来激发下属的亲社会动机，从而使下属获得高水平的工作热情。Walumbwa等（2010）研究表明团队服务型领导水平与个人组织承诺、自我效能及组织公民行为显著正相关。不仅如此，服务型领导可提高员工工作绩效、工作满意度及对领导的信任度，降低反生产行为和员工工作倦怠的发生，从而为组织带来更大效益，并且服务型领导也可以满足下属的自主性和成长需求。进一步，有些学者对比研究了服务型领导和家长式领导，得出家长式领导行为能显著提高员工的工作绩效，而服务型领导行为能显著提高员工的工作满意度。在团队有效性和团队绩效方面，Mahembe和Engelbrecht（2014）研究指出服务型领导通过组织公民行为显著提升团队有效性，与此同时，也有研究表明知识共享氛围在服务型领导与团队绩效之间起中介作用。Sousa和Dierendonck（2016）认为团队共享服务型领导通过整合团队成员行为，进而提高团队绩效。以上论述表明，服务型领导对个人层面的信任水平、组织承诺、组织公民行为、工作绩效、工作满意度等都有显著的正向影响，在团队层面，服务型领导对团队承诺、团队有效性、团队绩效等也具有显著的正向影响。

（二）服务型领导与团队绩效的关系

目前对服务型领导行为效果的研究，主要集中于探讨下属作为个体的态度反应方面。如Liden等（2014）验证了服务型领导与下属组织承诺、组织公民行为和角色内绩效的正相关关系。如果简单将个体层面上的研究结论推广到团队层面，在实践中往往是一种危险的做法，因为它可能会将团队引向错误的方向，降低而非提升团队有效性。领导方式对团队绩效有很重要的影响，国内外的相关学者开始将服务型领导的研究领域向团队层面扩展，如Hu和Liden（2011）研究表明，服务型领导和团队绩效之间有着密切的联系，我国学者赵红丹、彭正龙（2013）基于社会交换视角，解释并实证了服务型领导和团队绩效之间呈正相关。领导者关心他人而不是他们自己被认为是谦卑的，这促进了领导和员工的关系，有利于员工全身心地投入到他们的工作中去，进而提升团队的绩效。服务型团队领导具备：目标驱动、授予承诺、善于协调团队中不同个性的成员以及提高整个团队成员的凝聚力等特质，并且服务型领导更多地强调员工工作和心理上的自由性，鼓励他们之间相互帮助和彼此认同。所以，团队成员在服务型团队领导的带领下，很容易建立彼此的认同感和团队意识，进而凝聚人心，降低沟通成本，共同为团队目标奋斗，产生很高的团队绩效。基于此本文提出命题1：

命题1：服务型团队领导有助于提升团队绩效。

二、服务型团队领导对团队绩效影响的关系模型构建

服务型领导拥有十分丰富的内涵和特征，通过已有理论和文献研究，本文尝试将服务型团队领导的特征分成两类，一类是团队层面的特征，包括强调团队服务型行为、培养团队精神、强调团队合作、构建共同的价值观以及持续增长的成为服务者的愿望；另一类是个人行为层面的特征，包括利他主义、尊重关心和信任员工、帮助员工成长和成功、充分授权、授予他人发展机会。不同类型的特征可能通过不同的路径影响团队绩效，其中团队层面的特征通过塑造服务型的团队文化影响团队绩效；个人行为层面的特征则通过提高团队成员的整体工作满意度影响团队绩效。虽然目前已有学者有过类似的研究，如Liden等（2014）研究71家中等规模的餐厅，认为服务型领导通过创建服务型文化，进而影响餐厅的整体绩效。但是，聚焦于中国情境下的团队，服务型团队领导通过怎样的机制影响团队绩效，依然缺乏系统的思考。本文尝试从整体上把握服务型团队领导的内涵，系统探讨其通过多种路径影响团队绩效，并考虑中国情境下的特有变量"团队差序氛围"在这个过程中起到的作用，提出的模型如图1所示。

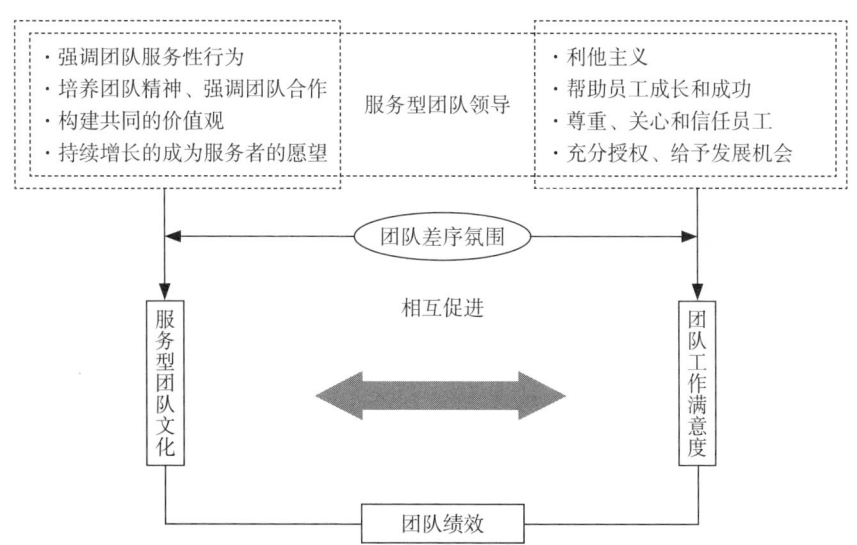

图1　服务型团队领导对团队绩效影响的调节-中介模型

(一)服务型团队领导、服务型团队文化及团队绩效之间的关系

团队领导是团队文化的缔造者,而团队文化又是领导影响员工绩效的重要途径之一。Yukl(2010)研究表明,由于领导者的正式身份、职位权利给予下属示范效应,这导致下属模仿领导者的行为。根据社会学习理论,下属会通过模仿服务型领导的个人行为来满足领导对自己的期望,例如强调团队服务型行为,为组织中其他成员提供帮助和支持,下属模仿领导者的服务型行为被认为是服务型领导的主要贡献。Mayer等(2012)也通过研究指出,追随者感知领导者拥有理想的特质,如持续增长的成为服务者的愿望,他们渴望能像领导者一样,从而模仿领导者的行为和特质,这将进一步巩固他们在团队中的身份认同,社会身份认同理论也很好地解释了这一点。因此本文得出结论,团队服务型行为是可以在领导者和下属之间传播的,Liden等(2014)指出,当大多数人参与服务型行为时,一种服务型的文化就产生了,这种文化强调团队合作,拥有共同的价值观和团队精神。领导人通过直接地鼓励下属参与服务型行为或者间接地树立标杆人物来影响团队文化,这种文化之后被追随者接受,进而影响追随者的后续行为。

组织文化可以分成三种类型:创新变革型的、官僚行政型的以及服务支持型的。其中,服务支持型的文化近来被很多组织所倡导,它要求组织中的成员以服务和支持为导向。高支持性文化的组织给人们提供一个"温馨"的工作环境,在这里人们友善、信任、公正和相互帮助,管理者在这样的文化氛围中工作,将促进与下属之间平等和开放的关系。Cooke 和 Rousseau(1988)指出服务型团队文化是工作中所有成员服务型行为的延伸,它能促使个体员工感知集体行为。服务型的文化提供一种行为准则和分享的意愿:即优先帮助他人,其特征是在这种工作环境下,人们认同优先关注他人的需求而不是自己的需求,给他人提供帮助的服务型理念。当人们感知到来自其他人的帮助和支持时,会激发参与者做出有利于整个组织的行为。由于积极因素的普遍性,如信任,帮助和关心他人,明确的预期行为和价值观,当员工在一个服务型文化氛围很浓厚的环境下工作时,团队成员更容易达成行动的一致性,且有利于成员和团队之间相互认同。Mael和Ashforth(1992)指出服务型的文化也聚焦于组织内部的合作和相互依赖,这将进一步加强员工的组织身份认同感。团队成员的身份认同感越强,团队就越容易产生凝聚力和向心力,且当团队或组织中的个体对同一环境条件产生共同的心理认知时,团队成员之间的配合将会更加默契,这是打造高效团队必不可少的措施。

文化被定义为共享的基本模式,这种模式有利于解决团队的外部适应性问题

和内部的凝聚力问题，对思考的有效性也很有作用，新成员在这种氛围下也更容易以正确的方式来感知、思考问题。由于不断强调团队服务型行为、团队合作和团队精神、一致性以及持续增长的成为服务者的愿望，服务型领导在团队中塑造了一种服务型的文化，文化帮助在员工之间建立起强烈的认同感，这种认同感唤醒员工关于承担和奋斗的理想，每个人都尽力和用心地为团体目标奋斗，最终带来的是团体绩效的显著提升。实证研究服务型领导影响团队层面结果的文献也给我们带来了同样的启示，如：Hunter等（2013）通过研究发现，服务型的氛围在服务型团队领导影响团队绩效之间起中介作用。基于以上的论述，本文构建了模型中的路径一，即命题2：

命题2：服务型团队领导通过塑造服务型团队文化，进而提升团队绩效，服务型团队文化在这一过程中扮演重要的"桥梁"作用。

（二）服务型团队领导、团队工作满意度及团队绩效之间的关系

领导者的风格和员工工作满意度之间有很强的相关关系，通常情况下，相比较以工作为中心的领导，以人为中心的领导更能提高员工的工作满意度。Barbuto和Wheeler（2006）认为，以员工为中心是服务型领导区别其他领导风格的关键所在，他们对员工充分信任和授权，并且主动地帮助员工成长和成功，因此会给员工工作满意度带来极大的提升。服务型领导鼓励员工自己解决工作中的问题，赋予员工进行重要工作决策的权利，同时重视员工的职业生涯发展，愿意培养下属，帮助下属成长和成功，进而得到员工的认同和支持，给员工带来工作满意度。Dierendonck等（2014）指出，为了让下属产生更好的绩效，服务型领导用一对一谈话交流的方式来了解下属的能力、需求、愿望、目标以及潜能，这种交流方式让下属感到领导的坦诚相待。当员工感受到领导的真诚和信赖时，他们更容易感受到工作的满意。实证研究的结果也表明服务型领导能提高员工的工作满意度，如Dierendonck和Nuijten（2011）通过高校工作者、公务员以及加油站工作人员等多种数据来源，研究发现服务型领导与员工的工作满意度有着密切的联系；Chan和Mak（2014）研究表明，服务型领导正向影响员工的工作满意度。与此同时，团队十分强调协作沟通，每个员工的工作满意度对团队整体的工作氛围影响很大，并且，当团队中绝大多数成员认同团队领导，感到工作满意时，团队整体的工作满意度将显著提升。所以，本文认为服务型团队领导不仅有利于员工工作满意度提高，而且可以提高团队整体工作满意度。

目前，工作满意度与绩效这两者之间是否存在确切的因果关系，学者们尚未有统一的认识。惠调艳和杨乃定（2006）指出主要争议有如下几点：①工作满意度导致绩效；②绩效导致工作满意度；③"无关系论"，即工作满意度与绩效之间并不存在直接的关系；④"影响变量论"，即工作满意度与绩效之间的关联或作用程度受到其他调节变量的影响。本文根据社会心理学中态度导致行为、态度预示行为的理论假设，认为工作满意度将带来绩效的提升。Thompson等（1993）认为当人们赞成客体时，通常会采取支持性行为；反之则会表现出反对性行为。工作满意度是一种最主要的工作态度，当员工对工作感到满意时，往往会做出有利于群体的支持性行为，进而间接提升团队绩效。Dierendonck和Nuijten（2011）指出服务型领导能够改善下属和领导间交换关系的质量，促进下属产生较高水平的回报行为，如团队合作、帮助其他员工等，团队中每个成员在利他主义的驱动下，有利于营造和谐的工作氛围和高效的协作系统，进而提高团队整体工作满意度，带来高的团队绩效。与此同时，社会交换理论是解释服务型领导和角色外行为之间关系的重要理论框架之一，当下属感知到来自于领导的善意和尊重时，就会产生互惠的意愿，以角色外行为作为对服务型领导的回报，进而表现出更高的工作满意度和绩效。

服务型领导通过提高员工的工作满意度使其认识到自身的价值，反过来员工有更高的工作满意度，就会愿意为自己的工作付出更多的努力，投入更多的时间。对工作感到满意还能够使员工对组织产生归属感和认同感，这种归属感和认同感促使人们把精力和能力都用于提高工作效率上，用组织的目标指导自身工作，并且做出对组织发展有利的工作职责之外的行为。并且，当团队中大多数成员感到工作满意时，根据聚合效应，员工个人的工作满意将聚合为团队整体工作满意，团队工作满意度的提升有利于减少交易成本、提高沟通与效率，从而促进整个团队协作有效地进行，以此来获得较高的团队绩效产出。基于以上的论述，本文构建了模型中的路径二，即命题3：

命题3：服务型团队领导通过提高团队整体工作满意度，进而提升团队绩效，团队工作满意度在这一过程中扮演重要的"桥梁"作用。

（三）服务型团队文化与团队工作满意度之间存在相互促进作用

组织文化和员工工作满意度之间存在密切的联系，这点已经得到了大多数学者的共识。关于组织文化对员工工作满意度的影响和作用，众多学者进行了理论上的阐释。文化对工作满意度的影响主要是通过文化所具有的激励作用发生影响的，组织文化就是组织成员共享的价值观体系和思维习惯，当这种价值观和思维习惯一旦为员工所接受，便可影响员工的行为。Sheridan（1992）采用Q分类法研究特定文化价值对员工离职态度的影响，结果发现文化价值对新雇佣人员的自愿流动有很大影响，强调内部人际关系价值的组织比强调工作任务的组织更能留住员工。李成彦（2006）探讨了组织文化的参与性及其各个因素与员工满意感之间的关系，指出能力发展与团队导向因素对员工满意感有很好的预测作用。服务型团队文化强调尊重和服务员工，充分授权以及团队导向，其中尊重员工和授权对员工满意度有着显著的正向影响。服务型的团队文化也强调团队合作、关注他人成长、尊重和关爱下属、倡导服务理念、充分授权，这些特征使员工在这样的环境下工作感到心情愉悦，不仅有利于员工个人工作满意度的提升，而且考虑到个体聚合效应，将带来团队整体工作满意度的提升。当团队成员感到工作满意，认同服务型文化时，如此员工反过来就会竭力维护和强化这种文化，使服务型团队文化越来越具有向心力和凝聚力，从而形成一个"服务型团队文化—团队工作满意—强化的服务型文化"良性循环。基于以上的论述，本文提出命题4：

命题4：服务型团队文化和团队工作满意度两者可相互促进。

（四）团队差序氛围作为一个调节变量

虽然"差序格局"作为中国文化心理学、华人本土心理学的核心理论之一，但到目前为止的研究主要停留在哲学与社会学的理论与经验分析的探讨，在管理学领域，探讨"差序格局"对团队层面的影响依然很少。刘军等（2009）将"差序格局"这一中国情境下的特色变量应用在团队层面，提出了团队差序氛围的概念，指团队成员围绕团队领导所形成的关系疏密差异程度。基于此，赵红丹和彭正龙（2013）进一步研究表明，团队差序氛围在服务型领导对团队绩效的影响过程中具有显著的正向调节作用。值得一提的是，基于"差序格局"而产生的差序式领导是一种非常独特的领导风格，其特征是领导者对自身所偏爱的下属给予较多的偏私，与此同时，燕良轼等（2013）指出人们往往对圈内之人公正关怀有加，而对圈外之人漠不关心。根据领导—下属交换理论，领导者与下属的交换关系品质因人而异，因此领导者会将下属区分成两种类型，即内团队成员和外团队成员，划分的标准一般为领导部属相容性、可依赖性和下属的才能。对关系品质较好的内团队成员，团队领导对其持高度信任和尊重态度，而对于关系品质较差的外团队成员，则持有较低程度的信任与尊重表现。罗家德等（2010）指出，当员工与领导的人情交换关系长期稳定时，就会被领导纳入自己的"圈子"，这一方面使他们在组织内获得归属感，另一方面也会获取较多的资源、较好的升迁机会和更广的交换范围。与此同时，员工以自然而熟悉的差序格局方式来结成属于自己的圈子，寻找职场上的"家"，获得正式组织无法给予的权力、利益、安全感、激励和情感。所以本文预期，团队差序氛围普遍存在，并且深刻影响着个体行为、工作态度及工作团队与组织的绩效。

在差序氛围较浓的团队，成员以团队领导为中心，形成了关系由近到远的圈子，圈内团队成员由于与领导有更好的关系，可获得更多的信任与支持，相比较而言，圈外团队成员与领导建立的关系更多的是工作上的契约，在晋升、加薪等方面获得的机会比圈内团队成员要少。社会交换理论表明，当圈外员工感知到自己从团队中得到较少的支持时，他们就不会积极工作或者不会做出有利于团队的行为，也往往没有太大的动力来付出额外努力以提升团队的绩效。并且，"圈外人"容易感知到自己与那些"圈内人"的差异，并产生"不公正"的感受，根据Lind等（2001）的公正启发理论，员工的公正感受具有启动效应，即一旦形成一般的公正判断，就会成为后续态度和行为的指导原则。在此情况下，由于受到"不公正感"的启动效应，"圈外人"会降低工作努力程度和合作意愿，甚至会产生愤怒、怨恨等负面情绪，渴望报复，实施反生产力行为以疏解这些负面情绪，如怠工、偷窃和破坏公共财物等。Duffy和Shaw（2000）研究也表明，那些感知到差序氛围浓重的团队成员，容易产生被边缘化的感觉，出现情绪对抗，从而降低合作意愿，影响工作满意度和团队整体绩效。

由于大多数情况下，在团队领导内圈的员工数量较少，而处在外圈的员工较多，整个团队成员满意度受圈外成员的影响更大，所以本文推论，在差序氛围较浓的团队，其整体的团队工作满意度较低。与此同时，服务型领导行为就成为促进团队合作与增强团队凝聚力的重要途径。前文的论述也表明，服务型团队领导可以提高团队工作满意度，所以在差序氛围浓重的团队，当团队领导采用服务型领导方式时，员工感知到领导的尊重、关心、信任和帮助员工成长等因素，这将抵消因差序氛围而产生的负面情绪，相当于强化了团队工作满意度在服务型领导提升团队绩效的过程中扮演的中介角色，所以，在差序氛围浓重的团队，服务型领导的行为和理念更容易得到团队成员的认可，服务型行为和理念带来的团队工作满意度，将在服务型领导提升团队绩效的过程中扮演更重要的角色。而在差序氛围较淡薄的团队，员工之间平等尊重，资源在团队之间的流动也相对公平，在这种情况下，服务型领导行为提升团队绩效的效应可能并不显著，相应地，团队工作满意度的中介作用也将弱化，因此，团队差序氛围起到了一定的调节作用。基于此，本文提出命题5：

命题5：团队差序氛围调节了服务型领导与团队绩效之间通过团队工作满意度的间接关系，形成了被调节的中介，对于差序氛围较浓重的团队，这一间接关系相对较强，反之则较弱。

高翔等（2014）认为，在当今的工作场域内圈子对个人而言有非常重要的影响，个体在圈子中所处的位置以及组织中的圈子形态将对个体的工作态度与行为、个体和组织的绩效产生直接或间接的影响。浓重的团队差序氛围不仅使大多数的圈外员工产生不满情绪和反生产力行为，而且还会让他们产生身份认同危机。徐文忠（2005）指出，团队成员间的"差序格局"会导致团队成员出现身份认同的偏离，处于分层外部的成员容易感知到自己与核心分子的差异，由此导致逐渐认同"外团体"的价值观，并在认知上产生外移感受，认为自己是不属于该团队的，有被边缘化之感。同时，差序氛围越浓重，意味着团队中只有少部分人可以接近领导权力中心，这种情况下，团队成员之间的凝聚力就比较弱，成员的合作也会遭受破坏，另外，远离权力核心的成员会妒忌那些接近权力核心的员工，甚至出现情绪对抗。这种影响的突出表现是，"圈外"的团队成员并不愿主动帮助那些处于"圈内"的成员，并倾向于降低自身的工作努力程度，以此来表达自身的不满，从而导致团队绩效的下降。并且，个体所感知到的"差序对待"会使员工产生"心理疏离"，最终结果将导致个体逐渐不再认同这个团队，促使个体出现冷漠和不作为的态度，甚至可能出现"退缩行为"。差序对待还不可避免地造成员工之间相互排斥，这种现象发生就意味着员工在组织中的"社会死亡"。

团队文化是凝聚团队成员的重要方式，良好的团队文化可以强化员工的团队身份认同，促使团队成员相互协作，以实现团队目标。前文的论述表明，服务型的团队领导有助于产生服务型的团队文化，当团队存在浓重的差序氛围时，服务型领导可以通过这种文化有效化解由差序氛围引起的身份认同危机和员工"心理疏离"效应，与此同时，服务型行为会在领导与员工，员工与员工之间传递，提高员工对团队的归属感，进而激发员工关于承担和奋斗的理想，尽力和用心地为团体目标奋斗，带来团体绩效的显著提升。因此，较浓的团队差序氛围，相当于强化了服务型团队文化在服务型领导提升团队绩效的过程中扮演的中介角色。而在差序氛围较淡薄的团队，团队的氛围相对比较和谐、成员彼此之间的认同感也会更强，在这种情况下，服务型领导通过服务型团队文化提升团队绩效的效应可能并不显著，相应地，服务型团队文化的中介作用也将弱化。因此，团队差序氛围起到了一定的调节作用。基于此本文提出命题6：

命题6：团队差序氛围调节了服务型领导与团队绩效之间通过服务型团队文化的间接关系，形成了被调节的中介，对于差序氛围比较浓的团队，这一间接关系相对较强，反之则较弱。

三、结论

伴随经济全球化的发展及移动互联网时代的到来，团队将扮演越来越重要的角色。尤其是在"大众创业、万众创新"的时代背景下，如何提高团队的整体绩效，是学术界和企业界共同关心的热点问题。团队领导是影响团队绩效的重要因素之一，在移动互联网时代，个体逐渐强大，传统的领导方式受到了很大的挑战，而服务型领导适应了时代的发展要求，重新引起了各方的注意。本文正是选取了服务型团队领导和团队绩效这两个重要的变量，探索两者之间的关系和影响路径，并且引入了具有中国文化特色的本土概念："团队差序氛围"，深入分析其在影响过程中扮演的重要角色，研究的结果表明：服务型团队领导可提升团队绩效，且通过两条路径发挥作用。路径一是服务型团队领导通过构建服务型团队文化进而提升团队绩效；路径二是服务型团队领导通过提高团队工作满意度进而提升团队绩效，并且团队工作满意度与服务型团队文化形成相互促进的关系；团队差序氛围在这个过程中扮演有中介的调节作用，团队差序氛围越浓重，服务型团队文化和团队工作满意度的中介效应越显著。

本研究的价值之一是其进一步揭示了服务型领导和团队这两个独立研究领域之间的内在联系和机理，研究结果表明团队领导的行为对团队绩效的影响不仅仅是沟通、协调以及冲突管理的过程，而且还是一个社会学习和社会交换的过程，带来的结果是服务型团队文化和团队工作满意度在提升团队绩效的过程中发挥重要的作用，并且它们之间还存在着互相促进的关系。这些研究结果为打开"服务型团队领导对团队绩效影响的黑箱"提供了一个新的思考方向。本研究的价值之二就是其具有很强的现实意义，本文探讨了中国情境下特有的变量——"团队差序氛围"在服务型领导影响团队绩效过程中扮演有中介的调节作用，在差序氛围浓厚的团队，团队成员的认同感和凝聚力受到破坏，不利于团队绩效的产生，而强调团队合作、利他主义的服务型领导虽然可以带来团队绩效的提高，但若想显著提高团队绩效，需从以下两个方面入手：一方面是领导在团队内倡导服务型行为，并以身作则地去实施和推动这些行为，进而打造出服务型团队文化；另一方面是多渠道满足员工需求，帮助员工成长，让员工感知到自身价值，提高团队整体工作满意度，进而降低沟通成本，提高团队认同感，最终提升团队的整体绩效。基于本文的研究，未来学者们可采用多方面的证据来源，丰富和完善服务型领导和团队绩效之间关系的研究，从而为组织打造高绩效的团队建言献策。

（原载：《中国人力资源开发》，2016年第11期；合作者：李露）

中国情境下变革型领导与绩效关系的Meta分析

变革型领导能增强追随者的信心，提升其工作的内在价值，让追随者超越自身利益而为集体利益工作。过去30年，学界对绩效的理解日益精确，涉及领导风格与不同层次，类型绩效的研究也日益增加。诸多西方情境下的实证研究都已表明，变革型领导对员工个体、团队及组织绩效的提升效果显著。Meta分析能够合并统计处理同一主题的多个实证研究结果，并最大程度地减少偏差，获得个别研究不能获得的普遍性结论。Degroot等（2000）通过Meta分析估算了变革型领导与个体、团队绩效的相关性，但个体、团队层面的文献数量分别是4、7篇，较少的文献数量可能会导致二阶抽样误差，且其研究没有细分员工个体绩效的类型和报告绩效的评估方式。Wang等（2011）更为全面地估算了变革型领导与个体、团队、组织绩效以及与个体任务、关系、创新的相关性。

上述有关变革型领导的Meta研究主要以欧美发达国家的企业为研究对象，由于身处成熟的市场经济中，这些企业已从过去严格的工业化管理模式转变为现在的高承诺、高参与水平的管理模式。领导具有很强的文化背景，其概念、维度、机理及工作效果可能会受文化因素的影响。受儒家思想的长期影响，中国集体主义氛围浓厚，因此，中国的变革型领导会更加强调人际关系的和谐。此外，处于经济社会转型期的中国，其管理情境也与西方国家存在较多差异。一些研究已证明，中国的变革型领导具有独特之处。比如，中国人对变革型领导的期望还包括"品德"这个独特的维度；中、西方变革型领导胜任特征模型也存在差异。由此，可能会带来效力的差异，即中、西情境下变革型领导与绩效的关系可能有所差异。以往部分中国情境下的研究发现，变革型领导对绩效具有显著促进作用；但也有严谨的研究表明，这种促进作用在统计上并不显著，或者是有条件的，还有一些研究发现是起阻碍作用的。中国情境下变革型领导与绩效的相关性研究目前还未有定论，中、西情境下二者关系的差异也尚未明晰。界定中国情境下变革型领导与绩效的相关性及其与西方情境的差异，对推进变革型领导效力的跨文化研究，因地制宜地发挥该领导风格的作用，具有较为重要的意义。

最近十多年来，中国情境下变革型领导与绩效关系积累了丰富的研究成果，尽管仍未得到一致性的结论，但却为Meta分析提供了有力的数据支撑；且大样本的Meta跨文化对比会比单独的实证研究对比更具说服力，结果的稳定性也更高。此外，Meta分析方法还能检验潜在的调节变量，可以更好地理解变量之间关系的复杂性。鉴于此，本研究对中国情境下的117篇独立实证文献进行Meta分析，以期探明中国情境下变革型领导与不同层次绩效以及与不同个体绩效类型之间的关系，从而更为全面、系统地评估该领导风格的有效性；同时，还将探讨情境因素和测量因素这些潜在因素在变革型领导与个体绩效之间是否起调节作用以及调节作用的大小。此外，将研究结果同西方情境下Meta分析的结果进行对比，可明晰变革型领导在中、西情境下的不同效力，并试图阐明不同背景研究结果产生差异的原因。

一、文献回顾及研究假设

（一）变革型领导与绩效的定义与测量

变革型领导理论关注领导者激励下属实现目标的过程。变革型领导不仅能满足下属暂时的精神与物质需求，还能激发其高层次需求，让他们意识到所承担任务的重要意义，从而促使其为了团队、组织的利益而超越甚至牺牲个人的利益。Bass等（1993）提出的变革型领导包括了领导魅力、个别关怀、智力激发和精神鼓舞4个维度。李超平等提出的中国文化背景下的变革型领导则包括领导魅力、个性化关怀、愿景激励和德行垂范4个维度。其中，领导魅力、愿景激励维度与Bass等（1993）提出的领导魅力、智力激发维度的内涵大致相同；但个性化关怀维度不仅包括对员工自身发展和工作的关怀（即个别关怀），还包括对员工生活的关怀；与精神鼓舞维度不同，德行垂范维度则是中国文化背景下一个独特的维度。

一般而言，绩效可划分为个体、团体、组织3个层次。在本研究所纳入的文献中，个体绩效包括个体任务、关系、创新、适应性、服务绩效等；团队绩效包括团队任务绩效、关系绩效、创新绩效等；组织绩效则包括组织财务、市场、创新绩效等。在文献搜集及编码的过程中，本研究发现分别有24、13、6、5、3个研究报告了上述5种类型的个体绩效，其他类型个体绩效的文献数量更少。文献数量太少，会导致Meta分析结果不稳定，可信度也不高。鉴于此，本研究只报告了任务、关系和创新绩效这3种个体绩效。鉴于报告团队、组织绩效的文献数量较少，若进行类型的细分，文献数量会更少，从而达不到Meta分析文献数量的要求，因此，本研究未对这两个层次的绩效进行细分。

（二）变革型领导与员工个体绩效

Bass等（1993）认为，变革型管理者会通过精神鼓舞，将员工的期望和组织的目标连接贯通。从李超平等提出的变革型领导内涵及维度考量，变革型领导表现出来的德行垂范使员工受到正面的理想化影响，动机水平得以提升；愿景激励会使员工具有明确的目标，积极、努力地工作，感受工作的意义与价值。另外，变革型领导不仅会通过智力激发来鼓励员工解决问题并进行创新，还会关心员工的个性化需求，并对他们进行引导。当4个维度一起发挥作用时，变革型领导能够激励追随者表现得更好。相关研究也发现，中国情境下变革型领导与个体绩效正相关，同旷工、越轨等不良工作行为负相关。

尽管"变革型领导能促进个体实现高水平的绩效"在理论上已经被论证，但变革型领导与不同类型个体绩效之间的关系可能会有所不同。由此，本研究也探讨变革型领导同个体任务、关系和创新绩效的关系：①任务绩效，指正式工作规定的工作行为。变革型领导把追随者的工作与组织的愿景联系起来，提供完成工作的必要支持，从而使追随者积极完成工作。②关系绩效，指超出工作角色规定，但却是有助于工作环境的主动积极的工作行为。变革型领导通过增加社会认同激励追随者做出利他行为。③创新绩效，指变革型领导会从智力上鼓励追随者挑战现状，启发追随者产生发散性思维和创造性想法。中国情境下的有关研究也发现变革型领导同个体任务绩效、关系绩效和创新绩效正相关。由此，提出以下假设：

假设1：中国情境下变革型领导同个体绩效正相关。

假设1a：中国情境下变革型领导同个体任务绩效正相关。

假设1b：中国情境下变革型领导同个体关系绩效正相关。

假设1c：中国情境下变革型领导同个体创新绩效正相关。

任务绩效主要由"能够做"的因素（如知识、技能等）决定，关系绩效则主要由"愿意做"的因素（如情绪、动机等）决定。变革型领导主要通过提升追随者积极的情绪、动机而不是能力、知识和技能来施加影响,因此,追随者的反馈更多地表现为关系绩效。中国情境下的有关研究也发现,变革型领导同个体关系绩效的相关性较大,且大于同任务绩效的相关性;但也有实证研究的结果却相反。由此,提出以下假设:

假设2a:中国情境下变革型领导同个体关系绩效的相关性大于同个体任务绩效的相关性。

假设2b:中国情境下变革型领导同个体关系绩效的相关性小于同个体任务绩效的相关性。

(三)变革型领导与团队绩效

尽管现有研究更多地关注变革型领导与个体绩效的关系,但根据变革型领导理论,变革型领导同样可以影响团队、组织绩效。在团队层面,变革型领导通过团队集体的愿景感染团队成员,激励成员努力工作;同时,通过提升团队成员的社会认同感,增强激励水平。另外,变革型领导会表达其对于团队实现目标的信心,这会带来更高水平的团队效能,进而增强团队凝聚力,促进成员的协调与合作。中国情境下的有关研究也发现,变革型领导与团队绩效正相关。由此,提出假设3:

假设3:中国情境下变革型领导与团队绩效正相关。

(四)变革型领导与组织绩效

在组织层面,变革型领导同样通过组织愿景鼓舞人心,影响下属的绩效。变革型领导对高层管理团队的直接领导能够增强团队的凝聚力、激励和目标一致性,从而促进更高水平的组织绩效。此外,处于组织顶端的高层变革型领导能够扮演榜样的角色,这又将鼓励组织中变革型领导的催生。最后,变革型领导通过组织气氛、系统、战略影响组织绩效,这反过来又使得工作环境更有利于变革型领导。中国情境下的有关研究也发现,变革型领导与组织绩效正相关。由此,提出假设4:

假设4:中国情境下变革型领导同组织绩效正相关。

(五)潜在的调节变量

Meta分析中潜在的调节变量,是指能解释或帮助解释更多方法差异的任何变量。一般归纳为两类:情境因素和测量因素。通过对117篇文献的细致梳理以及借鉴文献的研究，本研究归纳出以下潜在调节变量。

1. 情境因素

（1）组织属性

近些年，非企业组织中的领导力研究获得越来越多的关注。本研究根据组织属性将组织划分为企业和非企业组织两类，后者一般指非营利组织，包括政府机构、高校、军队等。企业和非企业组织在组织目标、产品、服务等方面均存在差异。Lowe等（1996）的Meta研究发现，非营利组织中变革型领导与个体绩效的相关性要显著强于营利性组织。一些研究也发现r_{ne}^*是较高的，但也存在较低的情况，并且低于一些实证研究中的r_e。由此，提出以下假设：

假设5a：中国情境下组织属性对变革型领导与个体绩效的关系具有调节作用，二者的相关性在企业中要强于非企业组织。

假设5b：中国情境下组织属性对变革型领导与个体绩效的关系具有调节作用，二者的相关性在企业中要弱于非企业组织。

（2）领导层次

本研究根据领导层次将领导分为中高层领导和基层领导，前者主要指CEO、总裁、部门经理等，后者则为一线经理、主管等。本研究在文献搜索过程中也发现，中国情境下高层变革型领导同个体、团队、组织的绩效探讨仍于起步阶段，研究成果数量较少，而且结论很不一致。例如，一些实证研究发现r_{mh}一般较高，但也有较低的情况，且低于一些实证研究中的r_{gr}。由此，提出以下假设：

假设6a：中国情境下领导层次能够调节变革型领导与个体绩效的关系，二者的相关性在中高层领导中要强于基层领导。

假设6b：中国情境下领导层次能够调节变革型领导与个体绩效的关系，二者的相关性在中高层领导中要弱于基层领导。

（3）地区属性

在一个地区获得成功的领导风格在另一个地区可能未必能发挥同等效力，且效果可能还会截然相反。这是因为，受到地区经济、文化等因素的影响，领导对下属的态度和行为会有所不同，进而对领导行为的效能产生影响。鉴于此，本研究根据地区属性将中国划分为以下3类地区：①发达地区，指港澳台、珠三角、

---

*本文中，r_e和r_{ne}、r_{gr}和r_{mh}、r_{ud}和r_d、r_{cr}和r_l、r_m和r_{tl}、r_h和r_{lo}分别指中国情境下企业和非企业组织、基层和中高层领导、欠发达和发达地区、采用横截面和纵向数据测量方式、使用MLQ和TLQ量表、同源偏差程度高和同源偏差程度低的情况下，变革型领导同个体绩效的皮尔森相关系数。

长三角、环渤海经济圈等；②欠发达地区，指上述发达地区以外的地区；③其他地区，指样本组织所在区域包括发达地区和欠发达地区，但却无法辨别哪种地区比例占据50%以上，或者纳入文献未说明样本所在地区。一些中国情境下的实证研究发现r_d一般比较高的，但也有比较低的情况，且低于一些实证研究中的r_{ud}。由此，提出以下假设：

假设7a：中国情境下地区属性能够调节变革型领导与个体绩效的关系，发达地区二者的相关性要强于欠发达地区。

假设7b：中国情境下地区属性能够调节变革型领导与个体绩效的关系，发达地区二者的相关性要弱于欠发达地区。

2. 测量因素

（1）数据属性

本研究根据数据属性的不同，将文献数据类型分为横截面数据和纵向数据。前者指变革型领导风格和个体绩效是在同一时间测量；后者则指变革型领导风格和员工个体绩效在不同时间测量。在中国情境下搜集到的采用纵向数据测量方式的实证研究非常少见，且在这些研究（如文献）中，r_l都是低于其他研究中的r_{cr}。由此，提出以下假设：

假设8：中国情境下数据属性能够调节变革型领导与个体绩效的关系，采用横截面数据测量方式二者的相关性要强于采用纵向数据测量方式。

（2）测量工具

本研究根据变革型领导测量方式的不同，将Meta分析的文献分为使用MLQ量表、TLQ量表和其他量表3类。MLQ量表是指Bass等（1993）的多因素领导量表，TLQ量表是指李超平等开发的中国情境量表，其他量表是指除MLQ和TLQ量表之外测量变革型领导的量表。测量工具结构、条目不同，测量结果相应会有差异。在一些实证研究（如文献）中，r_m基本小于其他实证研究中的r_{tl}。由此，提出以下假设：

假设9：中国情境下测量工具能够调节变革型领导与个体绩效间的关系，使用TLQ量表二者的相关性要强于使用MLQ量表。

（3）同源偏差程度

由于本研究涉及变革型领导、绩效两个变量在3个层面的测量，因此，数据的同源偏差问题必须予以重视。本研究评估方式划分为以下两种类型：①变革型领导他评是指由其他管理人员、下属、外部人员等评估领导风格，自评是指由领导自己评估自己的领导风格；②个体绩效他评是指员工绩效由领导、客观数据等评估，自评是指由员工自己评估自己的绩效。在此基础上，根据他评、自评及其具体内涵来判断评估资料来源是否相同，相同为"同源偏差程度高"，不同则为"同源偏差程度低"。已有研究表明，同源偏差程度高，变量的相关性会偏高。在一些实证研究（如文献）中，r_{lo}基本大于其他实证研究中的r_h。由此，提出以下假设：

假设10：中国情境下同源偏差程度能够调节变革型领导同个体绩效之间的关系，同源偏差程度高二者的相关性要强于同源偏差程度低的相关性。

二、研究方法

（一）文献搜索与筛选

为搜集到尽可能全面的相关文献，本研究通过以下4种途径搜索文献：①以EBSCO、PsycINFO、ABI/INFORM等外文数据库，以及CNKI、万方等中文数据库为检索数据库，以2003年1月—2015年5月为区间，检索题名、关键词、摘要或主题词中包含"transformational leader" "performance" "productivity"等以及"变革型领导" "绩效"的文献，并进一步链接和下载这些文献，无法获得全文的则先通过篇名或摘要了解其是否满足要求，若满足，则通过联系原文作者或馆际互借的方式获取全文。②专项检索长期从事变革型领导研究的学者，查找其同本研究主题密切相关的已经发表的论文，并通过寻求学术援助的方式获得他们未发表或正在完成的相关研究结果。③对国内外重要的领导学期刊进行专项检索，以确保没有遗漏。截至2015年6月，本研究初步检索后获得364篇文献。

然后，筛选初次检索到的文献。具体标准如下：①研究中必须包含变革型领导或其维度、绩效或其维度等变量。②必须是中国情境下的实证研究，剔除案例、定性文献综述等研究。③为保证中国情境的纯洁性，剔除以外资企业在华机构和中资企业外派机构为样本的研究。④必须报告Meta分析所需的效应值统计项，即包括以下3组统计数据之一：样本量与相关系数、p值或t值；相关系数与t值、标准误或方差；路径系数。⑤同一个研究分多阶段发表、重复发表或相同、交叉样本发表的不同研究，本研究只纳入内容更为详细、样本量更大的研究。按照上述标准，个体、团队、组织层面各剔除3篇、1篇和5篇实证文献。

本研究最终获得117篇相互独立的实证文献，文献采纳率为32.14%。英文、中文文献分别是31篇和86篇；个体、团队与组织层面的文献分别是56篇、35篇和26篇；公开、未公开发表的文献分别是82篇和35篇。

（二）数据编码

本研究通过借鉴其他研究，以及同其他学者讨论的方式编制了编码手册，以此作为后续编码的参照依据。编码依照Lipsey等（2001）推荐的步骤进行，由组织行为研究方向的两位研究生分别独立对研究描述项与效应值统计项进行编码。前者既包括作者、题目、发表时间、期刊名称等常规信息，也包括变量及其维度、测量方式、研究对象、变量关系等研究特征信息；后者则是以相关系数为中心的统计数据，比如相关系数、t值、p值、信度系数、路径系数、拟合优度、标准误等。效应值编码以独立研究为单位。如果一个研究报告了多个相关系数，则进行以下操作：①若这些相关系数来自相同样本总体中变革型领导与绩效不同维度之间的相关系数，则取它们的简单平均数作为相关效应值。②若来自不同的样本总体，即每个相关系数都是独立的效应值，则多次进行编码。在样本量编码方面，个体、团队和组织层面的样本量分别为员工、团队和组织的数量。另外，由于涉及调节变量的检验，本研究还对组织属性、领导层次、地区属性3个情境因素以及数据属性、测量工具、同源偏差程度3个测量因素进行了编码。其中，组织属性分为企业、非企业组织；领导层次分为中高层、基层领导；地区属性分为发达、欠发达和其他地区；数据属性分为横截面、纵向数据；测量工具分为MLQ、TLQ和其他量表；同源偏差程度分为程度高与程度低。

首次编码完成后进行交叉核对，一致率达到87%，不一致内容通过回归原文方式进行勘误，主观判断存在差异的地方则通过讨论达成共识。

（三）统计方法

本研究遵循Hunter等（2004）提出的心理计量随机效应的Meta分析原理，数据处理均在Comprehensive Meta Analysis 2.0软件中完成，过程主要包括效应值转换、出版偏倚分析、同质性检验和调节效应检验。

三、研究结果

（一）效应值转化

效应值是Meta分析中的核心概念。纳入Meta分析的文献性质各不相同，因此，需要将多个独立研究的效应值合并成在某一全体中真正的单一效应值。首先，对每项研究中相关系数r值进行信度修正，以修正由于量表的信度缺陷所导致相关系数的衰减偏差；其次，通过Fisher转换将r值转换为Fisher's Z值；再次，以抽样标准误平方的倒数作为权重，对Fisher's Z值进行加权平均；最后，重新换算得到最终效应值（r_z）。这样的效应值被认为是更为精确和可信的。通过上述转化，本研究获得426个效应值。

（二）出版偏倚分析

出版偏倚是指统计学显著的"阳性研究结果"比无效的"阴性研究结果"更容易出版，但前者可能夸大了变量之间真实的相关性，而后者也许能够提供更为精准的测量。出版偏倚是Meta分析需要考虑的重要问题，这是为了尽可能纳入相应主题更多可获得的研究，从而保证研究结果的效度。

本研究采用失安全系数，从定量角度检测出版偏倚水平。Rothstein等（2006）指出，当失安全系数小于$5K+10$时，出版偏倚问题需要引起重视。在变革型领导与个体、团队和组织绩效，以及与个体任务、关系、创新绩效的关系中，失安全系数分别为15346、4483、5225、7605、3420和134，远大于临界值290（$K=56$）、190（$K=35$）、140（$K=26$）、130（$K=24$）、75（$K=13$）和40（$K=6$），即分别要为上面每个观察到的研究找到274、128、201、317、263和23项未出版的研究，才会使统计结果不显著。由此，本研究结果的稳定性较好，即不存在出版偏倚问题。

（三）效应值的同质性检验

同质性检验是用以检验抽取的样本效应值是否来自于共同的总体的齐性检验。Q值和I^2值是判断异质性水平高低的重要指标。Q值的显著性水平反映了效应值之间的异质性程度：①若不显著，为一个同质性分布，使用固定效应模型；②若显著，则为异质性分布，固定效应模型是$\tau^2=0$时，即随机效应模型的特殊形式，同质性检验显著的判断标准为$Q>K-1$且$I^2>0.6$。本研究根据同质性检验的结果及借鉴已有研究的做法，对异质性分布采用随机效应模型。这是因为，该模型通过纳入研究间的变异来估计效应值分布的平均值，这可避免低估小样本的权重或高估大样本的权重，其置信区间更大，结果也更为保守。

同质性检验结果见表1。以变革型领导与个体绩效关系为例，$Q=1247.622>55$，$I^2=95.592>0.6$，且$p<0.05$，即效应值存在异质性，这可能是由于样本和测量等存在差异，$I^2=95.592$，这表明，效应值的真实差异和随机误差分别占据观察变异的95.592%和4.408%；$\tau^2=0.063$，说明研究间变异有6.3%可用于计算权重，同理，与团队、组织绩效以及与个体任务、关系、创新绩效相关性的同质性检验结果也是显著的，故均采用随机效应模型。

表1　效应值同质性检验结果

工作绩效	K	N	同质性检验			τ^2				
			Q	df(Q)	p	I^2	τ^2	SE	方差	T_{au}
个体绩效	56	19444	1247.622	55	0.000	95.592	0.063	0.015	0.000	0.252
任务绩效	24	6636	763.018	23	0.000	96.986	0.120	0.042	0.002	0.346
关系绩效	13	5554	440.143	12	0.000	97.274	0.088	0.045	0.002	0.297
创新绩效	6	1694	40.409	5	0.000	87.627	0.026	0.019	0.000	0.160
团队绩效	35	2232	234.249	34	0.000	85.486	0.090	0.033	0.001	0.299
组织绩效	26	4416	529.236	25	0.000	95.276	0.124	0.050	0.002	0.353

注：N为独立样本量，下同。

（四）主效应检验结果

中国情境下变革型领导与个体（任务、关系和创新）、团队和组织绩效的相关性见表2。由表2可知，r_i、r_t、r_c、r_{in}、r_g和r_o^*分别为0.358、0.402、0.441、0.242、0.456和0.411。此外，6个效应值95%的置信区间都不包括"0"，即在其95%置信区间所指定的水平上均是显著的。由此，中国情境下变革型领导与个体、团队、组织绩效均显著正相关，与3种不同类型的个体绩效也显著正相关。由此，假设1、假设1a～假设1c、假设2a、假设3、假设4得到支持，假设2b没有得到支持。由于r_i、r_g和r_o分属于不同层次的相关系数，因此，不能比较它们的大

---

*本文中，r_i、r_t、r_c、r_{in}、r_g、r_o分别指中国情境下变革型领导与员工个体、任务、关系、创新、团队、组织绩效的皮尔森相关系数。

小。同层次的相关系数可比较大小，$r_c>r_t>r_{in}$。其中，与个体绩效、个体创新绩效的相关性较小，而与个体任务、个体关系、团队、组织绩效的相关性则呈现出中等强度。

表2　变革型领导与不同层次绩效关系的分析结果

工作绩效	模型	K	N	效应值及95%的置信区间			双尾检验	
				点估计	下限	上限	Z	p
个体绩效	随机	56	19444	0.358	0.297	0.416	10.811	0.000
任务绩效	随机	24	6636	0.402	0.278	0.513	5.928	0.000
关系绩效	随机	13	5554	0.441	0.299	0.563	5.642	0.000
创新绩效	随机	6	1694	0.242	0.109	0.367	3.527	0.000
团队绩效	随机	35	2232	0.456	0.361	0.542	8.392	0.000
组织绩效	随机	26	4416	0.411	0.285	0.523	5.942	0.000

（五）调节效应的检验

本研究检验了情境因素和测量因素所包括的6个变量的调节作用（见表3）。由表3可知，中国情境下组织属性、领导层次、地区属性、数据属性、测量工具及其同源偏差程度均能显著调节变革型领导与个体绩效之间的关系。具体如下：①$r_{ne}=0.391>0.352=r_e$；②$r_{gr}=0.382>0.259=r_{mh}$；③$r_{ud}=0.437>0.354=r_d$；④$r_{cr}=0.365>0.222=r_l$，且$r_{cr}$与$r_l$的置信区间没有重合部分，即$r_{cr}$稳定地大于$r_l$；⑤$r_{tl}=0.433>0.298=r_m$；⑥$r_h=0.473>0.253=r_{lo}$，并且$r_h$和$r_{lo}$的置信区间没有重合部分，即$r_h$稳定地高于$r_{lo}$。由此，假设5b、假设6b、假设7b、假设8～假设10得到支持；假设5a、假设6a、假设7a没有得到支持。

表3 调节效应的检验结果

潜在的调节变量	模型	同质性检验(Q统计)			类别	K	N	效应值及95%的置信区间			双尾检验	
		Q组间	df(Q)	p				点估计	下限	上限	Z	p
组织属性	随机	7.111	1	0.000	企业	48	16814	0.352	0.294	0.408	11.123	0.000
				0.000	非企业	8	263	0.391	0.118	0.610	2.744	0.000
领导层次	随机	90.732	1	0.000	中高层	12	5187	0.259	0.189	0.327	7.044	0.000
				0.000	基层	44	14257	0.382	0.309	0.451	9.448	0.000
地区属性	随机	50.672	2	0.000	发达	33	10695	0.354	0.282	0.423	9.008	0.000
				0.000	欠发达	11	3629	0.437	0.227	0.608	3.874	0.000
				0.000	其他	12	5120	0.290	0.201	0.375	6.171	0.000
数据属性	随机	22.350	1	0.000	横截面	13	18267	0.365	0.302	0.426	10.521	0.000
				0.000	纵向	3	1177	0.222	0.167	0.276	7.711	0.000
测量工具	随机	77.038	2	0.000	MLQ	19	5833	0.298	0.221	0.370	7.341	0.000
				0.000	TLQ	23	9545	0.433	0.321	0.533	6.948	0.000
				0.000	其他	14	4066	0.406	0.230	0.379	7.539	0.000
同源偏差程度	随机	266.479	1	0.000	程度低	31	9687	0.253	0.205	0.300	10.027	0.000
				0.000	程度高	25	9757	0.473	0.378	0.559	8.670	0.000

四、讨论与分析

在国内外学者们十多年不断实证探索的基础上，本研究对中国情境下变革型领导与不同层次绩效及不同类型个体绩效的关系进行了Meta检验，并同文献的研究结果进行对比，获得"变革型领导在中国情境下能带来更高的绩效"的阶段性定论。

主效应分析中，假设1、假设3和假设4得到支持的结果表明，中国情境下变革型领导也能显著促进个体、团队、组织绩效，且促进作用均强于西方情境。这同部分研究不显著或负相关的实证研究结果不一致。原因可能在于：①实证研究的样本特征、施测方式、中介和调节变量等差别导致了不同的结论；Meta研究一般采用大样本，这些因素的影响会被最大限度地弱化。②改革开放持续深化，外资企业继续涌入，中国企业也不断走向世界，与西方企业交流、合作日益频繁，双方也相互借鉴学习，变革型领导对绩效的影响作用日渐趋同。由此，中国情境下的变革型领导也能显著提高个体、团队和组织绩效，且相关程度的大小排序是相同的。③相比于西方企业，中国企业的管理制度仍不够健全，绩效还有较大的挖掘空间，企业改革的持续推进对变革型领导需求的迫切性更大。此外，相关跨文化研究也表明，集体主义越浓厚，归属感越强；权力距离越高，服从意识越强。中国文化的集体主义色彩更为浓厚，权力距离更高，下属的归属感及服务意识会更强，更可能做出有利团队、组织发展的行为。因而变革型领导对绩效的提升效果会比在西方情境下更为显著。

由假设1a～假设1c、假设2a得到支持的结果可知，中国情境下变革型领导也能够显著促进个体任务、关系、创新绩效，且促进作用均强于西方情境，但中国情境下促进作用的强弱排序（$r_c > r_t > r_{in}$）与西方情境下的（$r_c' > r_t' = r_{in}'$）不一致。可能的原因在于：①中、西方企业的逐步趋同与融合让变革型领导对个体不同类型绩效的影响方向和强度大小排序也日趋一致；②中国企业更为浓厚的集体主义色彩、更高的权力距离等因素以及更大的绩效挖掘空间使变革型领导对个体任务、关系及创新绩效的提升效果更为突出；③中国情境下变革型领导对个体创新绩效的影响尽管强于西方情境，但对比这3种个体绩效，这种影响反而是比较弱的。这可能是因为在中西不同管理情境下，变革型领导对于员工绩效提升的侧重点有所不同。受市场经济早期"结果导向思维"与儒家"和文化"的双重影响，中国管理情境下变革型领导会将员工的任务、关系绩效置于更高的位置。此外，个体创新绩效研究数较少（$K=6$）导致的研究结果不够稳定，也可能是造成这种差别的原因。

本研究调节分析的结果表明，中国情境下的情境因素（组织属性、领导层次和地区属性）和测量属性（数据属性、测量工具和同源偏差程度）能够显著调节变革型领导与个体绩效之间的关系，相关性强度均大于西方情境，且调节强度与西方情境有所不同。由假设5b、假设6b、假设9得到支持的结果可知，组织属性、领导层次和测量工具这3个变量的调节作用下的结果（$r_{ne} > r_e$，$r_{gr} > r_{mh}$，$r_{tl} > r_m$）与西方情境下的研究结果（$r_{ne}' > r_e'$，$r_{gr}' > r_{mh}'$，$r_{tl}' > r_m'$）在大小对比排序上完全一致。这可能是由于：①非企业组织规范性更弱，中国情境下的变革型领导更能通过展现领导魅力，提供愿景激励、个性化关怀和德行垂范来弥补组织规范性上的劣势，进而提升个体绩效。②基层领导与员工的日常接触和工作挂钩更多，因而对个体绩效的提升更能产生立竿见影的效果。此外，这也部分验证了本研究"中国情境下，组织变革型领导对组织绩效促进作用比个体变革型领导对个体绩效的促进作用更强"的发现。③测量工具如果在形式、信度、效度上存在差异，且受测者对概念及题项的理解也不同,那么,变量的测量及研究结果往往也会有所不同。TLQ量表是基于中国情境设计的量表,跟中国企业的管理实践更为符合,而西方背景下构建的MLQ量表在许多时候可能无法契合中国情境下对领导行为的理解。

由假设8得到支持的结果可知,数据属性在中国情境下的调节作用($r_{cr} > r_l$)与西方情境下的调节作用($r_l' > r_{cr}'$)大小关系是相反的。由于中国情境纳入使用纵向数据的研究数很少($K=6$),相比于横截面数据,纵向数据更能真实地反映变量之间的动态关系,且西方情境下的相关性差别非常小(仅为0.01),因此,研究结果的稳定性和可靠性需要未来通过纳入更多使用纵向数据的中国情境实证研究予以加强。值得注意的是,与西方情境下的研究不同,本研究还检验了地区属性、同源偏差程度的调节作用。由假设7b和假设10得到支持的结果可知,地区属性、同源偏差程度能够调节变革型领导与个体绩效之间的关系,且$r_{ud} > r_d$,$r_h > r_{lo}$。可能的原因在于:①欠发达地区企业的管理水平与发达地区存在较大的差距,因此,欠发达地区的变革型领导对个体绩效的促进作用仍有较大的挖掘空间。②领导风格和绩效的评估数据来源相同。例如,员工既评估其上司的领导风格,又评估自己的绩效,这会造成自我增强效应,相关性因而比较高。

五、理论贡献、局限与展望

(一)理论贡献

本研究的理论贡献主要如下:①为中国情境下变革型领导与不同层次绩效的关系提供更为精确的估计,并给出显著正相关的阶段性定论。中国情境下变革型领导与个体、团队、组织3个层次绩效的关系,之前仅有针对同一研究样本的跨个体、团队两个层次的实证研究,也没有跨3个层次的实证研究,没有Meta分析,更没有跨3个层次的Meta分析。本研究是对现有实证研究的重要总结,也为深入理解变革型领导的效能提供了可靠佐证。②研究结果可信度高。同现有中国情境下的Meta研究相比,本研究纳入的独立实证文献数量更多(117篇),而充分的实证文献数量能够有效避免二阶抽样误差。③较为完备地阐述变革型领导与绩效关系的内在机制。明确情境因素(组织属性、领导层次、地区属性)和测量因素(数据属性、测量工具、同源偏差程度)对二者关系的调节作用。④首次检验了同源偏差程度的调节作用。以往的Meta研究对同源偏差问题缺乏足够关注,这可能对研究结果产生混淆并使结论产生偏差。本研究对同源偏差程度的调节操作能启发未来的Meta研究及实证研究对这一问题多加关注。⑤对比分析了中、西情境下变革型领导与不同层次绩效、不同类型个体绩效关系以及调节作用的异同，拓展了人们对中、西情境下变革型领导关联性及差异性的理解。大样本Meta分析获得的跨文化对比结果为因地制宜地发挥变革型领导的效力提供较为可靠的依据。

本研究的管理启示在于：①变革型领导对于绩效的正向促进作用使其可以作为绩效的有效预测指标。这意味着组织需要注重加强经理人变革型领导风格的介入机制。之前的研究也已发现变革型领导可以通过大量训练实现，且可通过一些个人特质（如外向性和情绪稳定性等）被识别。这就意味着组织在招聘和挑选人才时，应该重点关注这一类人，因为他们更有可能成为变革型领导。②在中、西情境下，变革型领导对团队绩效的促进作用都最为突出。由此，在团队建设中，要尤为重视变革型领导的塑造。③在中、西情境下，变革型领导对员工关系绩效的促进作用最强，因此，该领导风格可能不失为一种提升员工的积极情绪和主动性的有效手段。

（二）研究局限与展望

本研究也存在以下局限性：①对于使用英文、中文之外的文字撰写的，且仅在本国发表的文章，受限于客观条件与能力，无法纳入本研究中，这可能会造成文献选择偏差，对研究结果也造成了影响。②受限于目前中国情境下变革型领导与个体创新、适应性、服务绩效关系，以及相应调节变量下的不同类型（如采用纵向数据测量方式）的实证文献数量较少，相应的研究结果精确性和稳定性尚缺乏。③对分维度相关系数采用了求简单算数平均数方法，这可能会影响效应值的准确性，且未对变革型领导的不同维度与绩效的关系展开检验。④尽管验证了变革型领导与不同层次绩效、不同类型个体绩效之间的正相关性，以及不同调节变量的调节方向和强度，但仍无法比较作用机理，更无法精确解释其原因。

在改进上述研究不足的同时，未来研究还可开展的探索包括：①纳入更多潜在的调节变量（如组织规模）进行研究，并对变革型领导的不同维度与团队、组织绩效不同维度的关系开展调节作用的检验。②无论是实证研究还是Meta研究，需要更加关注提高数据的质量，更多地采用纵向数据测量方式，同时尽可能弱化同源偏差问题。③拓展高层管理者的变革型领导行为扩散到中层、基层管理者，并最终影响绩效的跨层次研究。

（原载：《管理学报》，2016年第8期；合作者：苏涛、王杏珊）

事件层次的领导学研究现状与展望

一般而言，按照分析层次的不同，领导学研究包括个体、二元、团队和组织四个层面的探讨。但现代组织正不断面临着内外部诸多事件所导致的各种不确定性的挑战，因此，近年来越来越多的学者开始采用事件导向的研究视角来探讨领导力问题。Dinh等（2014）认为，在上述四个传统的领导力分析层次之外，事件层次理应成为领导学的第五个分析层次。事件层次的研究是一种更为精炼的研究，可以使研究人员深入探讨日益动态化的领导过程中短暂的细节对动态结构和系统的影响，帮助学者们理解在不同的事件中领导者和下属的个性表现为什么会有所不同、特定及时的领导行为如何影响领导绩效的评定，以及如何影响复杂组织变化过程的动力等。

本文对有关领导学研究领域的事件的定义和维度进行了界定，从单元层次性质角度对比了事件层次的领导力研究与传统层次研究的异同，阐述了事件层次的领导特质理论、诚信领导理论和团队领导理论的研究进展，分析了事件层次领导力测量问题，并展望了未来的研究方向。

一、事件的定义

对事件的研究兴趣具有较长的组织行为学传统。Morgeson等（2015）总结指出，学者们使用事件这一特定名词研究过大量的组织现象，包括情感事件、公正事件、锚定事件、嵌入性组织事件、重大事件、积极事件、消极事件、日常生活事件、工作事件、压力性生活事件、罕有事件、新颖和破坏性事件等，这类研究多采用微观、定量和预测性的视角。

Dinh 和 Lord（2012）认为，领导学领域的事件一般指的是发生在特定空间和时间范围内具有时效约束的情节片段，不同事件的严重程度和发生频率会有所不同。Dinh 等（2014）进一步补充提出，事件一般还可以根据普通和独特等特征进行分类。Hoffman 和 Lord（2013）则提出，领导学研究的事件不应局限于非凡的表现形式或组织生活惯例的中断和及时的控制处理的出现，应定义为在特定的时间和地点发生的、可区分的活动单元，并具有可知觉的开始和结束时点。

Dinh 和 Lord（2012）认为，领导学领域的事件一般指的是发生在特定空间和时间范围内具有时效约束的情节片段，不同事件的严重程度和发生频率会有所不同。Dinh 等（2014）进一步补充提出，事件一般还可以根据普通和独特等特征进行分类。Hoffman 和 Lord（2013）则提出，领导学研究的事件不应局限于非凡的表现形式或组织生活惯例的中断和及时的控制处理的出现，应定义为在特定的时间和地点发生的、可区分的活动单元，并具有可知觉的开始和结束时点。

Morgeson 等（2015）从三个方面进一步完善和发展了事件的概念。首先，事件应是外在于感知者的环境或情境的一部分，即研究者需要区分实体对事件的反应与事件本身；其次，事件是有空间和时间边界的，有可识别的开始和结束时间，并在特定空间系统演进；再次，事件发生在实体之间，代表了实体之间的互动。因此，Morgeson 等（2015）认为，事件是外部的、有时间和空间边界并涉及不同实体的交集。这一定义对组织领导学中事件层次的研究具有较强的理论和实践指导意义。

二、事件的维度

按照领导学传统的分析层次，Fisher（2008）等学者认为，典型的领导学研究的重点是识别群体之间或个体之间的差异，而非这些实体中存在的与事件相关的变异性。然而，基于个性的认知—情感过程系统（CAPS）等理论，Hoffman 和 Lord（2013）则提出，从个人或团队的部分视角下的事件层次来理解领导行为与绩效的关系具有以下优点。首先，事件通常有一个较短的持续时间，可以使领导力对绩效的影响研究更为聚焦；其次，事件层次的研究关注行为的细节，可以使观测者更准确地衡量因果关系，从而避免在考察领导力对绩效的影响时受常识理论或浪漫化信念等因素的干扰；再次，事件层次的信息处理倾向于运用基于脚本的而非个人的编码，这使得观测者更易于在影响绩效的多重情境因素和个人层面因素中检测因果关系；最后，对事件的记忆可能更多地依赖情节记忆而非语义记忆，由此可以减少绩效本身对领导评价的影响。

Hoffman和Lord（2013）进一步指出，事件可以理解为一种按照不同特征分类的多维现象，而领导力特定类型（理想型、务实型或魅力型）的有效性又可能取决于事件特征的特定组合。基于这一认识，为强化研究人员对动态领导过程的理解，Hoffman和Lord（2013）提出了一种包含七个维度的事件分类的系统框架（表1），以更为全面地考察事件层次的领导绩效问题。

表1 事件维度的分类

维度	定义	对领导绩效的关键启示
微观、宏观	微观层面的事件内容更集中，时间限制性更强；宏观层面的事件情境范围和时间跨度更广	对领导绩效的考察受到分析问题（任务、个人、团体、组织、社会）层次的制约
动态、静态	静态事件被视为已结束或完成，而动态事件随着时间的展开而继续	静态观测没有考虑领导者功能的动态和非循例方面的因素
熟悉、新颖	熟悉时间与知觉者基于记忆的事件模式认知相联系，新颖事件缺乏相关的模式并需要解释、意义建构和学习	领导者的绩效评估受到可得或可用的评估者原型限制
异常、普通	异常事件威胁到工作场所运行着的已建立的秩序，而普通事件符合组织运作已建立的期望	领导者绩效异常方面评估的比例不当
积极、消极	积极的事件本质上被认为是令人愉快的，而消极事件被认为有令人不快的内涵	评估者的情绪状态在一定程度上直接影响时间层次领导绩效的评价
相关、无关	相关事件具有很高的个人价值，而无关事件与个人目标和利益没有关联	相关绩效的定义随着评价者的不同而不同
过去、现在、未来	通过对传入的感觉刺激的积极处理，现在的事件是可以与过去和未来的事件区分的。相比之下，过去和未来的事件的经历都运用了取决于复杂的模拟大脑结构的感性或情感反应的离线处理	后视偏差和远见偏差限制了对领导结果的评价

Hoffman和Lord（2013）建立的这一事件分类系统强调，事件是一个扰乱组织系统的熵的持续来源。然而，通过对事件进行明确区分和意义建构等领导功能来抵消这种影响是重要的，因为它有助于识别可能会影响领导效果的事件的质性差异。如表1所示，新颖事件可能会对组织造成更大的熵，因此，相对于运用一般性的脚本作为意义建构基础的熟悉事件，领导者需要关注事件细节并进行更深入的分析。

三、事件层次的领导力研究进展

（一）事件层次的领导力单元层次性质

领导者是组织的建筑师，常常通过影响下属行为的方式，来影响不同层次中要素投入组合的单元产出形式，因此，领导力重要性的核心在于其涉及不同形式的投入组合以创造更大价值产出的系统性问题。Dinh等（2014）认为，组织现象可以按照在不同分析层次上具有不同的单元层次性质（unit-level properties，ULP）来归类，与领导力形成过程相关的单元层次性质则包括三种类型，分别是总体性、组合性和编译性。

总体性特征描述的是静态的、特定层次的过程，并且这些特征不适用于较低层次，例如团队的规模和人种的多样性是特定构念，不适用于个体的团队成员。总体性反映了一种分析的整体层次，研究的焦点在于单位之间的差异。组合性特征反映了一种个体成分的聚集，聚集的结果不改变个体成分的基本面或特性，也就是说，较低和较高层次的构念是同构的，例如，团队中的个体的情绪会聚集为团队层面的同质但放大了情感语调。与组合性相对应，编译性则反映了子单元从较低到较高层次的聚集之后特性和功能的根本性的变化，例如，团队成员思想的协同聚集可能会引发创新，而当创新产生时，个体贡献的相关功能可能会随着集体解决方案的出现而发生变化。

Dinh等（2014）对比领导力在事件层次与传统分析层次中ULP产生形式基础的异同后总结：一方面，事件层次的领导力三种ULP产生形式基础与传统研究层次具有较大的区别，例如，在描述组织单位随着时间推移而相对稳定的总体性ULP方面，区别于个体特征、团队人口统计特征和组织结构，在事件层次则应考虑情感事件；另一方面，事件层次的研究丰富了领导力在不同组织层次中连续性的探讨，比如在组合性ULP方面，可以从个体层次的自我效能感进一步延伸至事件层次，考察通过逐步积累的事实和人际关系经验而发展的知识结构和技能。

（二）事件层次中的领导理论

1. 领导特质理论

Dinh和Lord（2012）指出，传统的领导特质倾向性研究方法未能区分影响领导结果的个体内部效应和外部情境效应，但跨情境的个体内部变异对理解领导过程有重要影响，这也意味着需要从事件层次深入探讨特质对领导结果的影响。首先，从领导感知的角度看，内隐领导理论的联结主义网络模型认为，领导原型的结构类似于一个联结网络，特质表示为一个个的节点，并通过网络路径系统连接到其他密切相关的特质（节点）。情境特征作为感官输入会导致不同的节点集合被激活，因此，不同的事件可以激活感知者不同的认同、自我调节结构、目标和情感等节点，节点的不同配置又会激活不同的领导原型，进而影响对领导的不同感知。其次，从领导效能的角度来看，领导领域的情境效应表明特定的领导特质与绩效的关系会随着组织环境的变化而改变。Meyer等（2009）的研究显示，尽责性对工作绩效的预测效度的变化取决于情境的强弱程度，强情境可以通过限制或同化个性表达的方式影响个体行为，尽责性对工作绩效的预测力较强。然而，在较弱情境下，个体在选择如何追求自己的目标时可能有更大的自由度，以致尽责性对绩效结果变量的影响程度减弱。这些研究表明，个体差异（智力、个性）和领导结果之间存在调节效应，而非稳定直接的个体差异影响结果的关系。因此，事件层次的领导特质研究有助于理解领导者激励的内在动力系统，以及领导特质如何展示为不同的时点上的领导行为。再次，从特质对领导行为的直接影响来看，个体的自我结构可以对特定的情境产生一致性反应，但也有根据不同事件灵活调整的潜力。例如，基于因文化差异而激活的强身份认同，领导者可能是独裁式或参与式的领导风格。然而，在特定的事件中，如当团队冲突出现时，一个独裁的领导者可能采用介入并直接命令的方式；而当工作流程稳定时，则可能采用监控进程的领导方式。此外，一个参与式的领导，当团队成员不同意行动策略时，可能会调整公开讨论程序；而当改进变更计划时，则可能与团队成员进行合作。

2. 诚信领导理论

Avolio和Gardner（2005）指出，诚信领导通常用自我意识和自我调节两种心理机制来定义。具体而言，诚信的领导者能够认识自我，并且具有反映他们的自我意识的行为方式。Hoffman和Lord（2013）通过对事件维度的分析指出，诚信领导理论强调了领导者有效性与事件静态与动态、异常与普通、相关与无关等维度的关联，每一个维度都可能影响展示真诚领导能力的机会。首先，动态事件促进了领导者在情境变化和关系演进中为下属树立真诚性榜样所必需的自我调节过程，而静态事件则促使领导者更多依赖于预先存在的自我意识。其次，异常事件被Gardner等（2005）认为是真诚性关键的影响因素之一，其可以作为触发事件，改变促进个人成长和发展的领导者条件。再次，相关事件促进诚信领导者考虑多种观点的均衡处理能力，而这种平衡的能力会产生更真诚的行为表现。此外，诚信领导理论框架中所强调的真诚性是领导力积极性的一种表达，因此，事件的积极与消极维度理应是诚信领导理论的核心议题之一，现有的研究已关注了作为个体的领导者的真诚与虚伪之间的差异，而对积极和消极事件的研究尚有待加强。对表1的进一步分析可以发现，事件的其他维度也与诚信领导具有潜在的关联性。可以推测，使信任的社会交换关系得到强化的微观层面事件，以及使领导者的行动更为透明的宏观层面事件，都会促进领导的真诚性被下属感知或模仿。另外，一些传统上与领导的真诚性相关的组织行为结果，如创造力、道德合规和雇员福利，也取决于领导情境中过去、现在或未来的事件。

3. 团队领导理论

Morgeson（2005）基于功能性领导理论，开拓性地研究了在新颖性和破坏性事件中领导者对自我管理团队效率的影响。来自三个组织中的外部领导者首先定性描述了一系列事件，然后领导者和团队成员完成了定量测量事件的问卷调查。研究结果表明，领导者的准备工作和支持性指导与下属感知的领导有效性正相关，当事件的新颖性增加时，领导者的准备工作与有效性的正相关性更强；领导者的干涉行为与下属对领导者的满意度负相关，但在事件的破坏性增强时，则与领导有效性呈正相关。这一事件层次团队领导的研究表明，具体事件的新颖性和破坏性调节了不同功能性的领导行为与知觉到的领导有效性的关系。Morgeson和Derue（2006）另一项研究表明，事件的危机性、紧急性和持续性与事件对团队的破坏性正相关，但只有紧急性与领导者管理事件所花费的时间存在相关性。同时，定性分析表明，事件对团队功能和领导干预的影响程度会随着团队所遭遇事件的不同类型而变化。总之，自我管理团队的有关理论一般认为外部领导干预对团队的运行存在负向影响，Morgeson等（2010）则总结指出，在动态性事件发生时，由于需要新的团队任务来对事件进行意义建构，能够澄清矛盾和模棱两可信息的外部领导此时是最有效的。

（三）事件层次的领导力测量

传统的领导者评价问卷的研究方法通常要求评价者填答过去数周、几个月或几年内他们的领导者的表现，虽然行为聚合技术提供了观察个体一般表现的方法，但这种方法也忽略甚至完全错过了有助于理解感知和行为变化的动态的微观层面过程。

为规避跨环境和情境下行为聚合测量问题，已有一些领导学研究开始强调利用情节记忆原理的事件层次的测量方法。Shondrick等（2010）指出，一起事件的震动或破坏性足以使领导者或追随者展开控制性的、有意识的处理过程，从而了解事件的具体情况。在这个过程中，信息可能编码在事件特定的知识结构中，对这些记忆信息的检索也发生在事件层次，而非个人层次，这种结构提供了潜在的更高的测量准确性。

事件层次的测量方法可以帮助研究人员分析具体的领导行为对特定情况的响应方式、与有效的团队绩效的相关性等研究议题。Morgeson（2005）的研究要求下属回答关于领导者与具体事件相关的问题，例如，"当一个问题或事件的发生，影响了团队的能力，为使其正常工作，领导者怎么进行干预，让他们回到正轨"，因此，如果测量技术仅集中在个人层次，而不是事件层次的领导者评定，这种微观层面的行为—结果的关系将被错过。为了降低认知偏差和个人偏见对绩效评估准确性的影响，也应鼓励在领导学研究中有意识地使受试者回忆事件或使用事件经验抽样方法。

另一些研究受试者评定的事件层次的测量技术正不断取得各种有价值的成果。如Naidoo等（2010）发现，运用可视化方法，即当参与者在回应领导评估调查之前，让他们观看到领导者工作过程，比没有直观看到领导者工作时，评估结果更准确。因此，对受试者而言，可视化技术有助于促进情节记忆和提高情感的作用，有助于提高回忆一个事件具体细节的能力。

四、未来研究展望

事件是引致现代组织中领导力不确定性和可变性的重要来源，但领导学传统层次的研究往往使用问卷调查等方法以提供对领导结果的总结性评价，忽略了动态的事件层次过程的显著意义。因此，事件层次的领导学研究拓展了领导力研究的层次，减少了典型的回顾性测量领导力的困难，有利于学者们进一步发展理解领导有效性的理论。展望未来，事件层次的研究在如下方面值得重点关注。

（一）各类型领导理论

已有的事件层次的领导学研究主要集中于团队领导和领导特质理论，定量研究成果也较少。未来还需要学者们以事件导向的视角，更多地探讨不同的领导风格在事件层次的因果关系变化情况，以及不同的事件或事件的不同维度对各种类型领导行为和绩效的影响等。

（二）纵向研究方法

领导者在不同的组织情节片段中会采取不同的反应和执行方式，事件层次的纵向研究有利于进一步识别导致这些不同方式的各种情境特征。将来的纵向事件层次的研究应探索以现代信息技术的新发展来拓展经验取样等在较长时间内收集数据点的方法，从而在多个时间临界点来完成事件层次的领导者感知或绩效的测量。

（三）领导力发展

Day和Sin（2011）认为，领导力的发展是一个特殊的终身过程。当领导者在了解各种事件的过程中获得技巧时，他们可以学会如何调整自己的行为以匹配事件的时间要求。而经历的重大事件更可以从根本上改变一个领导者的发展模式。因此，事件层次的领导力发展将是一个具有重要价值的研究方向。

（四）领导者选择和培训

在具有层次结构的组织中，领导者角色相对固定，因此可以根据理想的特质和行为的水平来选择和培训领导者。现代组织越来越强调基于团队的领导形式，因此，以事件为基础选择和培训出的具有复杂性的领导者，将更熟练于意义建构、团队认同等领导技能，并能利用不同的事件促进团队协作。这一研究方向对领导实践具有很强的现实意义。

（五）事件系统理论

Dinh等（2014）指出，事件层次更精确的理论分析对与领导力相关的各种动态因果关系的理解具有重要意义，Morgeson等（2015）最近提出的事件系统理论为此奠定了进一步的理论基础。例如，在Morgeson等（2015）框定的十八种事件影响实体的原型效应中，团队层面的事件（组织采用新的团队结构）可能会弱化领导行为和团队绩效之间的直接关系。这类理论假设尚需要大量的实证研究来进行更深入的检验。

（原载：《领导科学》，2016年第32期；合作者：文晓立）

家长式领导的有效性：
来自Meta分析的证据

  Bass（1990）曾指出领导者在很大程度上决定着组织成败，它不仅会影响员工的工作态度与行为，还影响着组织效能，对组织来说至关重要。作为根植于中国传统文化的领导方式，家长式领导对华人企业的重要性不言而喻。

  近20年来，大量学者对家长式领导的有效性进行了探讨。部分研究表明，相比于其他领导方式，家长式领导对华人组织的领导效能有着更强的解释力，对员工的态度和行为有着独特且显著的影响。但是，家长式领导风格下的三种领导方式中，对威权领导效能的探讨还存在一些争议。部分研究结果发现威权领导对绩效、工作满意度、组织公民行为、组织承诺等领导效能变量产生消极作用，而部分研究则发现威权领导与领导效能的关系是正向的或者不显著。对仁慈领导、德行领导来说，研究已证实两种领导方式对领导效能变量（例如绩效、组织承诺、工作满意度等）有正向预测作用，但"恩"与"德"哪种领导方式更有效，现有研究并未对其有效性强度进行比较。此外，西方民主思想对中国传统文化的影响，使得学术界对家长式领导在当前组织中是否依然有效这个命题也看法不一（吴春波等，2009）。有关家长式领导风格下三种领导方式效能的实证成果较为混乱，缺乏系统的整理与分析，并且未能对某些调节变量因素的影响进行探讨。

  鉴于此，本文运用定量研究统计方法Meta分析，对家长式领导效能的87篇实证研究文献进行了汇总分析，对该领导方式以往存在分歧的结果进一步探讨，以获得更为普适的阶段性结论。在对以往大量研究进行回顾的基础上，进一步明晰三种领导方式的有效性，对更好地发挥其领导效能具有重要意义。本文将探讨，三种领导方式与领导效能各变量间的关系，德行领导、仁慈领导与领导效能各变量间的正相关程度强弱，从大样本数据出发，明确威权领导、仁慈领导及德行领导的有效性。另外，Meta分析还能检验变量间潜在的调节因素，能够帮助我们更好地理解变量间的复杂关系。因此本文还探讨了同源偏差程度、工作价值观对威权领导、仁慈领导、德行领导与其效能间关系的调节作用。通过上述问题的探讨更为具体详尽地阐明三种领导方式的有效性。

一、概念界定

（一）家长式领导的定义与测量

家长式领导的研究始于Silin（1976）对台湾企业主管的深度访谈。随后，Redding（1990）、郑伯埙等（1995）、Westwood等（1997）对家长式领导的行为特征进行了总结。真正提出完整的家长式领导理论体系的是以郑伯埙为代表的一批华人学者。目前学术界对家长式领导的探讨主要围绕郑伯埙教授（2000）提出的三元理论模型展开。威权领导，领导者强调其权威是绝对的、不容挑战、对部属做最严密的控制与严格要求，要求部属毫不保留地服从；仁慈领导，领导者对部属个人的福祉做个别、全面而长久的关怀；德行领导，领导者表现更高的个人操守或修养，以赢得部属的敬仰与效法，以公正无私、以身作则最为突显。

（二）领导效能的定义与测量

不同的学者对领导效能有着不同的定义。其中Fielder和Garcia（1987）对领导效能的定义得到广泛采纳，他们认为领导效能是指一个群体在执行所分配的任务时取得成功的程度。领导效能的测量方式也很多。DeRue等（2011）对领导效能的界定较为全面，主要包括以下几个方面：领导效能的评价来源，例如对领导者本身还是对绩效的满意程度；领导效能的形式，例如态度、行为等；领导效能的作用层次，例如个体、团队及组织。在整理相关的实证研究后（吴敏等，2007；林姿葶等，2014），本文主要选取了以下5个指标来测量领导效能，工作态度（工作满意度、组织承诺、离职倾向）与工作行为（任务绩效、组织公民行为）。王震等（2012）也指出：这些变量是组织行为研究领域的重要变量，对组织效能具有显著影响。

工作满意度是指员工生理与心理两方面对工作本身及相关环境的满足感受（Locke，1969）。目前，对工作满意度的测量主要有两个角度：整体测量，从整体上测量员工对工作的满意程度；多维度测量，认为工作满意度来自于与工作相关的方方面面。组织承诺被定义为员工对组织的一种心理状态，对组织价值观、规范等的认同与接受程度（Anderson & Martin，1995）。组织承诺包括三个维度：情感承诺，组织成员对组织的情感依赖及认同强度；持续承诺，是指员工因考虑到离职代价而继续留在组织内的一种承诺；规范承诺，则是指员工认为自己有责任和义务应该继续留在组织内的承诺（Meyer和Allen，1991）。离职倾向被定义为员工离开所在组织的倾向性，能够有效地预测员工的离职行为（Steel和Ovalle，1984）。Borman和Brush（1993）将个体绩效划分为任务绩效和关系绩效两个维度。任务绩效是员工的角色内行为，是员工完成工作任务而产生的绩效。而关系绩效，即组织公民行为，是员工的角色外行为（Welbourne et al.，1984），并未纳入正式的奖酬体系，是员工自愿做出的对组织有利的行为，本文在考察三种领导方式与关系绩效的关系时，将组织公民行为纳入关系绩效进行分析。

二、研究假设

（一）三种领导方式的领导效能

1. 威权领导的领导效能

目前，学术界对威权领导有效性的研究存在争议，部分实证研究表明威权领导对领导效能具有消极影响，部分实证研究显示威权领导对领导效能无影响或是有积极影响。威权领导通常会对下属严密控制、要求下属绝对服从、做事专权独断、无法容忍错误、唯我独尊。威权领导会带来压抑紧张、非人性化的工作氛围，使员工产生抵触与消极情绪。在这种领导方式下，员工丝毫感受不到领导的重视与支持，基于社会交换理论，员工会降低工作满意感及组织认同感，也会通过减弱工作行为来缓和不满情绪，甚至还会产生离职倾向。综上，提出以下假设：

假设1：威权领导与工作满意度、组织承诺、组织公民行为、任务绩效负相关，与离职倾向正相关。

2. 仁慈领导的领导效能

仁慈领导会对员工的福祉做个别、全面且长久的关怀，宽容员工的错误，维护员工的面子，帮助员工解决困难。根据社会交换理论，当员工得到来自领导的有形或无形资源的支持时，除了直接回报（例如忠诚、信任）领导本身之外，还会将回报扩展到工作态度及行为方面。在这种领导方式下，员工与领导会形成高质量的交换关系，员工会更加满意自己的工作，更加钟情于组织。员工为了回报领导的恩惠，会更加快乐积极地工作，尽自己所能去做对组织有利的事情。

假设2：仁慈领导与工作满意度、组织承诺、组织公民行为、任务绩效正相关，与离职倾向负相关。

3. 德行领导的领导效能

德行领导公正无私，不滥用权力，对员工一视同仁，为员工树立典范，以自身的德行为为员工做出表率，促使员工认同组织目标，内化组织价值观。在这种领导方式下，领导者以自身言行做出表率，员工信任并效法领导者。在榜样的影响下，员工会对工作满意，对组织依赖，也会提高工作效率，从事更多的角色外行为来表达对领导的爱戴与拥护。

假设3：德行领导与工作满意度、组织承诺、组织公民行为、任务绩效正相关，与离职倾向负相关。

4. 仁慈领导与德行领导效能的比较

从上述分析中可见，仁慈领导、德行领导与领导效能（工作满意度、组织承诺、留职意愿、组织公民行为、任务绩效）正相关是毋庸置疑的。两种领导方式都是通过领导与员工之间的交换关系来影响员工的工作态度与行为。德行领导是通过自己的言行间接影响组织内员工的言行。相比这种间接且泛化的影响，仁慈领导与员工间的互动更加直接且有针对性，有助于形成质量更高的交换关系，从而提高领导效能。因此，提出以下假设：

假设4：相比于德行领导，仁慈领导的有效性更强，即仁慈领导对工作满意度、组织承诺、组织公民行为、离职倾向、任务绩效的促进作用更强。

5. 三种领导方式与不同层次绩效的关系

绩效有很多种分类方法，按层次不同可以分类为个体绩效、团队绩效、组织绩效。个体绩效又分为任务绩效与关系绩效。不同的研究层次对应着不同主体，其作用机制千差万别。在个体层面，领导主要是通过提高员工的内在动机与积极情绪等来影响员工的工作态度与行为，从而提高个体绩效。在团队层面，领导主要是通过与团队成员沟通愿景、增强团队成员信心、促使团队成员有效协作、激励团队成员努力工作等来提高团队绩效。在组织层面，领导主要是通过增加高层管理团队的凝聚力、提升组织氛围和保持目标一致性等促进更高水平的组织绩效。由此，三种领导方式对不同层次绩效的影响程度可能也不同。已有大量研究表明仁慈领导、德行领导对不同层次的绩效均有正向作用，威权领导对不同层次的绩效具有负向作用。因此，提出以下假设：

假设5a：仁慈领导、德行领导与个体绩效、团队绩效、组织绩效正相关。威权领导与个体绩效、团队绩效、组织绩效负相关。仁慈领导、德行领导、威权领导对不同层次绩效的作用程度不同。

员工作为组织的核心，其个体绩效对组织的生存与发展至关重要。而个体绩效分为任务绩效和关系绩效两个维度，不同的维度有不同的分析标准。三种领导方式与个体绩效的相关性强度在不同的个体绩效分析标准下可能不同，尽管现有研究已得出仁慈领导、德行领导、威权领导与任务绩效、关系绩效的相关关系。但三种领导方式对任务绩效的影响更大还是对关系绩效的作用更强，现有研究并未做出回答。从任务绩效与关系绩效的决定因素分析，我们认为三种领导方式与关系绩效的相关性更强。因为关系绩效是员工的自愿行为，是"想做就做"的行为，而任务绩效则需要员工具备一定的知识技能，是"能做才做"的行为。三种领导方式主要是通过提高员工积极情绪与内在动机而不是帮助员工提升技能水平与能力来影响员工的态度与行为。因此，提出以下假设：

假设5b：与任务绩效相比，仁慈领导、德行领导与关系绩效的正相关性更强，威权领导与关系绩效的负相关性更强。

（二）潜在的调节变量

Meta分析中的调节变量都来自现有文献的编码过程，是在Meta分析中包含的、可以解释或有助于解释更多方差变异的任何变量。由于变量间的关系影响因素比较复杂，可能存在的调节变量很多。本研究文章数量有限，通过对87篇文献进行细致梳理、编码，发现了以下可能影响二者关系的潜在调节变量：同源偏差程度、工作价值观。

1. 同源偏差程度

由于本文涉及家长式领导、绩效两个核心变量在三个层面的测量，因此数据的同源偏差问题必须予以重视。本文将仁慈领导、德行领导、威权领导和员工个体绩效的评估方式分为自评和他评。①仁慈领导、德行领导、威权领导他评是指除自身之外的其他人进行评估，自评是指由领导自己评估领导风格；②个体绩效他评是指个体绩效由他人、客观数据等评估，自评是指由员工自己评估绩效。在此基础上，我们根据他评、自评及其具体内涵来判断评估资料来源是否相同，若来源相同，本文将其归为"同源偏差程度高"；否则，则为"同源偏差程度低"。统一测量来源往往会造成变量虚假相关或是相关程度偏高。由此，本文提出如下假设：

假设6：仁慈领导、德行领导、威权领导与个体绩效之间的关系受到同源偏差程度的调节，同源偏差程度高时二者的相关性要强于同源偏差程度低时二者的相关性。

2. 员工价值观

在提出家长式领导三元理论后的十多年中,组织内外部环境不断变化。西方自由民主思想日益活跃,中国的传统文化,尤其是儒家思想已遭到严重破坏,家长式领导的文化基础已经发生改变。组织本身处于不断变革之中,去中心化、扁平化、柔性化,等等,家长式领导构念基于的组织结构发生改变。员工队伍更加多元化,尤其是代际多元化,不同代际的员工有着不同的工作价值观,领导客体发生改变。家长式领导的内涵可能需要重新审视;其领导效能可能也已发生变化。基于此,本研究对以往有关家长式领导有效性的实证研究进行划分,从员工价值观这一角度探讨家长式领导效能的动态变化,将2012年即90后大学毕业生进入职场元年作为不同代际员工工作价值观发生差异的分割点。值得注意的是,家长式领导有效性受诸多因素影响,而Meta分析基于大样本探讨家长式领导效能的动态变化,无法精确排除工作价值观之外的其他因素的干扰,但个人与组织价值观匹配对员工工作态度与行为的影响显著,且大样本数据分析能够提供更为精确的研究结果,因此本文忽略了其他影响因素的干扰,这在以后的研究中有待改进。

作为个体价值观的一部分,工作价值观形成于员工自身与内外部环境的相互作用。领导是与员工接触较为紧密且直接的工作环境,工作价值观会通过影响员工对领导行为的感知和解释以及员工与领导之间的互动关系,即员工价值观与领导价值观的匹配程度,来调节领导行为对员工工作态度与行为的影响作用。虽与80后同为新生代员工,但90后的价值观更具时代特色,90后员工渴望独立自由,重视追求内心的快乐与有趣的工作,在工作中重视为他人服务,看重与同事的工作关系,愿意并且有能力承担责任,在意参与决策及表现自我,希望在组织中产生影响、做出贡献并得到及时反馈。面对个性鲜明的90后员工,家长式领导的领导效能可能已发生改变。因此,本研究提出如下假设:

假设7:工作价值观对仁慈领导、德行领导、威权领导与领导效能间的关系具有调节作用。

三、研究方法

(一)检索与筛选研究文献

本文采用以下3种方法进行文献搜索,以尽可能得到更为全面的相关文献。
①在SSCI、SAGE、EBSCO、ProQuest、ABI/INFORM、Google Scholar、CNKI

等检索数据库中，检索题名、关键词、摘要或主题词中包含"paternalistic leadership""performance""job satisfaction""organizational citizenship behavior""organizational commitment""turnover intention"及"家长式领导""绩效""工作满意度""组织公民行为""组织承诺""离职倾向"的文献，并下载这些文献，无法获得全文的则先通过篇名或摘要等信息判断其是否满足Meta分析要求，若满足，则通过馆际互借、委托国外同学或联系原文作者的方式获得全文。②对长期从事家长式领导研究的学者进行专项检索，查找他们与本研究主题密切相关的研究成果。③最后，为防止遗漏，对国内外重要的领导学期刊、中国本土研究类期刊进行家长式领导的专项检索。郑伯埙教授于2000年提出家长式领导三元模型后，有关家长式领导的实证研究才逐渐增多，因此检索时间为2000年1月至2017年1月，共检索到相关文献305篇，其中，英文、中文文献分别有121、184篇。

接着，对初步检索到的文献进行筛选，筛选标准有：①剔除单纯讨论家长式领导的文献，文献中必须同时包含家长式领导风格下的三种领导方式、绩效或工作满意度或组织公民行为或组织承诺或离职倾向等变量；②筛选实证研究文献，剔除案例研究等非实证研究文献；③文献中要有三种领导方式与绩效或工作满意度或组织公民行为或组织承诺或离职倾向之间的相关系数、p值或r值与样本量，或者有相关系数与r值、标准误或方差，或者路径系数等Meta分析所需的数据；④对分多阶段发表、重复发表或用同一样本发表不同文章的同一项研究，只取最为翔实的文献。筛选后共获得87篇相互独立的实证研究文献，文献采纳率为28.5%，其中中文51篇，英文36篇。

（二）对数据进行编码

本文参考Lipsey等（2001）推荐的编码步骤，制作了编码表。由于编码工作量较大且易出错，为保证编码的准确性，编码工作由两位组织行为学研究方向的研究生分别独立进行，编码完成后进行交叉核对，对不一致的内容进行复核并经过讨论达成共识。

在最终筛选出的87篇文献中提取Meta分析所需要的数据。从研究描述项与效应值统计项两方面进行编码，描述项主要包括作者、发表时间、期刊、题目名称等文献基本信息，效应值统计项包括研究变量及其维度的信度系数、样本量、相关系数、路径系数、拟合优度、标准误、r值、p值等。独立样本是效应值编码的基本单位。若某文献包含多个独立样本，则需要进行多次编码。若它基于同一个独立样本对变量进行分维度测量，产生多个相关系数，效应值则取其简单平均数。此外，本文检验了家长式领导各维度与领导效能之间的调节变量，对测量因素同源偏差程度及情景因素工作价值观进行了编码。

（三）统计方法

本文对数据的所有统计处理均在软件Comprehensive Meta Analysis 2.0中完成。首先，计算效应值并进行Fisher's Z值转换。其次，利用失安全系数检测是否存在发表偏倚问题。由于具有显著相关性结果的文献比那些显示弱相关性结果的文献更易发表，这会降低样本的代表性。本文采用失安全系数（Fail-safe N）定量检测出版偏倚问题。Rothstein等（2006）指出，即当失安全系数小于$5K+10$时，说明存在严重的出版偏倚问题，反之，失安全系数越大，说明存在出版偏倚的可能性越小。再次，对效应值进行同质性检验并确定计算模型。同质性检验是以Q统计量为基础，服从自由度为$K-1$的卡方分布，K是效应值的数量，如果Q在统计上显著，意味着这些效应值是一个异质性分布，应该采用随机效应模型，反之，采用固定效应模型。同质性检验显著的判断标准为：$Q>K-1$且$I^2>0.6$。最后，检验潜在调节变量的调节作用。

四、研究结果

（一）出版偏倚分析及效应值同质性检验

经对变量间相关系数的计算与转化，本文获得436个效应值，40879个独立样本，总样本量达118108个。

仁慈领导、德行领导、威权领导与各层次绩效、工作满意度、组织公民行为、组织承诺及离职倾向的失安全系数以及为证明存在出版偏倚需要找到的未出版研究的数量如表1所示。所有研究的失安全系数均大于$5K+10$，且需要找到的未出版文献数量也都较大，因此本文的研究结果不存在出版偏倚问题。

对效应值的同质性检验结果如表1所示。以威权领导与个体绩效关系为例，$Q=463.248>29$，$I^2=93.956>0.6$，且$p<0.05$，即效应值是异质的。I^2的值为93.956，这表明效应值的真实差异占据观察变异的93.956%，而随机误差则占据观察变异的6.044%。$\tau^2=0.039$，说明研究间变异有3.9%可用于计算权重，故采用随机效应模型。

表1　出版偏倚分析与效应值同质性检验结果

效能-绩效		K	N	Fail-safe N	5K+10	数量	同质性检验				τ^2			
							Q	df(Q)	p	F	τ^2	SE	方差	Tau
威权领导与领导效能	个性绩效	29	12334	1668	145	58	463.248	28	0.000	93.956	0.039	0.013	0.000	0.197
	团队绩效	3	423	33	25	11	33.381	2	0.000	94.009	0.116	0.125	0.016	0.341
	组织绩效	7	2014	51	45	7	16.041	6	0.014	62.597	0.006	0.006	0.000	0.077
	工作满意度	20	5033	263	110	13	110.462	19	0.000	82.799	0.018	0.007	0.000	0.136
	组织公民行为	26	11590	1314	140	51	488.021	25	0.000	94.877	0.043	0.016	0.000	0.207
	组织承诺	20	7008	637	110	32	70.969	19	0.000	88.887	0.022	0.010	0.000	0.150
	离职倾向	10	3616	999	60	100	363.849	9	0.000	97.526	0.017	0.066	0.004	0.342
仁慈领导与领导效能	个性绩效	28	9401	12307	150	215	184.768	27	0.000	85.387	0.015	0.006	0.000	0.121
	团队绩效	3	423	80	25	26	14.722	2	0.001	86.414	0.047	0.055	0.003	0.217
	组织绩效	7	2014	376	45	54	27.410	6	0.000	78.710	0.013	0.010	0.000	0.112
	工作满意度	18	4784	4325	100	240	122.013	17	0.000	86.067	0.024	0.010	0.000	0.154
	组织公民行为	25	11180	6884	135	275	410.773	24	0.000	94.157	0.037	0.014	0.000	0.193
	组织承诺	19	7237	3995	105	210	112.594	18	0.000	84.013	0.015	0.007	0.000	0.121
	离职倾向	9	3511	719	55	80	109.773	8	0.000	92.712	0.035	0.021	0.000	0.187
德行领导与领导效能	个性绩效	26	10309	4268	135	164	245.536	25	0.000	89.818	0.025	0.009	0.000	0.159
	团队绩效	3	423	58	25	19	38.628	2	0.000	94.822	0.135	0.144	0.021	0.368
	组织绩效	7	2041	199	55	28	33.531	6	0.000	82.106	0.016	0.012	0.000	0.127
	工作满意度	19	5262	3749	105	277	196.323	18	0.000	90.831	0.036	0.014	0.000	0.191
	组织公民行为	22	9031	4249	120	193	308.845	21	0.000	93.200	0.035	0.014	0.000	0.187
	组织承诺	19	7237	3726	105	196	605.426	18	0.000	97.027	0.090	0.039	0.002	0.301
	离职倾向	8	3237	557	50	70	77.518	7	0.000	90.970	0.027	0.018	0.000	0.164

（二）主效应检验结果

如表2，威权领导与任务绩效、工作满意度、组织公民行为、组织承诺及离职倾向的相关系数分别为-0.149、-0.106、-0.119、-0.127、0.395，仁慈领导与任务绩效、工作满意度、组织公民行为、组织承诺及离职倾向的相关系数分别为0.261、0.416、0.311、0.394、-0.320，德行领导与任务绩效、工作满意度、组织公民行为、组织承诺及离职倾向的相关系数分别为0.264、0.374、0.303、0.338、-0.300，且在其95%置信区间所指水平上均显著。即假设1、假设2、假设3成立。

表2 家长式领导各维度的领导效能

效能–绩效		模型	K	N	效应值及95%的置信区间			双尾检验	
					点估计	下限	上限	Z	p
三种领导方式的领导效能	威权领导的领导效能								
	威权领导与个体绩效	随机	29	9117	−0.145	−0.217	−0.071	−3.822	0.000
	威权领导与团队绩效	随机	3	423	−0.318	−0.621	−0.068	−1.622	0.105
	威权领导与组织绩效	随机	7	2014	−0.125	−0.196	−0.053	−3.380	0.001
	威权领导与工作满意度	随机	20	5033	−0.106	−0.171	−0.040	−3.160	0.002
	威权领导与组织公民行为	随机	26	11590	−0.119	−0.199	−0.037	−2.832	0.005
	威权领导与组织承诺	随机	20	7008	−0.127	−0.196	−0.057	−3.528	0.000
	威权领导与离职倾向	随机	10	3616	0.395	0.199	0.560	3.798	0.000
仁慈领导与德行领导的效能	仁慈领导与个体绩效	随机	28	12307	0.282	0.236	0.327	11.484	0.000
	德行领导与个体绩效	随机	22	7542	0.278	0.216	0.337	8.527	0.000
	仁慈领导与团队绩效	随机	3	423	0.468	0.239	0.648	3.763	0.000
	德行领导与团队绩效	随机	3	423	0.412	0.010	0.699	2.005	0.045
	仁慈领导与组织绩效	随机	7	2014	0.312	0.223	0.395	6.653	0.000
	德行领导与组织绩效	随机	7	2014	0.233	0.132	0.329	4.436	0.000
	仁慈领导与工作满意度	随机	18	4784	0.416	0.350	0.478	11.249	0.000
	德行领导与工作满意度	随机	19	5262	0.374	0.294	0.449	8.514	0.000
	仁慈领导与组织公民行为	随机	25	11180	0.311	0.238	0.380	7.978	0.000
	德行领导与组织公民行为	随机	22	9031	0.303	0.226	0.375	7.453	0.000
	仁慈领导与组织承诺	随机	19	7237	0.394	0.341	0.444	13.437	0.000
	德行领导与组织承诺	随机	19	7237	0.338	0.211	0.454	5.003	0.000
	仁慈领导与离职倾向	随机	9	3511	−0.320	−0.430	−0.201	−5.085	0.000
	德行领导与离职倾向	随机	8	3237	−0.300	−0.405	−0.187	−5.031	0.000
三种领导方式与任务绩效、关系绩效	仁慈领导与任务绩效	随机	22	8199	0.261	0.225	0.296	13.749	0.000
	仁慈领导与关系绩效	随机	30	12550	0.322	0.258	0.384	9.367	0.000
	德行领导与任务绩效	随机	20	5990	0.264	0.212	0.314	9.646	0.000
	德行领导与关系绩效	随机	28	10456	0.311	0.248	0.372	9.192	0.000
	威权领导与任务绩效	随机	22	5990	−0.149	−0.220	−0.076	−3.989	0.000
	威权领导与关系绩效	随机	32	12822	−0.151	−0.218	−0.082	−4.249	0.000

如表2，仁慈领导、德行领导与个体绩效的相关系数分别为0.282、0.278；与工作满意度的相关系数分别为0.312；德行领导与个体绩效、团队绩效、组织绩效的相关系数分别为0.278、0.412、0.233；且在其95%置信区间所指水平上均显著。由于，不同层次绩效的相关系数不能直接比较，但是我们仍可从不同的相关系数中得出，三种领导方式对不同层次绩效的影响程度不同。假设5a得到支持。

如表2，本文深入探讨了三种领导方式与任务绩效、关系绩效的关系。仁慈领导与任务绩效、关系绩效的相关系数为0.261、0.322；德行领导与任务绩效、关系绩效的相关系数为0.264、0.311；威权领导与任务绩效、关系绩效的相关系数为-0.149、-0.151。可见，与任务绩效相比，三种领导方式对关系绩效的促进作用更强。假设5b得到支持。

（三）调节效应的检验

如表3，本文检验了同源偏差程度对变量间关系的调节作用。同源偏差程度能显著调节仁慈领导、德行领导、威权领导与个体绩效之间的关系，假设6得到支持。

如表3，本文检验了工作价值观对变量间关系的调节作用。工作价值观能显著调节仁慈领导、德行领导与个体绩效、工作满意度、组织公民行为、组织承诺之间的关系。工作价值观能显著调节威权领导与组织公民行为、组织承诺的关系，但在该领导方式与个体绩效、工作满意度之间却并无调节作用，假设7得到部分支持。

表3　家长式领导各维度与领导效能关系的调节效应分析

调节变量	三种领导方式的领导效能	模型	同质性检验			类别	K	N	效应值及95%的置信区间			双尾检验	
			Q组间	df	p				点估计	下限	上限	Z	p
同源偏差程度	三种领导方式与个体绩效												
	仁慈领导	随机	17.957	1	0.000	程度低	12	3668	0.339	0.242	0.429	6.518	0.000
						程度高	13	5893	0.241	0.200	0.282	11.070	0.000
	德行领导	随机	11.285	1	0.000	程度低	13	3668	0.317	0.197	0.427	5.016	0.000
						程度高	11	3684	0.233	0.186	0.280	9.341	0.000
	威权领导	固定	3.776	1	0.052	程度低	12	5990	-0.213	-0.244	-0.181	-12.745	0.000
						程度高	12	12822	-0.172	-0.198	-0.146	-12.738	0.000

（续上表）

调节变量	三种领导方式的领导效能	模型	同质性检验			类别	K	N	效应值及95%的置信区间			双尾检验	
			Q组间	df	p				点估计	下限	上限	Z	p
	威权领导与领导效能各变量												
员工工作价值观	个体绩效	固定	0.046	1	0.830	Before*	11	3973	−0.165	−0.195	−0.135	−10.557	0.000
						After	14	5137	−0.170	−0.195	−0.144	−12.937	0.000
	工作满意度	固定	0.224	1	0.636	Before	12	2930	−0.103	−0.139	−0.059	−5.580	0.000
						After	8	2374	−0.090	−0.130	−0.050	−4.391	0.000
	组织公民行为	随机	53.165	1	0.000	Before	13	4839	−0.102	−0.185	−0.018	−2.369	0.018
						After	12	6746	−0.198	−0.309	−0.081	−3.308	0.001
	组织承诺	随机	31.698	1	0.000	Before	11	1998	−0.084	−0.180	0.014	−1.688	0.091
						After	9	4655	−0.178	−0.269	−0.083	−3.645	0.000
	仁慈领导与领导效能各变量												
员工工作价值观	个体绩效	随机	10.189	1	0.001	Before	12	3973	0.257	0.206	0.307	9.500	0.000
						After	13	5313	0.327	0.243	0.406	7.302	0.000
	工作满意度	随机	0.224	1	0.636	Before	11	2681	0.369	0.302	0.432	10.045	0.000
						After	7	2103	0.486	0.373	0.584	7.507	0.000
	组织公民行为	随机	53.165	1	0.000	Before	12	4449	0.270	0.206	0.331	8.060	0.000
						After	12	6476	0.310	0.150	0.454	3.719	0.000
	组织承诺	随机	31.698	1	0.000	Before	10	2582	0.355	0.280	0.425	8.715	0.000
						After	9	4655	0.432	0.313	0.539	6.514	0.000
	德行领导与领导效能各变量												
	个体绩效	随机	11.828	1	0.001	Before	12	3958	0.236	0.182	0.288	8.398	0.000
						After	11	3119	0.333	0.196	0.457	4.608	0.000
	工作满意度	随机	0.224	1	0.636	Before	11	2681	0.307	0.174	0.429	4.404	0.000
						After	7	2013	0.459	0.388	0.524	11.304	0.000
	组织公民行为	随机	53.165	1	0.000	Before	11	4226	0.236	0.162	0.306	6.162	0.000
						After	11	4530	0.359	0.226	0.479	5.059	0.000
	组织承诺	随机	31.698	1	0.000	Before	10	2582	0.214	0.016	0.396	2.111	0.035
						After	9	4655	0.462	0.298	0.601	5.067	0.000

*本表中，"Before"表示数据收集时点处于2012年（即90后本科毕业生进入职场）之前，"After"表示数据收集时点处于2012年之后。

五、讨论与分析

本文通过对有关家长式领导的大量实证研究结果进行定量总结,得出了以下阶段性定论:①三种领导方式的领导效能不同,在三种领导方式中,仁慈领导是最为有效的领导方式。威权领导对领导效能具有负向作用,仁慈领导的有效性要强于德行领导的有效性。②仁慈领导、德行领导对员工工作态度的影响作用要强于对工作行为的影响作用。③三种领导方式对不同层次的绩效有不同程度的影响。三种领导方式对关系绩效的影响程度要强于对任务绩效的影响程度。同源偏差程度能够显著调节三种领导方式与个体绩效间的相关程度。④随着员工工作价值观的变化,仁慈领导、德行领导对领导效能的提升作用增强,威权领导对领导效能的消弱作用不明显。具体分析如下。

威权领导与工作满意度、组织公民行为、组织承诺、绩效之间轻度负相关,与离职倾向正相关。先前对威权领导有效性的研究存在很大争议,部分研究认为威权领导与绩效、组织公民行为、组织承诺存在正相关关系或是不相关(郑伯埙等,2010;鞠芳辉等,2008;Chu & Hung,2009;Sheer,2013)。上述结果可能的原因有:①威权领导似乎带有两面性,其专权的作风、对员工的严密控制等会引起员工的反感,但严格的要求、对员工的教诲却能在一定程度上保证员工完成其本职工作,对威权领导探讨的角度不同,可能会得出不同的结论。②随着中西方文化的不断融合,人们越来越讲求民主与自由,社会由"人治"走向"法治",高权利距离下对员工的绝对专制在现代企业中已不适用,尤其在组织扁平化程度较深的创新型企业中,员工大多采用协同、自主的工作模式,威权领导的作用弱化。③研究样本、研究设计等不同会导致研究结论的不同,在个别小样本的实证研究中,威权领导对领导效能起到促进作用,采用Meta分析获得大样本后,这些个别样本就不会影响威权领导对领导效能的负向作用。

仁慈领导比德行领导更为有效。且仁慈领导、德行领导对下属态度(工作满意度、组织承诺、离职倾向)的影响程度要强于对下属行为(组织公民行为、任务绩效)的影响程度。仁慈领导与个体绩效($r=0.282$)、团队绩效($r=0.468$)、组织绩效($r=0.312$)、工作满意度($r=0.416$)、组织公民行为($r=0.311$)及组织承诺($r=0.394$)的相关性程度要高于德行领导与个体绩效($r=0.278$)、团队绩效($r=0.412$)、组织绩效($r=0.233$)、工作满意度($r=0.374$)、组织公民行为($r=0.303$)及组织承诺($r=0.338$)的相关性程度,但其差别不是很大。这可能是因为：①中国社会讲究人情面子，仁慈领导不仅对员工进行个别而长久的关不，还会关心员工的亲属，为员工提供精神及物质支持，受到领导关怀的员工会发自内心地感激并竭尽所能地回报领导，德行领导通过自身的德行垂范影响员工，以带动员工努力工作，这种影响只有在员工认同德行行为并效法之后才会有效，耗费时间较长，且对本身素质较高的员工作用不大，从而仁慈领导行为更有效。②仁慈领导比德行领导具有更高质量的领导成员交换关系，仁慈领导与员工的互动更为直接并具有针对性，员工在感受到领导的重视后，会产生强烈的自我存在感与归属感，会更加忠于组织；而德行领导的德行垂范实质上是一种组织化的影响，不针对个别员工，对员工的影响较为间接。从上述分析可以看出仁慈领导、德行领导主要是通过提高员工的积极情绪、内在动机来影响员工的工作态度与行为，态度作为一种情感性因素，受员工自身情绪与动机的影响程度较大，行为主要受自身技能与知识水平的影响，并非"自愿则为之"。因此得出仁慈领导、德行领导对员工工作态度的正向影响程度要强于对员工工作行为的影响程度。虽然仁慈领导比德行领导更为有效，但是两者的有效性程度相差不大，这可能是因为中国自古以来就是礼仪之邦，十分注重德行，相比于领导者的才能，人们更加看重其道德品质。根据社会学习理论，个体容易学习和模仿榜样的行为，更愿意认同与追随高德行的领导者，在德行领导潜移默化的影响下，员工有更强的工作动机，并勇于承担工作责任。因此，一名优秀的领导者首先要具备高尚的品德，还要为每一位员工提供个性化的组织支持资源，这样才能更好地提升领导效能。

仁慈领导、德行领导、威权领导对不同层次的绩效影响程度不同。在仁慈领导、德行领导、威权领导与个体绩效的关系中，对关系绩效的促进作用要强于对任务绩效的促进作用。这可能是因为：关系绩效是员工的角色外行为，并非工作要求，受员工积极情绪与内在动机的影响，而任务绩效是员工的角色内行为，是工作要求员工必须做的行为。而三种领导方式主要是通过发挥自身影响力与职位权力来提高员工积极情绪与内在动机而非帮助员工提升技能水平与能力来影响员工的态度与行为。由此得出，要提高员工绩效，既要发挥领导有效性，以提高关系绩效，又要进行提升员工技能的专业培训，以提高任务绩效。此外，同源偏差程度也会影响三种领导方式对个体绩效的影响程度。同源偏差程度高的条件下，三种领导方式与个体绩效的相关程度要更强。这是因为领导风格和绩效的评估数据来源相同，比如，员工既评估其上司的领导风格，又对自己的绩效进行评价，会造成自我增强效应，相关性因此比较高。

随着员工工作价值观变化，仁慈领导、德行领导的效能在增强，而威权领导效能的变化却不明显。自家长式领导三元理论提出以来，在十几年的发展过程中，家长式领导效能的确发生了变化。结果显示，工作价值观不能调节威权领导与个体绩效、工作满意度间的关系，但能调节仁慈领导、德行领导对个体绩效、工作满意度、组织公民行为、组织承诺的促进作用，并且随着时间的推移，这种促进作用加强。此外，它还能调节威权领导对组织公民行为、组织承诺的阻碍作用，并且随着时间的推移，阻碍作用增强。这可能是因为：相比于其他代际的员工，90后员工的价值观更加个性鲜明。员工会以自身的价值观作为起点，将知觉到的组织价值观（即领导价值观）与自身期望的价值观进行比较，当二者存在差异时，就会影响员工自身的工作态度与行为，影响领导有效性的发挥。仁慈领导为员工提供个性化的组织支持资源，注重采纳员工建议，维护员工颜面；德行领导公正无私，能够营造公平和谐的工作氛围，并以身作则，且支持并较易肯定下属的工作，两种领导行为都非常重视员工个人的成长与发展，而这些都能很好地契合90后员工个性鲜明的工作价值观。90后员工希望得到支持与称赞，期望有更多的机会表现自我与承担责任，渴望和谐友好的工作氛围，希望得到信任。在员工与组织价值观高度匹配的情况下，员工会产生更高的工作满意感，更多的角色外自发行为，更强的组织承诺。威权领导专权独断，贬低下属能力，独享信息，独自决策，这些都与90后员工的价值观背道而驰，因此威权领导无法得到员工的信任与认同。在员工与组织价值观高度不匹配的情况下，90后员工在做好本职工作之外自然不会自发地去做对组织有利的事情。相比于其他代际，90后员工的行为目标往往会指向更加高级的精神需要，如果组织不能满足他们的交往和尊严需求，不能提供事业发展的平台，他们会重新做出选择，甚至离职。工作满意度是员工对工作的主观感受，组织公民行为与组织承诺分别作为员工的角色外自发行为与心理契约。当员工与组织价值观匹配程度较高时，90后员工的精神需要能够得到满足，那么员工会产生较高的工作满意感，更多的组织公民行为，更强的组织承诺。因此，工作价值观能够显著调节仁慈领导、德行领导与个体绩效、工作满意度、组织公民行为及组织承诺间的关系。上述研究结果恰能验证90后员工的个性特点，当领导者采用契合90后员工价值观的管理理念时，90后员工会为组织的利益付出更多的努力，否则会适得其反。

六、研究贡献、局限与展望

（一）研究贡献

本文运用Meta分析方法对家长式领导有效性进行了细致探讨，弥补了以前的研究空白，丰富了领导有效性动态研究成果。研究贡献如下：①以往鲜有研究全面梳理仁慈领导、德行领导、威权领导的有效性，本文填补了此项空白。②本文通过对大量实证研究进行总结，得出威权领导会对绩效、工作满意度、组织公民行为、组织承诺产生较弱的负向影响，对之前存在争议性的研究提供了确定性结果。③本文还对比分析了仁慈领导与德行领导的有效性，发现仁慈领导更为有效，且仁慈领导、德行领导对员工工作态度的正向影响程度要强于对员工工作行为的影响。④此前没有研究同时探讨仁慈领导、德行领导、威权领导与三个层次绩效的关系。本文通过Meta分析对仁慈领导、德行领导、威权领导与不同层次绩效的关系提供了更为精确的估计。⑤另外，本文着重对仁慈领导、德行领导、威权领导与个体绩效间的关系进行了探讨。发现仁慈领导、德行领导、威权领导与关系绩效的相关性程度要强于与任务绩效的相关性程度；以同源偏差程度为调节变量发现，同源偏差程度高的情况下，仁慈领导、德行领导、威权领导与个体绩效间的相关性程度更强。⑥另外，本文利用工作价值观作为调节变量，采用对实证研究数据收集时点进行划分的方法动态考察家长式领导效能的变化。这为家长式领导效能的后续研究提供了一些启示。

（二）研究局限

本文虽然证实了家长式领导风格下不同领导方式的有效性，但是依然存在一些局限：①本文尽管验证了家长式领导与不同层次绩效的关系，但无法精确解释其相关性程度不同的原因。②由于文章数量有限，因此本文只是探讨了仁慈领导、德行领导及威权领导与个体绩效的关系，并没有探讨三者与其他层次绩效及其他效能变量间的关系，且有限的文章数量也导致对调节效应的分析较为欠缺，以后的研究应当更为全面。③虽然尽可能涵盖了所有的相关研究，但对于一些使用英文、中文之外的文字撰写的，且仅在本国发表的文章，受限于客观条件与能力，无法纳入本文中，这可能会造成文献选择偏差问题，对本文的结果也会产生一定的影响。④本文对领导方式有效性的探讨主要是从员工的工作态度与工作行为入手，对领导有效性的探讨还可以从多方（同事、上级等）评价、业绩产出等入手，以后的研究应当更为详尽。⑤本文对调节变量工作价值观采用研究数据收集时点进行划分的方法不够严谨，从此单一角度探讨家长式领导有效性的变化较为片面，可能会导致研究结果不够可靠。

（三）未来研究展望

未来的研究可以从以下方面入手：①未来可以对三种领导方式与团队、组织绩效的关系开展进一步检验。②未来的研究需要更加精确的界定调节变量工作价值观，从多方面探讨家长式领导有效性发生改变的原因。③未来也可以纳入更多潜在的调节变量（如样本群体差异、行业、地区）进行研究。

（原载：《中国人力资源开发》，2017年第3期；合作者：王甜、苏涛）

第二部分

高阶管理研究

企业家与团队建设浅议

随着我国经济体制改革的深入与国民经济的持续发展，国内涌现出了一大批优秀的企业家，他们为振兴我国民族经济、促进"四个现代化"的建设进程做出了巨大的贡献。但是随着我国改革开放的进一步深化和完善，我们却发现过去许多耳熟能详的创业者在今天却早已销声匿迹，鲜为人知。由此，我们在感慨之余，不禁要问创业者为什么就不能成为守业者？以及我们的企业家究竟要怎样做，其企业才能获得第二次生命？其企业才能健康长寿？

一、企业家所面临的风险

人们常说："创业难，守业更难。"也就是说，尽管创业者已在其开创事业的过程中遇到了许多难以想象的问题，但是这些困难与其在扩大企业规模中所遇到的艰难相比，则要稍微容易克服一些。许许多多的企业在创业成功之后，随着企业规模的扩大，比起以前要面对更多更复杂的矛盾，企业家所必须面临的风险系数也随之提高。通过对处于成长阶段中的企业进行研究，大致可以把企业家所面临的风险分为以下四类。

（一）发展方向的风险

企业在创业成功之后，在某一成长阶段中，会有很高的利润回报率，如何安排处理这些闲散资金，使其为企业带来更大的盈利，以推动企业的进一步发展，便成为影响着企业家投资决策的重大问题。在其中，对于企业所处行业未来发展的前景预期，和企业自身将来盈利水平的预算估计在企业未来发展方向的问题上认识不清，就势必会导致企业的反应缓慢，而错失企业发展的良机。

（二）组织管理失控的风险

在企业快速成长过程中，随着公司业务量的急剧攀升，组织的规模也不断扩大。组织规模的急速膨胀，就产生了组织架构和管理模式如何才能跟得上公司快速成长的要求，以及如何才能反映公司的真实状况，将那些可能会导致公司做出错误决策的表象因素剔除出去的问题。

（三）人才流动的风险

企业的发展靠人才，企业必须保持人员的稳定性。企业家在创业成功以后，由于企业规模的急剧膨胀，需要对外进行大量招聘，吸收各种优秀人才加入到本公司当中。这种人员的增加不可避免会带来企业员工的上下浮动，人员的流动也就变得更加频繁。但是，人员流动的过度频繁，就会给企业带来大量的不稳定因素，而企业的经营风险也随之提高。

（四）来自外界的风险

企业存在的理由是满足社会需要，实现社会的期望价值。这从根本上决定了企业必须依赖外界，才能获得良好的生存与发展。其中，对企业影响最大的有以下四个方面。

首先，是由顾客组成的消费团体。企业只有把自己的产品销售给顾客，才能实现赢利，回报股东和回馈社会。从此种意义上来说，没有顾客，也就没有企业。

其次，由供应商组成的上游渠道。供应商作为企业生产制造的原材料供应者，制约着企业的生产速度与规模。企业如果不能够与供应商很好地合作，就会导致生产与销售脱节，最终影响到企业的生产成本和既得利润。

再次，是企业的下游——经销商。企业成长期中由于消费需求的迅猛增加，企业原有的销售渠道不再能够承担起销售的重任，需要组建新的销售渠道，扩展新的营销网络。伴随着企业销售网络的扩大，使企业销售成本和运营风险增加。

最后，是企业所处的宏观政策环境。企业是在国家制定的各项政策法规条例下从事生产经营活动的。外部宏观经济政策的转变与调整，势必会不同程度地影响和制约企业的运作过程，从而造成企业经营不确定性的增加，和企业家决策风险的增大。

以上种种风险突显了企业家在企业成长期中个人知识与专业技能的不足，因此，积极寻求团队的帮助与支持，充分发挥团队的力量与智慧，就成为企业家促进自身成长与化解各种经营风险的必由之路。

二、团队建设之于企业家的重要性

团队是最近几年来企业界讨论的热点问题。正如任何事物的存在都有其理由，团队自身的优点与特性决定了它成为企业发展中不可或缺的力量。企业家需要运用团队来帮助企业的平稳过渡，也需要运用团队来弥补自身的不足，一起共同成长。团队的主要优点有：

（一）团队可以产生大于个人绩效之和的群体效应

团队与个人的关系，相当于整体与部分的关系。整体大于部分之和，团队所发挥出的整体绩效也远远大于个人绩效的简单相加，并能够完成个人所难以想象和难以解决的任务，而这正是企业家最期望的事情。

（二）团队成员之间是一种精诚合作的关系

任何一个高绩效的团队，其成员之间是一种开诚布公的支持合作关系。团队成员彼此之间既不会互相阻挠，亦不会越俎代庖，每一位成员在各司其职的同时，都会去关注其他成员的工作完成情况，并适时加以帮助。

（三）团队有着极强的凝聚力与整合力

团队经过成长期，进入到成熟期之后，会在团体内部产生一种大家都彼此遵守、互相约束的整体氛围。这种氛围将团队成员更加紧密地团结在一起，并加大了自身与外部其他团体的相互区别。团队成员都为自身所处的团队而自豪，团队也变得更具向心力和凝聚力。

（四）团队的组织形式宜于进行创新与变革

团队并不是一种僵化的组织形式，团队成员在其内部常常会发生思想上的碰撞和意见上的分歧，但也正是在此所产生的思想上的"火花"为团队的不断完善提供了必需的养料。团队所具有的开放式的讨论氛围，反过来又进一步促进了创新与变革的发生和进行。

综上所述，团队自身的各种优点促使企业家必须认真对待，团队建设是使企业家摆脱成长困境的有效途径，企业家必须重视和积极进行团队建设工作。

三、企业家在团队建设中的角色问题

团队这种组织形式虽然对于企业家极其重要，但是其建设过程并不是一蹴而就的，它需要在实践中吸取养料，在实践中不断总结经验与教训。为了帮助团队实现高绩效目标，企业家必须在团队形成的各个阶段发挥不同的建设性作用，分别为：

（一）团队处于组建期时，企业家要对团队提出具有挑战性的工作目标

完成企业所制定的特定工作目标是团队存在于企业的唯一理由与唯一目标。企业家在团队的组建期，根据企业的实际情况为之设立或确定合理的绩效目标，是团队开始与成长的起点。

（二）团队处于磨合期时，企业家要帮助团队适应冲突和克服组织障碍

当团队初步组建成功后，各个成员之间的不尽相同逐渐显现并表现出来。此时，观点意见的冲突，行为看法的不同达到了最激烈的地步。成员之间的沟通和理解成为最迫切需要处理的问题。在此团队建设的关键时期，企业家必须尽可能地为他们之间的相互沟通创造机会和条件，并适时加以必要的引导。

（三）团队处于成熟期时，企业家需要将企业的经营理念灌输到整个团队中

当团队经过磨合阶段，其成员之间已逐步形成了一种相互支持与信任的亲密合作伙伴关系，整个团队致力于绩效目标的实现。这时，将企业的经营理念和价值取向灌输到整个团队中，使这个小团体与企业大家庭保持一致，是企业家建立与团队共促共进关系的必需。

（四）团队成果显现后，企业家就要将团队的建设经验加以巩固与推广

在团队建设的最后期，团队完成了业绩目标，实现了自身的使命。企业规划的整体目标，在客观上决定了其存留。然而，不管怎样，团队建设的宝贵经验与成果都值得企业借鉴和推广。作为团队的合作者和见证人，企业家自是责无旁贷。

团队建设的四个步骤说明了企业家在其中扮演了重要的支持者与建议者的角色，团队建设不能没有企业家的参与和帮助。因此，团队建设与企业家之间是一种相互促进的关系，团队建设是解决企业家及企业成长难题的有效途径，而企业

家又能够为团队建设的进程与质量做出贡献。

四、企业家精神与团队精神

我们都知道"创新"精神是企业家的灵魂与核心,而协作制胜则是团队的存在理由与目标。在整个社会呼吁企业家精神的同时,又有许多企业每日都在强调团队合作精神。因此,它们两者绝不是一种此消彼长的关系,而是一种需要在实践当中加以结合的共促关系。

(一)将团队精神运用到企业家精神当中,可以帮助企业家克服自身创新性思维的逐步弱化与消失

一般来讲,企业家在其创业初期,确实极具创新精神,其所建立的企业本身就是一种创造。但是一旦企业进入成长期,当初的创业者就容易陷入惯性思维,因循守旧,仍然坚持以前的一套做法,而这种做法则很难再适应企业的进一步发展。这时,将团队的合作精神引入,可以很好地帮助企业家听取各方面意见,进行多方位思考,恢复创新的主观能动性,从而做出与内外部环境相符合的重大决策。

(二)将企业家精神融入团队理念,有助于团队摆脱群体思维的束缚,改变团队成员积极性不高的现状

在团队建设过程当中,团队当然需要全体成员的合作,但是,一味地强调合作,有可能会压抑其成员的开创精神,造成整个团队在执行上不遗余力,但在创新上没有任何突破。这时,号召团队成员学习企业家的创新精神,对于团队的继续有着深远的影响。只有通过合作与创新,团队才能够排除困难,尝试一切可能来达到业绩目标,实现自己的使命。

总之,企业家精神与团队精神就像是船上的桨与帆一样,只有保持相互依存与合作的关系,才能共同发展。

(原载:《科技进步与对策》,2003年第3期;合作者:徐慧琴)

职业经理人的市场化程度与企业核心能力的关系

1990年普拉哈拉德（Prabalad）和哈默尔（Gary）（1998）在《企业核心竞争能力》一文中引入"企业核心能力"概念以来，核心能力相关的理论日益成为研究热点。从目前情况来讲，中国大多数企业核心能力不足，作者认为职业经理人的市场化程度是制约企业发展的重要因素。

一、企业核心能力的概念

普拉哈拉德和哈默尔在《哈佛商业评论》发表了一篇具有标志性的文章，引入了"企业核心能力"这一概念，他们注重于和企业实践相结合，强调动力、学识、创新、流程等问题，认为企业利用现有的资源存量的能力是建立长期竞争优势的基础。

资源基础论认为获得具有产生潜在租金价值的资源是保障企业成功业绩的基础，这些资源就是企业的核心能力。

组织基础论认为企业核心能力是组织资本又是社会资本的综合体，组织资本反映了协调和组织生产的技术方面，而社会资本显示了社会环境的重要性。

鲍·埃里克森和杰斯伯·米尔克森（1995）认为战略性资产是企业竞争优势的关键，然后把业务流程作为连接企业战略性资产更有效的桥梁，进而把核心能力理解为与战略性资产相联系的业务流程。

知识基础论者认为核心能力是使企业独具特色并为企业带来竞争优势的知识体系，而更新知识是保持竞争优势的关键。

动态能力学派认为动态能力处于企业能力结构的最高层，更具抽象性，它使企业在面对变化的市场环境时，能够迅速整合、建立和重构其内外部资源、技能和能力，形成新的竞争优势。

由以上种种关于企业核心能力的定义可见，核心能力的形成需要一段长的时间，具有一定的复杂性和模糊性，并且难以模仿，其能获取长期竞争优势的有价性是企业愿意围绕核心能力进行经营最重要的原因。

二、职业经理人市场化程度是企业构建核心能力的基础

职业经理人是指不具备企业资产所有权，但拥有企业经营权的管理者，他们以经营企业，增强企业竞争能力来实现个人价值。

在市场经济体制下，经济发展的潜在动力是市场的竞争机制。职业经理人的市场化程度反映在市场对企业选择、培养、评价职业经理人等一系列活动中市场对此所发挥的资源配置作用程度。在完善的职业经理人市场中，由于职业经理人是按照市场经济原则组织生产管理的，因而如何对职业经理人进行优劣评选，依据他们对企业核心能力的贡献来确定。

职业经理人的市场化程度是企业能否持续围绕核心能力进行建设的前提条件。

核心能力的复杂性和艰巨性决定了企业核心能力的建设不能单纯依靠个人的技术和能力。一个优秀的经营者能够令一个企业起死回生，但这种仅靠个人智力和技能的企业是不能让企业长久获取竞争优势的。企业核心能力的长期性要求企业有一个长期稳定的发展环境。相比较而言由职业经理人为代表的现代企业制度是最适合企业长期稳定的公司制度，职业经理人的市场化程度高低直接影响了现代企业的稳定性。在企业经营过程中，经理人离职等情况屡见不鲜。市场化程度低的状况将直接造成职业经理人缺位填补不当，企业无法根据其核心能力进行配

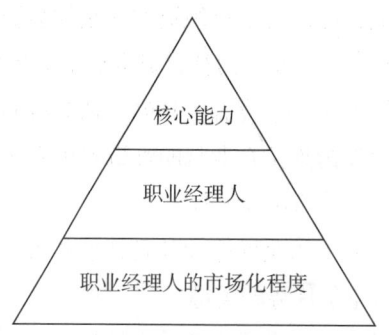

图1　职业经理人市场化程度与核心能力的金字塔图

置资源，甚至实施的变革损害自身的核心能力；而在市场化程度高的情况下，经理人的缺位可以在市场上找到相应的经营人才来填补，并不影响核心能力的建设。

职业经理人个体对企业核心能力的贡献体现了职业经理人市场化程度对企业核心能力的基础作用。

职业经理人的市场化程度反映职业经理人的执业水平，从而推进企业核心能力的建设。笔者根据对职业经理人的"所能"及"所愿"，选取了三个维度来探讨职业经理人的市场化程度与企业核心能力的关系。

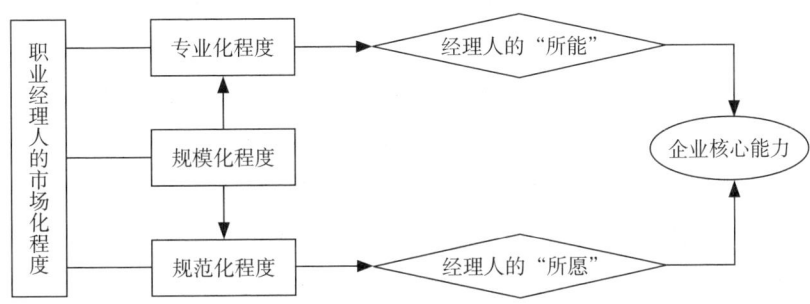

图2　职业经理人的市场化程度是企业构建核心能力的基础

（一）专业化程度

职业经理人对经营管理技术的掌握及使用，反映其市场化程度。随着社会的发展，企业的资源变得日益复杂，企业的经营管理事务已经不再是对人、事、物的简单安排，为实现企业的长久发展，对企业实施清晰合理的资源配置，使企业运作始终围绕其核心能力显得越来越必要。

企业有效进行核心能力管理的前提，是职业经理人首先能够对其进行识别。核心能力的第一特性是有价性，这要求职业经理人在企业可建设的众多能力之中，尽可能挑选出最有利于企业获利的能力；而核心能力的独特性和模糊性则增添了职业经理人对其的识别难度，许多职业经理人认不清企业真正的核心能力，致使其经营决策削弱了企业的核心能力，甚至丢弃了企业的核心能力。

企业核心能力的发展和维护同样与职业经理人的专业能力紧密相关。由于核心能力也具备一定的生命周期，企业必须根据环境变化的要求对企业核心能力进行维护和改造。核心能力不是单个产品或某种技术，它是多种技术和技能的结合，它的形成和培养需要职业经理人通过多个角度进行努力。一方面要求职业经理人能够利用企业现有的资源围绕核心能力进行配置，另一方面也要求职业经理人能够从企业外部引入新的资源来发展企业的核心能力。

（二）规范化程度

企业与职业经理人之间是典型的委托代理关系。在现代经济学中，委托代理关系被视为一种契约。由于它不同于一般的雇佣关系，委托人授予代理人相当大的自主决策权，而委托人与代理人，具有不同的效用函数，在信息不对称的情况下，处于信息劣势的企业所有者很难监控职业经理人的代理活动，职业经理人追求自身效用最大化的行为就会偏离并且损害委托人利益，从而产生了道德危机与逆向选择问题。

由于职业经理人的效用函数包含多个因素，大致可分为货币性收入、福利和在职消费。片面认为给予的货币性收入和在职消费越高激励作用越明显是错误的。事实上，国内许多企业都是因为对经理人的货币收入和在职消费措施实施不到位，从而引发激励不足。普遍可见，许多国内企业的经理人的薪金不如外企，但是如果加上在职消费和一些福利政策，国内经理人的收入与国外企业的经理人并不产生多少差异。规范的职业经理人市场提供了如何对职业经理人实施激励措施的参考标准，促使企业合理对职业经理人的效用函数进行优化组合，使之符合企业价值的需要。

职业经理人的自我角色认知也反映了其规范化程度的强弱。企业的平均寿命越来越短，从而影响到员工的执业心态，经理人也不外乎如此。许多职业经理人抱着"游牧一族"的心态来对企业实行管理，可想而知，在企业短期利益和长期利益之间的取舍博弈，其经营最终必将不利于企业的长远发展。核心能力是建立在企业长期利益基础之上，具有一定的历史累积性，如果职业经理人不能很好地专心于本职工作，无异于是对企业的核心能力进行扼杀。

职业经理人的角色认知还反映在另外一个方面，即是经理人的职业程度。经理人不职业是我国特有现象，许多经理人是人在商场，但定位在官场，经商变成升官、仕途上的一个资本，并非把经理人作为一个终身职业。如此关系错位，势必影响对国有企业围绕优势资源进行配置。

规范的经理人市场促使了企业所有者与职业经理人的互信，使放权和分权更到位。市场规范化程度又是企业改进委托代理关系的基础，规范化程度高的职业经理人市场能够大幅度削减代理成本，并同时能从"所愿"的角度保证了职业经理人能根据法律、章程和法定程序发挥技术和能力进行企业核心能力的建设。

（三）规模化程度

保持竞争元素的适当规模是职业经理人市场化程度的另一维度。适当规模的涵义就是职业经理人的数量不能过少，也不能过多。

"量"不能过少。只有保证市场上有大量的职业经理人可以筛选，那么企业才有可能挑选到合适的经理人。在企业和企业产品所需的生产要素逐步市场化后，职业经理人已经成为企业最为迫切需要也最稀缺的资源。但这也造成了职业经理人市场的竞争激烈程度不够，其中劣者不能被淘汰，客观上也影响了优者的顺利升值。缺乏竞争的环境下，直接导致职业经理人失去市场公平竞争和提高专业技能的压力和动力。由此，职业经理人不但失去了识别核心能力的敏锐，而且也没有维护和发展核心能力的激情。

"量"过大也不行。市场上有过量的职业经理人可以挑选，粗中择优，在短期看来是有利的。然而规模过大，一方面造成企业在进行经理人挑选时候，必须附带相当成本，并且数量越多不一定就会带来高质量的经理人的增加。这从当前国内的MBA教育就可以略见一斑。MBA是职业经理人的后备军，由于MBA的热潮，高等院校纷纷扩增招收MBA学员，由于学员素质以及师资力量的局限，反而影响了高质量人才的培养；另一方面市场上的职业经理人过多，容易引发职业经理人之间的恶性竞争，经理人群体竞相降价，以获取相对稀少的职位空缺。这一情形将导致的恶果是削弱了企业对聘请的职业经理人进行激励措施，产品价格战的后果是企业产品质量开始下降，职业经理人的价格战所产生的后果显而易见就是职业经理人素质和能力的滑坡。

适当规模要求职业经理人的数量与市场对经理人的需求量相匹配。只有当所需和所供达到平衡，才能让企业获得合适的职业经理人，也才有必要合理进行激励，调动经理人的积极性，在此基础上，职业经理人的专业化程度和规范化程度才能得到优化。

职业经理人的市场化程度一方面直接决定了企业能否持续围绕核心能力经营；另一方面，就职业经理人市场化程度的三个维度来分析：专业化程度反映了职业经理人的个人技术和能力；规范化程度则体现了职业经理人运用自身能力的意愿程度；而规模化程度则是通过竞争来优化职业经理人市场的专业化程度和规范化程度。职业经理人群体通过"所能"和"所愿"来围绕企业核心能力进行经营管理活动，从而使其价值得到实现和提升。

（原载：《科技管理研究》，2004年第3期；合作者：徐亮）

企业家经营能力评价的层次分析与模糊决策

依据西方经济学对企业家理论的主要研究成果，本文将企业家经营企业的能力划分为5个方面，并在这五大能力之下又进行了细分。这五大经营能力分别为：创新能力、决策能力、执行能力、公关能力和自控能力。

一、划分依据

法国经济学家萨伊作为强调企业家地位的第一人，其主要代表思想是"企业家作为生产过程的中心枢纽，收集信息、制定决策，着重发挥其协调人、财、物、产、供、销的协调者的作用。"即企业家是协调者。

经济学大师马歇尔则提出，企业家是生产要素卖方和产品买方之间的中介人，是把生产要素在企业中结合起来，使之成为产品并送到消费者手中这一组织化过程的核心。企业家不仅作为中间商和协调者，还是创新者和风险承担者。

熊彼特则鲜明地提出企业家的主要职能是创新，创新是企业家的灵魂。熊彼特认为，所谓创新就是建立一种新的生产函数，把一种从未有过的有关生产要素和生产条件的新组合引入生产系统。具体来说，这种新组合或创新包括5种：引进新产品（或改进现有产品质量）；引进新技术，即新的生产方法；开辟新市场；控制原材料的新供应来源；实现企业的新组织形式（特别指组成托拉斯或某种其他类型的垄断组织）。

后来的奈特和柯兹纳在吸收了熊彼特创新理论的基础上，赋予了企业家"不确定性决策者"的角色。企业家的职能就是识别和把握各种机会，在不确定性条件下做出决策。决策的性质决定了企业家还必须具备承担风险的能力。

新制度学派的开山鼻祖科斯则在其经典论文《企业的性质》一书中，提出企业家的主要任务就是使企业内部生产要素的成本低于市场交易成本，企业家的指挥、协调、组织能力决定了企业发展的边界。

此外，西方经济学还有关于企业家特性和企业家生成环境的研究。特性研究主要着重于企业家的个人特质方面，探讨企业家的先天能力；环境研究则侧重于企业家所处的政策金融环境和社会文化因素，探讨企业家与外部环境的互动关系。

对以上关于企业家的代表性理论进行总结，可以得出企业家不同于普通的企业所有者或经营者的主要原因在于：企业家具备创新能力、协调能力、自控能力、承担风险的能力、与外部交往的能力、识别机会和把握机会的能力，以及在不确定性条件下做出决策的能力。

本文在借鉴西方经济学对企业家理论主要研究成果的基础上，引入了由拉里·博西迪和拉姆·查兰所提出的执行理论。该理论提出：执行是一门学问，企业家要成功实现本企业的经营目标，就必须深入到企业内部，亲自处理将人员、战略、运营结合起来的工作任务。该理论实际上是对西方经济学对企业家作为"协调者"理论的继承和深化，因此在本文对企业家经营能力的分类当中，用执行能力代替了企业家协调能力。

经过以上讨论，本文将企业家经营能力划分为五大能力：创新能力、决策能力、执行能力、公关能力、自控能力。其中，创新能力在熊彼特大师所提出来的5种创新能力的基础上，又进一步划分为四种能力：产品创新能力、技术创新能力、市场创新能力和组织创新能力。

决策能力包括：识别机会的能力、把握机会的能力、承担风险的能力和在不确定性条件下做出决策的能力。

执行能力包括：将人员与流程结合起来的能力；将人员与战略结合起来的能力；将战略与流程结合起来的能力。

自控能力则借鉴了1993年由美国国际发展协会（USAID）提供资金赞助的一项跨文化研究成果。该项研究表明，成功与不成功企业家的主要区别之一在于7项能力的差别：主动积极；掌握机会；坚持、重视高品质的工作；自信心；领导与控制；如何对待他人。其中的主动积极能力、掌握机会能力、领导与控制能力已分别包含在创新能力、决策能力与执行能力当中，如何对待他人的能力也已分别包含在企业家的执行能力和公关能力当中。因此，企业家的自控能力包含三大能力：坚持能力、求精能力和自信能力。

二、企业家经营能力评价的层次分析

借鉴系统工程学的层次分析理论，可以构建出如图1所示的企业家经营能力层次结构图。

在该层次结构图中，处于最上层的为总目标层，中间层为分目标层，最底层则为准则层。各层次之间是一种层层递进、相互影响的关系。但同一层次之间则不发生任何关联。此外，位于准则层当中的各个企业家经营企业的细分能力，只和对应于分目标层当中紧邻着的主要经营分能力有关，而与其他不相邻的上一层的分能力一概无关。

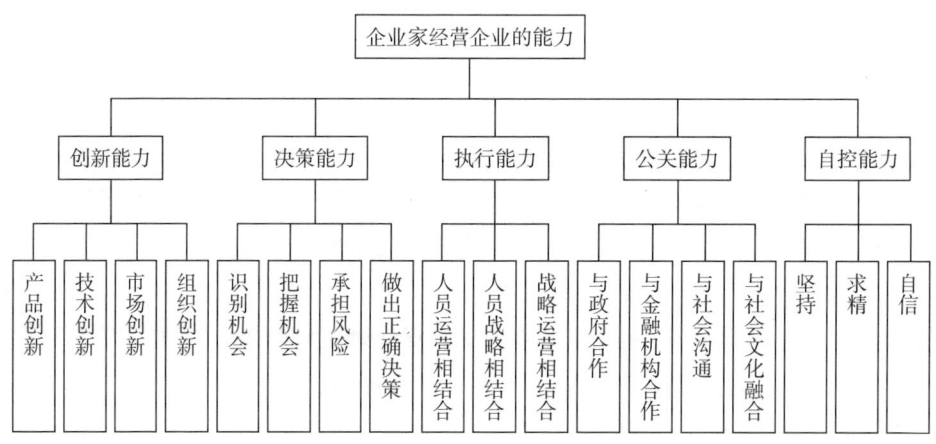

图1 企业家经营能力层次结构分析图

图1所示的层次结构图当中各层次能力对企业家经营企业综合能力的影响权重，可以由层次分析法计算获得。要计算各层次能力对综合能力的影响权重，需要构建判断矩阵$A=(a_{ij})_{6\times 6}$，$B=(b_{ij})_{5\times 5}$，$C=(c_{ij})_{4\times 4}$，$D=(d_{ij})_{3\times 3}$，$E=(e_{ij})_{4\times 4}$，$F=(g_{ij})_{7\times 7}$。

其中A为分目标层对总目标层的判断矩阵，B、C、D、E、F则分别为各准则层对其相邻上一层的判断矩阵。判断矩阵采用的是1~9标度法，即依据相同层次中各因素对上一层的相对重要关系来排列矩阵，数值越大，i比j就越重要。下面先求分目标层对总目标层的能力权重，即层次单排序的结果。

H	a_1	a_2	a_3	a_4	a_5	a_6
a_1	1	a_{12}	a_{13}	a_{14}	a_{15}	a_{16}
a_2	a_{21}	1	a_{23}	a_{24}	a_{25}	a_{26}
a_3	a_{31}	a_{32}	1	a_{34}	a_{35}	a_{36}
a_4	a_{41}	a_{42}	a_{43}	1	a_{45}	a_{46}
a_5	a_{51}	a_{52}	a_{53}	a_{54}	1	a_{56}

在该项矩阵中，当行数与列数相同时，值为1且$a_{ij}=1/a_{ji}$，其中a_{ij}取值为1~9中的数字。由此判断矩阵，可以求出最大特征值λ_{max}对应的特征向量$W=(w_1, w_2, w_3, w_4, w_5)$，$W$满足以下的关系式：$AW=\lambda_{max}W$，$W$即是分目标层各能力对总目标层的优先权重向量。由方根法，可以求出$w_i=\overline{w_i}/\sum_{i=1}^{5}\overline{w_i}$，$\lambda_{max}=\frac{1}{5}\sum_{i=1}^{5}\frac{(AW)_i}{w_i}$，其中$\overline{w_i}=\sqrt[5]{\prod_{j=1}^{5}a_{ij}}$，其中$\prod_{j=1}^{5}a_{ij}$表示判断矩阵$(a_{ij})_{n*m}$的每一行元素之积，$(AW)_i$表示向量$AW$的第$i$个分量。

由于各准则层之间相互独立，仅与其相邻最近的上一层有隶属关系，下面以准则层中b对其相邻上一层a的优先权重求法（即创新能力所包含要素对创新能力的相对重要性求法）为例，来求准则层对分目标层的判断矩阵和层次单排序结果，具体如下表所示。

与分目标层对准则层的求法相类似，可以求得最大特征值λ_{max}^1对应的特征向量$W^1=(W_1^1, W_2^1, W_3^1, W_4^1, W_5^1)$，$W^1$满足以下的关系式：$BW^1=\lambda_{max}^1 W^1$，由方根法，可以求出$W_i^1=\overline{w_i^1}/\sum_{k=1}^{5}\overline{W_i^1}$，$\lambda_{max}^1=\frac{1}{5}\sum_{i=1}^{5}\frac{(BW^1)_i}{w_i^1}$，其中$\overline{w_i^1}=\sqrt[5]{\prod_{j=1}^{5}b_{ij}}$，$(BW^1)_i$表示向量$BW^1$的第$i$个分量。

a_1	b_1	b_2	b_3	b_4	b_5
b_1	1	b_{12}	b_{13}	b_{14}	b_{15}
b_2	b_{21}	1	b_{23}	b_{24}	b_{25}
b_3	b_{31}	b_{32}	1	b_{34}	b_{35}
b_4	b_{41}	b_{42}	b_{43}	1	b_{45}
b_5	b_{51}	b_{52}	b_{53}	b_{54}	1

其余准则层相对于各自的分目标层的求法与此相类似。有关准则层相对于总目标层的总排序优先权重为：$w_r^k \cdot w_i$，其中i，$k=1$，2，$\cdots$，5；j则表示各准则层所包含的因素总和。以创新能力的准则层为例，$r=1$，2，$\cdots$，5。

三、企业家经营能力评价的模糊决策

在对企业家经营能力评价进行层次分析后，需要将其与综合评判的评语集相对比，以确定企业家目前的经营能力与标准值之间的差距。这里采用多层次综合评判方法。

由以上分析可知，待评系统的评价指标集H可以划分为若干子集：$H=\{a_1, a_2, a_3, a_4, a_5\}$，而其中，$a_1=\{b_1, b_2, b_3, b_4, b_5\}$，$a_2=\{c_1, c_2, c_3, c_4\}$，$a_3=\{d_1, d_2, d_3\}$，$a_4=\{e_1, e_2, e_3, e_4\}$，$a_5=\{f_1, f_2, f_3, f_4, f_5, f_6, f_7\}$。H中各因素的权重向量即为$w_i$，$a_j$的权重向量则为$w_r^k$。

运用单层次综合评判法，先求准则层的综合评判结果。

指标集a_i上的模糊向量，也就是权重向量，通过模糊变换T_R变换为评语集$V=\{v_1, v_2, \cdots, v_n\}$上的模糊子集。还是以创新能力指标集为例，$a_1$中各因素的权重向量为$W_j^1=(w_1^1, w_2^1, w_3^1, w_4^1, w_5^1)$，综合评判矩阵为：

$$R_1=(r_{ij})_{5*n}, \quad 0 \leq r_{ij} \leq \begin{pmatrix} r_{11}, & r_{12}, & \cdots, & r_{1n} \\ r_{21}, & r_{22}, & \cdots, & r_{2n} \\ r_{31}, & r_{32}, & \cdots, & r_{3n} \\ r_{41}, & r_{42}, & \cdots, & r_{4n} \\ r_{51}, & r_{52}, & \cdots, & r_{5n} \end{pmatrix}$$

首先对判断矩阵b_{ij}进行数据标准化处理，令$B_{ij}=\dfrac{b_{ij}-\overline{b_j}}{s_j}$（$1 \leq i \leq 5$；$1 \leq j \leq 5$），其中$\overline{b_j}=\dfrac{1}{5}\sum\limits_{i=1}^{5}b_{ij}$，$S_j=\sqrt{\dfrac{1}{5-1}\sum\limits_{i=1}^{5}(b_{ij}-\overline{b_j})^2}$。标准化的数据矩阵记为$Y=(y_{ij})_{5\times 5}$。

通过运用夹角余弦法，可以求得

$$r_{ij}=\dfrac{\left|\sum\limits_{k=1}^{5}y_{ik}y_{jk}\right|}{\sqrt{\left(\sum\limits_{k=1}^{5}y_{ik}^2\right)\left(\sum\limits_{k=1}^{5}y_{jk}^2\right)}}$$

则单层次综合评价向量$X_1=w_1^1 \circ R_1 = (x_1^i, x_2^i, \cdots, x_n^i)$，（$1 \leq i \leq k$，$k=5$），式中"$\circ$"称为模糊变换的合成算子。以主因素决定型算子$M(\wedge, \vee)$型法进行合成算子"$\circ$"的求解。

$X_1 = \bigvee_{i=1}^{5} [b_i \wedge r_{iy}] = \max \{\min(b_1, r_{1j}), \min(b_2, r_{2j}), \cdots, \min(b_5, r_{5j})\}$，（$1 \leq j \leq 5$）

其他a_i的求法与a_1相同。

下面进行分目标层对总目标层的综合评判。由层次分析法知各子集a_i的权重向量为$W=(w_1, w_2, w_3, w_4, w_5)$，则分目标层的综合评判矩阵为：

$$R = \begin{pmatrix} R_1 \\ R_2 \\ R_3 \\ R_4 \\ R_5 \end{pmatrix} = (x_{ij})\,5*n$$

因此，分目标层的综合评价向量为：$X = A \circ R = (x_1, x_2, \cdots, x_n)$

该评判结果可以进行单值化处理，根据实际情况，赋予不同等级评语v_j以规定分值β_j，待评系统的综合评分值为：

$$\beta = \sum_{j=1}^{5} x_{ij}^k \beta_j / \sum_{k=1}^{n} x_j^k$$

一般可以取$k=1$，2。

以上两种方法都可以确定企业家的经营能力值。通过评价向量，可以得知企业家所必须具备的五大能力实际值与标准能力值之间的接近程度；通过综合评分值，可以得知企业家综合经营能力实际值与标准经营能力指数之间的切合程度。其中评语集可以根据专家意见法求出。

（原载：《科技进步与对策》，2004年第7期；合作者：徐慧琴）

实践回应中的领导者价值观研究百年演变

在《科学管理原理》一书中，泰勒（2007）已经开始尝试总结领导活动某些方面的规律。百年后的今天，管理学者普遍认为，领导者是指那些处于领导职位并被期望履行领导职能的人。领导者价值观，即领导者所持有的个人价值观是一个恒久的管理学话题。孔子曾提出"为政以德，譬如北辰，居其所而众星共之"。巴纳德（2009）在论及领导者应具备的"责任感"时指出："他知道什么是他应该做的，而且他的是非感是正确的。"这明确体现了巴纳德对领导者价值导向和价值判断的认识。按照Schwartz（1994）价值观理论：价值观是令人向往的某些状态、对象、目标或行为，它超越具体情景而存在，可作为在一系列行为方式中进行判断和选择的标准。事实上，正如Helfetz（1994）指出的：领导理论总是要涉及价值观和有关合适影响形式的隐含假设。

价值观研究在心理学领域的发展大致如下：20世纪30年代，Allport等（1960）在Sparanger对人的六种分类的基础上进行了开创性的价值观研究。50年代，Kluckhohn（1951）定义价值观是一种外显的或内隐的，有关什么是"值得的"看法，它是个人或群体的特征，它影响人们对行为方式、手段和目的的选择。70年代，Pokeach（1973）指出，价值观是持久的信念，该信念认为一种具体的行为方式或存在的终极状态，对个人或社会而言，比与之相反的行为方式或存在的终极状态更可取。80年代以来，从需要和动机出发，以Schwartz为代表的学者致力于构建具有普遍文化适应性，并能清晰阐述价值观内容和结构的价值观理论。这些具有重要价值的研究成果有力地支持了管理学中领导者价值观的研究。

本文主要从实践认知的视角对领导者价值观百年来的主要研究成果进行回顾及梳理，以展现一幅领导者价值观研究如何回应实践的需要，以不断深入的研究来指导实践的图景，并为我国企业领导者价值观研究提供一定的理论指导。

一、领导理论演进脉络中的领导者价值观

领导理论发展的主体脉络无外乎领导特质理论—行为理论—权变理论，直到由20世纪80年代中期至今的以魅力型领导和变革领导等为代表的所谓"新"领导理论。顺着这条主线来考察领导者价值观研究，可以发现，传统领导理论包括特质理论、行为理论以及权变理论，相对而言，较为忽视领导者如何以诉诸理想价值观的方式，帮助下属阐述事件的意义，促使下属在纷繁的现实环境中适应和改变。而诚如尤克尔（2010）指出的那样，现代组织中变革型和愿景型领导的核心特征正是领导者诉诸追随者价值和感情的过程。在某种意义上可以认为，正是对包括领导者在内的组织个体的价值观，这一人类深层心理建构的重要认识，区别了所谓"传统"的与"新"的领导理论。

（一）传统领导理论中的领导者价值观

管理学者对价值观与领导有效性的系统研究始于20世纪60年代。在这一时期，企业规模扩大、工人运动发展，工人的组织程度和文化水平日益提高，人的因素在领导理论研究中愈发地重要。于是，随着领导问题逐渐转向研究领导行为本身，也随着心理学领域的发展，价值观与有效领导的关系成为一个全新的研究领域。基于对经理们管理决策过程的观察，Bernthal（1962）开始尝试性地探索从价值观视角来探讨管理者的商业决策问题，并提出一个基于价值观分层的管理决策模型。在实证研究领域，Guth等（1965）的开拓性研究运用Allport等开发的价值观研究量表，将653名经理人员的价值观分为经济的、理论的、审美的、社会的、政治的和宗教等六类，同样证实了经理的个人价值观对企业战略决策具有深切的影响。稍晚于Guth等的研究，Ghis Elli（1968）对领导特质理论的研究成果也表明，经理的个人价值观与若干管理效率指标之间确实存在着稳定的相关性。如Guth所言，这些早期的研究提示领导者在管理实践中，一方面要避免对自身价值观的漠视和误判他人的价值观；另一方面，对价值观的逐步重视和理解有利于制定出易于开展工作并获得广泛支持的政策。

以这些研究为基础，England（1967）对美国经理们的大规模调查研究拓展了领导者价值观的研究范畴。首先，不局限于决策这一管理职能，England明确指

出了价值观会影响到管理人员的以下几个方面：对所面临的形势、个人和组织的成功、道德行为的看法；解决问题的方法；人际关系；接受或抵制组织目标和组织压力的程度；管理绩效等。其次，England区分了"关键价值观"和"意愿及采纳价值观"，并基于这一认识提出了一个综合性的领导者价值观对行为影响的模型。England同时在管理实践层面提醒领导者：组织中个体之间的冲突和协调可能来自于价值观模式的区别与相似程度，领导者价值观与现实中的实际管理条件约束之间会存在"朝向一致性的张力"。England所划分的美国经理们的价值观系统，从较长的时间来考察相对比较稳定。

概而言之，早期的领导者价值观研究较为认同价值观是一种内在化的态度，与需要、动机等一样，属于领导特质的一种，更多地倾向于从领导者品质与领导行为关系的静态角度来研究不同类型的领导者价值观对具体管理职能的影响，这种研究既与管理实践所处的时代背景密切联系，又受到当时管理学发展水平的制约。

当领导理论进入动态研究，即权变领导理论出现以后，领导者价值观研究的重要程度似乎被管理学者有所忽视。观察LPC理论、路径—目标理论、领导替代理论、多元联结模型、认知资源理论等等权变理论，较少发现在权变理论指导下对领导者价值观研究的重大成果。不过，值得一提的是Pice（1981）对LPC分值的总结性研究表明，相关数据更支持"价值观—态度"的解释，而非动机等级的解释。换言之，重视任务成功或人际关系成功的价值导向可以更好地解释领导者LPC分值的高低。

（二）"新"领导理论中的领导者价值观

20世纪七八十年代，由于实践应用中的困难，传统领导理论受到了越来越多的批判，领导理论逐渐开始重视领导者如何影响追随者，开始强化对包括价值观在内的领导的情感和象征的研究力度。由管理实践的发展总结和提炼出的一些理论和观点也对此起到了一定的促进作用，特别是企业文化建设的兴起使得学者们意识到一个组织的领导者需要以价值观为核心向组织中灌输期望的目标和意识，以彼得斯等（2009）为代表的"来自企业，用于企业"的经验研究强调企业管理需要领导者在公司事务中坚定地融入价值观。

另一方面，心理学领域的价值观研究日臻完善，管理学中的价值观研究的基本框架逐渐显现，组织中的个体，即管理者和雇员的价值观研究也愈发成熟。

在这样的管理实践和理论背景下，在区分交易型领导和变革型领导的基础上,"新"领导理论越来越凸显领导者价值观在管理实践和理论中的重要地位。如House等(1993)就认为,具有超凡魅力的领导者能通过建立自己的价值观与追随者的价值观的链接来激励和启发追随者。Luthans等(2003)的研究表明,诚信的领导是被明确的有意识的,能使他们保持高水平的道德正直感的价值观所引导的。正如Burns(2003)指出的,领导者信奉价值观,价值观掌控领导者。

目前,"新"领导理论中的领导者价值观研究主要是基于已被多国大量实证数据所证实的Schwartz等(2004)的价值观理论,尤其是集中在自我超越与自我提高两个价值观维度的探讨上。在理论上,根据Schwartz价值观模型,Michie等(2005)认为,领导者对某些类型价值观的追求可能与另一些类型价值观的追求冲突或不相容,那么,从价值观的角度考察一个领导者,或者他是一个以增加自我利益(甚至可以以利益关涉者付出大量成本为代价)为主要动机的领导者,或者他是一个以增加他人(无论关系密切或疏远)福利为主要动机的领导者。而后者的价值观可能会使之表现出更多的可以观察到的诚信或社会化领导风格。从实证研究的角度,Sosik和Fu等(2010)的研究将自我超越价值观和自我提高价值观处理为两个独立的维度。这意味着,一个领导者高水平的自我超越价值观并不必然伴随以低水平的自我提高价值观,反之亦然。每一个领导者都具有自我超越价值观和自我提高价值观,区别在于对两种价值观的排序或等级的不同。将这两种价值观作为相互独立的维度来处理使得研究者有可能检查追随者对领导者不同价值导向组合的反应。

领导领域的学者们对Schwartz价值观理论的以上认识,使其在各种"新"领导理论中领导者价值观研究方面正逐渐占据相关心理学基础的主导地位,见表1。尽管不同的"新"领导理论回应的是组织中某一个独特的领导现象,但就领导者价值观研究而言,大多数学者还是以自己的研究成果来肯定领导者在管理实践所表现出的包含"慈善""普遍性"的两种价值观动机类型的自我提高价值观维度对领导有效性的积极影响。

表1 基于Schwartz价值观理论的"新"领导理论中领导者价值观研究

领导类型	作者	主要内容
变革型领导	Fu等	CEO的自我超越价值观强化了CEO的变革型领导行为对追随者情感承诺的影响效应;CEO的自我提高价值观弱化了这种效应
	Egri等	北美环境部门的领导者比起其他部门的更加具有自我超越、对变化的开放性和生态中心性的价值观特征;营利性和非营利性的环境部门组织的领导者都展现出变革型和交易型领导行为
魅力型领导	Sosik	传统的、集体主义工作、自我超越、自我提高价值观与魅力领导风格有正向的相关关系;管理绩效对领导各价值观、魅力领导风格和追随者的行为后果之间关系具有调节作用
诚信领导	Michie等	自我超越价值观和积极的他人导向型的情绪是诚信领导行为的重要决定因素
利他性领导	Sosik等	管理者的集体主义的自我概念部分地调节了自我超越和自我提高价值观强度与利他行为之间的关系
破坏性领导	Illies等	具有自我提高价值观的领导比具有自我超越价值观的领导在问题建构过程中更具有破坏性

(三)道德领导和跨文化领导中的领导者价值观

20世纪90年代以来,随着公众对商业领导和政治领导信任的下降,特别是微观层面的安然事件等、宏观经济中的几次金融危机等,全球性的领导力信心危机持续发酵。在这种情况下,道德领导等理论逐渐成为组织领导学研究的另一个重要领域。道德领导呼吁理想和道德价值,强调个人价值观与行为的一致性,要求领导者应避免个人权力价值导向造成的破坏性的个人导向行为等。如Kapakas(2010)在土耳其的实证研究表明,经理人是追求不受控制的贪婪还是追求精神领导力,取决于经理人定义的价值观系统的"价值罗盘"指引。Fu等(2010)的实证研究同样说明,CEO是追求个人的野心还是追求利益相关者的福利,取决于其价值系统中自我超越价值观的强度水平。从实践意义上来讲,领导者价值观是解释和解决2008年金融危机所带来的又一次全球性领导力信任危机的关键因素之一。

同样是20世纪90年代以后,企业发展和组织管理日益增加的全球化趋势使得不同文化中的有效领导研究愈发重要,管理学者对跨文化领导的研究兴趣也随之增加,并出现了一些关于领导者价值观的跨文化研究。如Ralston等(1993)比较了美国、中国香港和中国内地管理者的价值观,GLOBE项目对正直等与价值导向相关的领导者特质研究,Egri等(2004)对美国和中国管理者价值观变迁的研究等。这些研究从不同的角度揭示了文化背景、时代特点、商业环境等因素对领导者价值观的共性和差异的影响，同时指出了管理者如何理解这些共性和差异是全球化时代履行好跨文化领导工作的关键之一。

二、概念化层次视角下的领导者价值观

从领导定义划分的另一角度，即概念化层次中的领导的视角来考察领导者价值观，在二元、团队和组织中的领导有效性研究中，领导者价值观研究同样反映了管理的现实，并随着管理实践的发展而不断演进。

二元领导理论的主要代表LMX理论源自20世纪70年代学者们对领导和不同部属之间的角色塑造过程的观察。历经学术研究和实践检验，学者们普遍认识到领导—部属关系的成功水平依赖于双方对工作价值观的共享程度，领导者与部属的价值观匹配是研究LMX交互关系的重要内容之一。Kemelgor（1982）的研究就表明，领导—部属之间的价值观链接是发展LMX关系的关键因素之一。在这种"个人—个人"契合模式中，组织中的下属与其直接领导价值观的共享机制是非常重要的。Markham等（2010）的实证研究也显示领导和部属的价值观匹配对LMX—绩效关系具有很强的调节作用。以价值观理论来解释"圈内部属"和"圈外部属"，既为二元领导理论拓宽了研究视野，又为管理者建立高LMX关系指明了实际可行的路径。

领导也可以定义为团队过程，在回答现实中管理团队必须面对的两个关键问题：任务团队中领导角色的性质和领导者对团队效能的贡献时，就自我管理团队的分享领导模式，Barke（1993）指出，在控制员工行为方面，组织成员发展出的一套以价值观为基础的道德规范可能更为完善和有效。

在高管团队的研究中，Hage等（1973）较早注意到组织中的领导者和精英成员价值观对项目创新的影响效应，认为领导者或精英成员的价值观对创新的影响远高于组织结构等管理要素，并提醒管理者：组织中的创新可能更多地取决于人的因素而非制度因素。20世纪80年代以后，随着企业竞争更加激烈，企业规模更加扩大，高管团队越来越引起领导、学者的重视，在各种研究结论中，Habric等（1984）提出的高层梯队理论具有较大的影响，这一理论沿着Guth等的研究思路，从领导团队的角度指出，要重视企业高层管理团队成员的价值观等个人特征对与组织绩效密切相关的战略选择等的影响，因为不同专业背景的高管通常具有不同的价值观和态度，这些会影响他们对环境的理解、对战略的选择和创造性问

题解决方案的能力。近期的一个例证来自计算机产业,Chatterjee等(2007)的实证研究表明,计算机产业CEO的自恋倾向与动态宏大的战略选择之间存在正向关系,而自恋特质正反映了个体自我膨胀的价值导向。

　　组织层次的领导是一个发生在开放系统中的过程。基于对DEC等公司的文化范式等实际状况的大量观察,沙因(2010)从组织文化的角度指出,领导力和组织文化是同一枚硬币的正反两面。领导者通过把自己的价值观强加于创业团队,由团队共享经验而创建组织文化,通过强化其价值观的一些机制来根植和传播组织文化,通过改变"信奉的价值观"来进行文化变革。概而言之,组织创始人或其他高层经理的价值观和信念,对组织内部随着时间推移发展起来的价值系统和组织文化具有实质性的影响。更细化一些的研究,在组织氛围的视野中,Schneider等(1995)提出,组织领导者的价值观和个性特征等对组织氛围有直接的影响,甚至是决定性的作用。Dickson等(2001)建立在Schwartz等价值观概念基础上的研究认为,与道德相关的组织氛围是组织创始人和其他早期领导者的价值观和动机的自然结果。Lord等(2001)建立的领导力、价值观和下属自我概念之间关系的理论框架提出,领导者价值观对组织中下属自我概念的形成过程具有一定的激活作用。

　　这些来自实践观察、强调领导者价值观对组织层面变量影响的理论得到了一些实证研究结果的支持。沙因和Schneider等都强调领导—部属匹配关系中员工和高层领导的个人价值观的一致性,Giberson等(2005)利用Hogan等开发的个人价值观量表采集并研究了32个组织CEO及雇员们的数据后认为,组织内部不同个体之间的价值观确实存在着同质性的倾向。还有研究发现了创始人的价值观(集体主义和新奇性)对公司创业阶段绩效的不同影响。

　　组织层次的领导者价值观研究提示每一位企业高层领导:领导者的管理风格和激励方式是领导者价值观的表露,领导者会有意识或无意识地利用其职权或权力摒弃和压抑其厌恶的价值观,直至企业理念最大程度地与其个人价值观相一致。

　　上述概念化层次视角中的领导者价值观研究分别从二元、团队和组织领导的角度揭示了领导者价值观与各个层面变量之间的关系,相关研究成果从三个不同层面证明了领导者价值观研究的现实和理论意义。

三、我国的领导者价值观研究现状

我国管理学界关于领导者价值观这一重要问题的研究起步较晚,但也有部分学者立足于我国企业的实践和中国文化特色,从若干角度做出了贡献。

21世纪初期,在"新"领导理论回应管理实践中的领导者价值观问题的大趋势下,中国管理学者逐渐开始关注我国企业中的领导者价值观状况。吴维库等(2003)检验了以价值观为本的领导理论在中国企业中的应用,结果表明在中国管理环境中,具有独特成长历程并受到中国传统文化影响的中国企业领导者与下属在拥有共同价值观的基础上,将形成一种新型的领导关系。同样基于以价值观为本的领导理论,吴维库等(2002)还建立了一个组织的价值观同领导者价值观相互影响的模型——价值观妥协模型,通过考察具有海归背景的职业经理人在国内企业担任高层领导的案例,解释了一个组织在引进新的管理者的时候,组织价值观和领导者价值观相互适应和发生变化的过程。

近似于跨文化领导研究,Redfern等(2005)的一项研究考证了中国不同地区的经理个人价值观,辨别出反映儒家学说的5个因子,并部分证实了在中国的不同地区,工业化和现代化水平越高,经理们的价值观就越接近于西方市场经济为动力的价值观。

国内研究尚较少论述其他一些"新"领导理论如变革型领导、诚信领导等的领导者价值观,而另有一些学者从概念化层次的视角讨论了中国企业实践中的领导者价值观,并指出了相关研究对指导我国企业管理的实践价值。

在领导过程的二元关系层面,在包括外资、民营等多种类型的组织实体中,以Schwartz价值观理论为基础,韩平等(2010)发现领导者的价值观与下属的信任之间有明显的相关关系,并提出企业应加强对选拔和培训领导者过程中价值观的重视力度。

在高管团队研究中,基于高层梯队理论,刘军等(2007)考察了我国电信企业高层管理团队成员间价值观念互动对冲突和冲突管理的影响,建议高管团队成员必须在关键的价值取向上取得一致。成瑾等(2010)认为,要达到良好的高管团队社会集成效果,团队领袖和团队成员的价值观起着非常重要的作用,团队合作精神、团队责任感、领袖对才能的尊重等优秀价值观能够正确指导成员行为,减少成员间的冲突。

在组织层面,刘军等(2006)的另一项研究识别并比较了我国企业中领导者灌输个人价值观时常见的强制式和其他两种模式——制度驱动式和激励式对下属认同的影响，并提示领导者，采用强制的方法灌输个人价值观，会导致下属"内化"程度的显著降低；制度驱动式和激励式的价值观灌输方式能导致下属的"认可"和"内化"。刘显法等（2007）验证了领导者价值观通过企业节能行为影响企业节能绩效的作用机制，指出企业领导者持有集体主义导向和经济责任导向价值观有利于企业节能绩效的提高。

客观来看，在强调东方文化中"道德"的力量和企业所有制多样性的基础上，面对国内企业的管理现状，我国目前的领导者价值观研究取得了一定的成果，这表明中国管理学者对领导者价值观与有效领导间关系所具有的本土视野和实践视角。在中国企业越来越强调建立健全现代企业制度和治理结构的发展趋势下，值得强调的是，领导者价值观的驱动和制度驱动显然都是取得良好企业绩效的必要管理手段。

四、结论与展望

纵观领导者价值观研究百年来的演变，基于科学管理、行政管理和组织行为管理的实践发展，在心理学对价值观研究逐渐取得普遍共识的基础上，大致沿着巴纳德、Guth等、England、沙因、Burns和House等管理学者的理论贡献展开，并呈不断升华的趋势。这条路径的延展反映了管理学者基于对人的认识这一管理实践中的重大问题的思考，一直试图从领导者关于"对"与"错"的一系列基本信念的角度来探索有效领导的基本思路。严格来说，领导者价值观的研究属于领导特质研究的一种，但百年来领导者价值观的研究成果展现给我们的是：这种研究从传统到现代，从静态到动态，从个体到组织，在不断汲取其他学科最新研究成果的基础上，始终对管理实践中出现的新的现象给予了充分的回应，始终坚持反映现实中的领导。因此，正是管理实践的发展推动并检验了领导者价值观研究的百年演进，这也是Meglion等（1998）呼吁应展开更多的组织中价值观实证研究的原因所在。

从指导实践的意义上来看，价值观不同于信念、态度和动机，其对领导者、领导行为、领导有效性的影响更加深刻和持续。正如柯林斯等（2010）指出的，作为领导者要对明确而崇高的价值观有深刻的认识。首先，无论中国传统文化中对领导者"立德"的首要标准要求，还是Schwartz价值观理论中自我超越价值观强度较高的领导者所表现出来的较强的领导有效性，其实都说明了一个浅显的领导原则：首先，具有明确而崇高的价值观的领导者，能够赢得下属的信任和认可，能够长期激励下属，能够获得真正的对下属的影响力，能够成为真正意义上的"企业文化的旗手"。其次，通过制定决策等管理职能的实现，通过与下属的价值观匹配，通过向组织中注入自己的价值观，领导者可以实现从"修身"向"齐家"的过渡。毕竟，领导过程不是发生在真空中的，领导者作为组织中权力或职权中心，无论其是否有意识地审视过自己的价值观，它都会体现在领导者处理与人、与事、与时间的关系中。最后，当我们观察苹果、华为、阿里巴巴这些行业巨头的时候，当我们聚焦于这些企业的核心价值观的时候，没有人能够忽视这些企业领导者的价值观对企业的创建、发展、扩张所发挥的巨大作用。正如沙因（2010）所言，企业核心价值观是对企业领导者价值观的反映或继承，而组织愿景又同组织核心价值观密不可分。由此，乔布斯、任正非、马云等领导者才实现企业家"治国"、企业"平天下"的宏伟目标。

展望未来，领导者价值观可能会在以下几个方面继续开展进一步研究并以相应成果来指导实践。

（一）概念界定

由上述可知，领导者价值观是一个涉及多种学科和多种理论，相对较为宽泛的概念，不同的研究角度有不同的定义方式和具体含义。事实上，这和领导及价值观两个重要概念本身的定义争议性具有很大关系。由于管理环境的变化、时代的变迁、文化背景的差异，目前还没有对领导者价值观进行系统全面的界定并为管理学者普遍接受的定义，未来的研究可以在这一方面进行探讨分析。

（二）价值观测量

尽管Schwartz价值观理论的内容、维度及测量方法得到不少领导学者的认同，但如何根据研究的需要采用恰当的理论及测量方法已成为制约领导者价值观相关研究科学性的重要因素，领导者价值观测量的理论基础、具体方法以及实施效度等方面的内容应该是值得探索的另一个方面。尤其对中国管理学者而言，可以尝试采用我国社会心理领域价值观的本土研究成果中的一些测量手段，如金盛华等（2009）提出的"好人定位"模型等，针对中国企业领导者的特点进行探索性的研究。

（三）交互作用

要重视领导者个人价值观与其他层次和类型的价值观的交互作用。领导者价值观是个体社会化过程的结果，其对领导行为及领导有效性的影响要受到特定工作情境和社会文化因素的影响。鉴于此，在领导者价值观影响组织行为结果和管理绩效的一般框架中，工作价值观、社会价值观和文化价值观与其他的交互作用还需要进一步检验；学者们后续的研究还应更多地考虑Parsons（1980）提出的一般行动理论和Hofstede（1980）的文化价值观等理论，以更好地解释领导者价值观的有关问题。

（四）中介和调节变量研究

包括领导者在内，组织中个体的个人价值观与其态度、行为等输出结果的关系会因组织情境、中介变量或调节变量的不同而发生变化，如Thomas等（2001）所考察的美国军队评估中心情境中，个性等变量会对领导者价值观与领导有效性之间的关系起到调节作用。由此，后续的研究在考察领导者价值观与领导行为和领导有效性之间的关系时，对情境因素和中介变量、调节变量的作用机制应予以探讨，以使相关研究成果更加贴近管理现实。

（五）负向领导领域

已有的领导者价值观研究主要集中于变革型领导等正向领导理论。领导实践的发展已使得越来越多的学者开始重视破坏型领导等负向领导行为的原理和机制，但领导者价值观研究尚缺乏以较为成熟的价值观理论为支撑的对负向领导的深入讨论。以后的研究可以尝试探讨领导者价值观在辱虐管理等典型负向领导行为中的作用机制等问题，进一步拓宽领导者价值观研究的范围。

总之，在领导实践和价值观理论继续深入发展的基础上，未来的研究如果着眼于建立系统全面的领导者价值观中层理论，各种概念和变量的界定，命题和假设的提出，机制和原理的阐述，边界条件的限定等等，依然有大量的研究工作需要管理学者去努力。可以预见的是，在领导者价值观研究百年演变而来的深厚基础上，通过深化、繁衍、竞争或整合的理论建构方法来创新领导者价值观理论，一定能够更好地回应和指导管理实践。

（原载：《管理学报》，2012年第6期；合作者：文晓立）

国企高管激励与约束机制研究
——基于动力之源的视角

一、研究背景

在国有企业改革方面，党的十八届三中全会做出组建若干国有资本运营公司和国有资本投资项目允许非国有资本参股的决定。这次全会之后，国企改革进入新的发展阶段，从早期放权让利、经济责任制和承包租赁制到所有权改革，再到当前提出的国有资本运营阶段。国企改革从1978年到2014年历经36年依然没有完成，在这36年的改革历程中，政府不断出台各种政策，从扩大自主权、利润留成、承包制、利改税，再到转机改制、实行以股份制或公司制为基本形式的现代企业制度、国企上市、下岗分流、利税分流、年薪制、期权制、独立董事制、建立国有资产监督管理委员会（以下简称"国资委"）、国有资产经营公司，等等。学术界也从未停止过对国企改革的研究，从高管激励到员工持股，从管理层收购到委托代理理论，从股权激励到公司治理，从薪酬管制到企业家精神，等等。这些政策和研究都离不开对企业所有权和经营权的分析，都离不开以提高企业活力和企业效益为目标的激励与约束机制问题。

近四十年来，国有企业取得了一定的成果，在税收、解决就业和提高综合国力等方面做出了很大的贡献，但横向比较，在一些竞争性的行业中，国有企业的活力和效益仍不高，例如，家电、日用品、建材和房地产等，民营企业取得了更大的贡献和进步。只有一些垄断的行业，国有企业利用政策红利保持了竞争优势，例如，电力、石油、通信和银行等。党的十八届三中全会通过的《中共中央关于全面深化改革若干重大问题的决定》强调必须毫不动摇巩固和发展公有制经济，坚持公有制主体地位，发挥国有经济主导作用。从中央的决定看，企业所有权的改革或者民进国退的道路是不支持的，这就要求国有企业必须立足于"国家所有"的前提下进行激励与约束机制的设计。

2014年8月18日，中共中央总书记、国家主席、中央军委主席、中央全面深化改革领导小组组长习近平在中央全面深化改革领导小组第四次会议上指出，党的十八届三中全会重要改革举措实施规划（2014—2020年），对未来7年的改革实施工作作出整体安排，突出了每项改革举措的改革路径、成果形式、时间进度，是指导今后一个时期改革的总施工图和总台账。中央有关部门要认真组织好规划的实施工作，统筹衔接关联改革，合理安排改革进度，实化细化改革成果，处理好改革与相关法律立改废的关系。改革开放以来，中央管理企业负责人薪酬制度改革取得积极成效，对促进企业改革发展发挥了重要作用，同时也存在薪酬结构不尽合理、薪酬监管体制不够健全等问题。要从我国社会主义初级阶段基本国情出发，适应国有资产管理体制和国有企业改革进程，逐步规范国有企业收入分配秩序，实现薪酬水平适当、结构合理、管理规范、监督有效，对不合理的偏高、过高收入进行调整。中央企业负责同志肩负着搞好国有企业、壮大国有经济的使命，要强化担当意识、责任意识、奉献意识，正确对待、积极支持这项改革。会议审议了《中央管理企业主要负责人薪酬制度改革方案》《关于合理确定并严格规范中央企业负责人履职待遇、业务支出的意见》。

自2013年12月17日上海打响国资国企改革"第一枪"之后，截至2014年9月19日，已有上海、广东、北京、江苏等17个省市发布了地方国资国企改革意见，呈现"遍地开花"态势。在已经公布意见的17个省份中，有七省市明确了混合所有制改革的具体时间和指标。例如，重庆提出三至五年三分之二国企将发展成混合所有制，甘肃提出到2020年国有经济中混合所有制比重达到60%左右，江西提出5年内混合所有制经济要占国资的70%。广东则要求，到2017年，混合所有制户数比重超过70%。广东省方案提出，到2020年，省属国有企业资产证券化率由现在的20%上升到60%，主营业务完全实现整体上市。

由此可见，当前国企改革的大潮不可逆转，在国有企业的体制不变的前提下如何研究激励问题，有几个值得深入的问题：①努力工作一定产生组织绩效吗？是否受市场环境、内部机制、上级管制等问题的影响？②组织绩效高，个人就有回报吗？反之，组织绩效低，就受到惩罚吗？③激励存在就一定努力工作吗？不激励就不努力工作吗？存在内在的动力之源吗？针对上面的问题，研究激励与约束机制时，不仅要考虑激励本身的问题，还要研究努力工作的动力因素。只有找到真正的动力之源,才能有效设计激励与约束机制,才能提高国有企业的活力和效益,研究动力之源正是本文的研究目的。

二、文献综述

有关激励与约束机制的研究文献很多,主要集中在对高管激励方式的研究和激励对绩效作用的研究两个方面。直接研究激励与约束动力机制的文献很少,主要集中在委托代理关系的分析和国有企业高层管理人员(以下简称"国企高管")的选拔上。相关动力机制的研究文献比较单一,缺少系统分析,根本没有从动力的角度进行研究。在研究激励与约束机制的文献中,大多数学者进行实证研究。杨惠馨、王胡峰(2006)提出在设计国企高管年度报酬时,可以适当降低基本工资的比重,提高年度奖金的数额从而加大高管年度报酬与企业短期绩效的相关性。黎文靖、胡玉明(2012)研究发现国企内部薪酬差距与企业业绩正相关,且与企业日常经营业绩正相关。在国内,其他一些学者同样证明了管理者薪酬与企业业绩正相关。不仅国内研究如此,在国外,有些学者通过对国外企业的研究也得出相同的结论。Joseph(1994)表明对CEO的恰当激励能大大提高公司的业绩。Kaplan(1994)也发现美国和日本CEO财富水平都和公司绩效正相关。Mehran(1995)得出企业业绩与经理持有股票期权的比例和经理其他形式的报酬的比例均呈正相关关系。

与以上相反,李增泉(2000)发现上市公司董事长和总经理的年度报酬与企业绩效不相关。魏刚和杨乃鸽(2000)发现上市公司高管的年度报酬水平和持股数量与公司绩效不存在显著正相关关系。在国内,其他一些研究者也同样证明激励与绩效不相关。在国外,有些学者通过对国外企业的研究也得出了相同结论。Taussings和Baker在1925年最早开始了管理者激励与绩效的研究,发现经理报酬与企业业绩之间的相关性很小。Jensen和Murphy(1990)得出管理者报酬发挥激励作用甚微的结论。Main(1991)对英国的研究,也认为总薪酬的变动与股东财富变化存在弱相关。

通过分析,以上研究出现了相反的结论。这些实证研究,利用计量统计的方法来研究相关关系,利用问卷调查或网站上公开的上市公司数据,无论问卷调查还是公开的公司数据,都难以保证客观公正,这里容易产生"数字谎言"的严重问题,出现统计陷阱。例如,研究者选择100家样本企业,恰好有90家业绩好的，就得出0.9的相关性；选择200家另外的样本企业，有30家企业绩效好的，就得出相关性为0.15的结论。这些结论虽然在一定程度上经过了统计意义上的信度和效度检验，但仅仅存在于理论层面和部分样本中，对现实的解释性比较差。另外，在这些激励机制的实证研究中，无法实现全样本研究，部分样本的选取只能按照方便取样的原则进行，不是严格意义上的样本，代表性比较差。因为这些问题的存在，导致了"数字谎言"的产生，所以不同的研究者会得出相互矛盾的结论。

出现相互矛盾结论的主要原因是激励与约束机制的设计主要基于以下的一种直线传递关系假设：在激励与约束机制下，高管努力工作，产生个人绩效，从而提高了组织绩效，后续得到一定的回报；反之，高管不努力工作，没有产生个人绩效，没有提高组织绩效，会受到一定的惩罚。但事实并非如此，正如引言所述，不仅考虑激励与约束机制的问题，还要研究激励与约束的动力机制，深入分析不同情境下高管努力工作的动因。

三、动力之源研究

国企高管在激励与约束机制下是否努力工作取决于激励本身是否合乎国企高管的诉求。为此，本文针对引言中提到的问题做如下三个假设。

假设1：由于受市场环境、内部机制、上级管制等问题的影响，国企高管努力工作也不一定产生好的组织绩效。

假设2：组织绩效高，国企高管个人不一定有回报；反之，组织绩效低，也不一定受惩罚。

假设3：国企高管在激励作用下不一定努力；只要存在内在动力，不用激励也会努力工作。

论证以上假定，需要研究国企高管努力工作的真正动力之源，才能设计有效的激励与约束机制，才能提高国有企业的活力和效益。通过理论和实践分析，国企高管存在四种动力之源，分别为同级竞争、业务驱动、企业家精神和上级监督，这四种动力之源组成的系统模型如图1所示，其中，企业家精神是国企高管内生的，而上级监督、同级竞争和业务驱动是外生的。

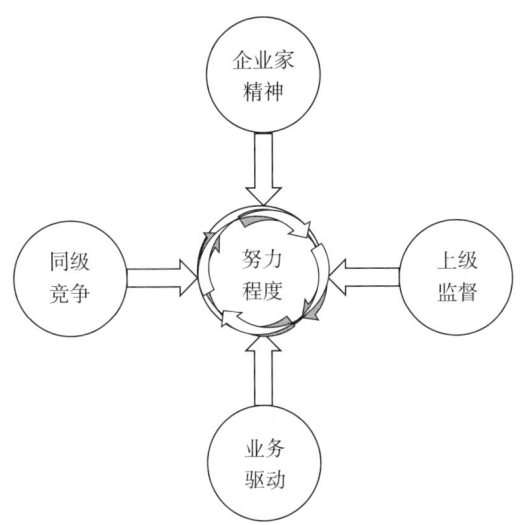

图1 动力之源系统分析模型

根据上面的3个假设和4种动力之源情况,下面对动力之源进行系统分析。

(一)同级竞争

在企业中,总是存在一些同级高管,他们为了获得更大的收益,必然存在一定的竞争关系。由于竞争的存在,高管们会努力做出业绩,从理论上讲,同级竞争将产生工作的动力,从而成为激励与约束机制动力之源,但在现实中,可能存在更复杂的情况。

1. 不合谋情形下的博弈模型

假定某一特定的企业内有两个实力相同的高管A与B,两个高管沿着相同的路径努力工作,通过评估后续取得的组织绩效,上级给予两个高管的回报可以折现为货币化收益(不包括隐形收益),即两个高管的个人收益。在上述假定下,存在如下支付矩阵表(见表1)。

当A与B都不努力时,由于取得的组织绩效相同,个人收益为(c, c),当某一高管努力而另一高管不努力时,高管努力的收益为n,高管不努力的收益为m。这时,当高管收益与绩效相关时,数量关系为:$n>c>m$;当高管收益与绩效无关时,n,c,m之间的关系无法确定。

表1 两个高管之间的博弈矩阵

		高管B	
		不努力	努力
高管A	不努力	(c, c)	(m, n)
	努力	(n, m)	(d, d)

另外,在职消费和权力帝国无法货币化到收益函数中,导致努力程度与个人收益之间存在较弱的关联性。当两者都努力并取得绩效相同时,双方收益为d。在不合谋的情况下,给定国企高管B不努力,则国企高管A的最优选择取决于n、c、d、m之间的关系;给定国企高管B努力,这时国企高管A的最优选择也取决于n、c、d、m之间的关系。因此,在不合谋的情况下,上述博弈不存在纳什均衡。

但上述情况的发生是建立在如下假设,即两个国企高管能各自独立地开展工作并取得业绩。事实上,国企高管很可能不会同时付出一样的努力。下面假定两个国企高管努力付出的时间和成本都不是完全一致的情况。

为了分析不合谋情况下努力工作的问题,假定国企高管不断地增加努力。用t表示不连续的时间段($t=0, 1, \cdots, T$),并假定存在一个从时间t到随机量P的映射$P(t)$,$P(t)$表示到t时刻所有的付出。给定现有的知识状态,用Fs表示国企高管B在国企高管A没有提高组织绩效的情况下分期获得的收益,用F_f表示国企高管B在国企高管A先提高了组织绩效的情况下分期获得的收益。当预期后的利率为r时,贴现系数为$1/(1+r)$,则获得收益的现值为$Fs/(1+r)$。现用$\mu(P(t), t)$表示国企高管A率先提高组织绩效的概率,本文假定两个国企高管面临的企业内部环境是一样的,并且工作努力与组织绩效存在很大的相关性。本文又假定,当国企高管B能从其他途径增加自己的努力程度来提高组织绩效,例如获得上级更大支持和利用更多人际关系等,则国企高管A先提高组织绩效的概率会随着国企高管B努力程度的增加而降低;反之,则国企高管A先提高组织绩效的概率就会升高。令$C(P(t))$表示国企高管B在提高组织绩效方面付出的努力成本,则国企高管B抢先提高组织绩效的期望收益的现值为:

$$P = (1-\mu(p(t), t))F_s/(1+r) + \mu(P(t), t) + \mu(P(t), t) + F_f/(1+r) - C(P(t)) \tag{1}$$

只要存在$F_s \leq F_f \leq C(P(t))$,$C(P(t)) \leq F_s \leq F_f$或$F_f \leq F_s \leq C(P(t))$情况,国企高管B显然会选择工作不努力,当且仅当$C(P(t)) \leq F_f \leq F_s$时,也

就是满足条件 $\mu(P(t),t) \leq (F_s-C(P(t)))(1+r)/(F_s-F_f)$ 时，国企高管B才努力，但因为 $F_f \leq F_s$，国企高管A就没有动力率先提高组织绩效。因此，给定 $F_f \geq C(P(t))(1+r)$ 时，国企高管A不努力，而国企高管B努力。反之，情况一样。两者不会出现纳什均衡，也就是说，无法设计一种支付矩阵激励两个国企高管真心努力工作。

2. 合谋情形下的静态博弈模型

仍然使用前文的假定，即某一特定国有企业内有两个实力相同的高管A与B。考虑上述的博弈矩阵，若 $d<c$，则国企高管完全有动力合谋，在合谋的情形下，两个国企高管可以长期偷懒，因为，从纯粹理论分析而言，这种战略选择比两个人同时努力时收益增加（$c-d$）。但合谋均衡可能是不稳定的，即当任意国企高管选择"努力"，而另一国企高管选择"不努力"，因为存在 $n>c$ 的情况，国企高管努力将赢得比合谋时不努力更多的利益，虽然这种情况的成立是有条件的，但还是有国企高管去努力。这时，在静态博弈的框架下，设某一国企高管选择不努力的概率为 p，选择努力的概率为（$1-p$），此时，另一国企高管选择不努力的期望收益为：$pc+(1-p)m$；反之，另一国企高管选择努力时的期望收益为：$pn+(1-p)d$。

令上述两个公式相等，求解可得出 $p=(d-m)/(c-n+d-m)$，即国企高管将以 $(d-m)/(c-n+d-m)$ 的概率选择不努力；以 $(c-n)/(c-n+d-m)$ 的概率选择努力。以上是静态博弈，在现实中，博弈一般是动态的，需要将模型动态化。

3. 合谋情形下的动态博弈模型

仍然考虑两个国企高管的情形，国企高管A与国企高管B进行无穷次阶段博弈，每一阶段的支付矩阵同上，博弈开始时，两个国企高管处于合谋状态（即都不努力），当任一国企高管努力，另一国企高管将进行如下触发战略，即一旦某一国企高管努力，在以后阶段另一国企高管选择努力。设利率为 r，则贴现系数为 $b=1/(1+r)$，选择努力的国企高管收益 R（触发战略|违反）为：

$$R=c+n\beta+d\beta^2+d\beta^3+\cdots=c+n\beta-d(1+\beta)+d/(1-\beta) \qquad (2)$$

考虑相反的情形：若该国企高管选择不努力（另一国企高管也选择不努力），其收益 R'（不违反|不违反）为：

$$R'=c+c\beta+c\beta^2+c\beta^3+\cdots=c/(1-\beta) \qquad (3)$$

当 R（触发战略|违反）$>R'$（不违反|不违反），即：$c+n\beta-d(1+\beta)+$

$d/(1-\beta) > c/(1-\beta)$ 时,解此不等式可得:当 $0<\beta<\frac{n-c}{n-d}$ 时,国企高管将选择努力。也就是说,在合谋情形下的重复博弈中,$\beta>\frac{n-c}{n-d}$ 时,(国企高管不努力,国企高管不努力)是纳什均衡;反之,当 $0<\beta<\frac{n-c}{n-d}$ 时,(国企高管努力,国企高管努力)是纳什均衡。国企高管努力将赢得比合谋时不努力更多的利益,所以也存在部分努力工作的国企高管。如同前面的分析,当高管收益与绩效相关时,数量关系为:$n>c>m$;当高管收益与绩效无关时,n、c、m 之间的关系无法确定。博弈分析的结果是,为了获取上级的认同,高管们在实力相当的同级之间会倾向于努力工作,明知工作努力不一定提高组织绩效或得到回报,但是,无论参与竞争的高管出于何种目的,对于他们的最优策略还是努力工作。但是,为什么没有出现大量高管们努力工作的情况?因为两个实力相当的高管同时存在是上述博弈分析的前提假设,但是,在现实环境中,总有一个高管的实力更强,或与上级的关系更密切,或资历更深。例如,在国资委对国有企业的任命中,董事长和总经理级别一样,但董事长占据了优势;在两个副总经理中,跟董事长关系密切的人占据了优势。在这种实力不对等的条件下,处于劣势地位的人即使非常努力也不一定得到相应的回报,占有优势的高管无需付出更大的努力也有很大的机会获得丰厚的收益(包括非货币化的权力收益),因此,努力工作的概率比博弈分析的结果大大降低。假如国有企业中出现两个势均力敌的高管,最大的风险在于站在各自分管工作的立场上争斗,出现伪责任和假努力,阻挡竞争对手取得好的业绩。例如,主营业务工作和行政后勤工作之间的竞争、党委书记和总经理之间的竞争、行政副总和业务副总之间的竞争,等等。这就导致个人努力与组织绩效之间的弱相关性,说明基于同级竞争的激励设计是无效的,同时也论证了假设1。

(二)业务驱动

建立健全以绩效考核为目标的公平、公正、有权威的考核评估体系,使考核目标确定。每个企业都有自己的业务,国资委设定的企业目标由国企高管分解到各部门,各高管基本上严格考核各部门,但没有人严格考核高管。利用国有资本经营,自行评价绩效,这种基于业务目标的激励对高管是无效的,只对中层有效。大多数国有企业没有完整的绩效考核体系,缺少高管层面的考核指标,基本上是上级直接考核下级,责权利不明确,下级有责无权,上级有权无责。责权利矩阵如表2所示，主体中的真正股东、股东代表和董事会成员针对国资委直属的大型集团企业，主体中的高管、中层和基层针对每个独立法人的企业实体，一个大的企业集团包括数十个甚至上百个企业实体。

表2 国有企业中相关干系人责权利矩阵表

主体	责	权	利	说明
真正股东	无责	无权	无利	所在各级政府管辖的全体公民。只有税收的微利，对企业传递到每个公民个体上的利益，可以忽略不计；对企业无权无责
股东代表	无责	有权	无利	国资委的公务员。企业做亏了，不会受到惩罚，企业盈利100亿元，也得不到分红；只有固定薪酬；权力很大，管资产、管人、管事
董事会成员	无责	有权	有利	董事会中的内部高管，一般为董事长、总经理、党委书记和监事会主席。无责，薪酬是固定的，几乎与盈亏无关；有利，工资收益远大于国资委的官员；权力大，可以建立自己的商业帝国，任用自己的人担任要职，进行利益输送，实现物质欲望和权力欲望
高管	微责	有权	有利	董事会成员之外的其他高管，一般为公司副总人员。不完全承担企业盈亏的责任，微责；对分管的工作权力很大；收益也很高
中层	有责	微权	有利	部门管理层。责任大，业务的直接承担者；但权力很小，小事有决策权；与民企对比，压力小，有一定的收益
基层	有责	无权	微利	基层人员。责任大，具体业务的操作者，完不成业务指标最先受惩罚；没有权力；收益一般，老员工的收益较高

此前，矿难事故、动车事故、火车事故、输油管道泄露、业务巨亏、竞争性行业内企业效益的下滑等国有企业面临的问题，都涉及责权利的问题。最基层的往往最了解情况，但又是最没有决策权的，只有逐级上报权，中间又经过层层的审核，层层不负责。如果由最底层直接上报决策层，责任谁来承担？事后如何保护和奖励上报人？毕竟触动了很多人的利益。当前国有企业的官僚体系下，责任向下推，一般不惩罚领导决策上的错误，出了问题，"大事化小，小事化了"。例如，2003年，重庆开县发生井喷导致243人罹难，总经理仅仅引咎辞职，两年后又复任副部长级高官。2010年，原油卸载管线爆炸导致的海面浮油对大连海岸沿线的渔业造成毁灭性打击。2013年，青岛因中石化输油管道泄露事件导致62人丧生。如此重大的事故，又将是由谁来承担责任呢？在组织绩效方面，如果企业

运气好，国资委选拔了有魄力、有胆识的高管，企业发展就快一点，但有时候往往牺牲了高管本身。企业发展了，企业家倒了，例如红塔集团的褚时健、健力宝的李经纬等高管们付出艰辛努力后把一个个微不足道的企业做成行业排头企业、为国家上缴巨额税收、为社区建设做出巨大贡献时，自己倒了；有些国有企业倒了，企业家没有倒，换个地方继续任职。例如，2009年到2011年，民营企业魏桥铝电毛利率分别为12.49%、38.02%和33.85%，而国有企业中国铝业铝制品的营业利润率分别为1.73%、6.46%和5.53%，在中铝巨亏的2012年，魏桥铝电母公司中国宏桥净利润为54.52亿元。宏观环境一样，为什么两个企业差距如此之大？国资委却不会因为中铝的亏损而惩罚相应的国企高管。国企高管往往会提出企业本身的问题，诉苦国有企业背负的包袱多，承担一些如过度就业和历史遗留问题的负担，以及职工福利、医疗、维稳等社会责任，但它们也长期获得政府多方面的政策补贴、支持以及在各种重要资源获取上的先机优势。而事实上，很多责任一定不是高管们背负，而是国家背负，目前，很多外资企业和民营企业在解决员工就业问题和纳税方面贡献也很大。有些国企高管讲得最多的就是伪责任，打着为企业负责的名义，制定一些有利于自己的制度。责权利体系和战略规划是绩效考核和激励机制的两个重要基础，但在国有企业责权利难以实现对等，有权无责的现象很普遍，战略规划因高管经常变动而无法落地，这就导致在目前这种治理结构下基于业务驱动的动力之源对高管进行激励设计是无效的，难以据此设计激励与约束机制。通过以上分析，也论证了假设2：组织绩效高，个人不一定有回报；反之，组织绩效低，不一定受惩罚。只有改变目前国有企业的治理结构，建立真正法人治理的现代企业制度，才能有效设计激励与约束机制，这也是发挥外在动力的有效途径。

（三）企业家精神

企业家精神是最有效的动力之源，也是目前国有企业最为缺失和珍贵的资源。具有企业家精神的高管具有强烈的成就动机，在强大的内驱动力下，必然为企业尽职尽责。尽管国资委成为国有资产的实际控制者，但在法律上并没有赋予国资委享有国有企业剩余收益的权利，导致国有企业实际剩余控制权与剩余索取权实际上分离，没有剩余索取权的政府官员无法通过自身的努力工作分享企业的剩余收益。国资委在选拔高管时，在既无动力，也无压力的情况下，只关心是否有能力做事的人，没有从根本上考虑选聘后的高管是否真心想干事和干成事，更没有动力关心选聘者是否具有企业家精神。根据马斯洛的需求层级理论，当一个人较低层次的需求获得基本满足后，他便会追求更高层次的需求。如果一个国企高管有贪图享乐或心胸狭隘的心态，是不会把发展企业作为自我实现理想的目标，必然对企业的长远发展只关心不行动，处处谨慎，事事为己，热心于建造自己的商业帝国，把国有企业变成自己的家族企业。

经过访谈和案例研究，国有企业中的大多数高管仅达到追求受人尊重层次的需求，还没有达到自我实现的层次，只要求下级服从上级，实现自己的物质欲望和权力欲望，没有高成就欲望。正如Conyon等提到，对经理人报偿制度的研究重点应落在企业家精神的激发机制设计上，一个能兼顾代理人利益与公司利益的制度是解决代理问题的途径。但就国有企业而言，激励机制对企业家精神无显著影响，保健机制则对企业家精神具有较为显著的"倒U型"作用。

具有企业家精神的国企高管至少有以下性格特征表现：①具有创新精神，在逆境中也尝试积极乐观的角度看问题。②有较广阔的视野，善于从长远的利益做决定。③眼界高，与时俱进。④有主见和魄力，但不霸道。⑤有民主作风和合作精神，尊重别人的意见，但不随从。总之，最重要的两个特征就是眼界高和胸怀宽。但很多高管仅仅追求物质和生理的需要，不去追求更高层面的精神享受。国企高管，特别是董事长、党委书记、总经理和部分副总们，从组织关系上就成了政府任命的官员，他们的任免完全由组织部和国资委决定，这就决定了国企高管是介于公务员与职业经理人之间的特殊群体，上可为官，下可为商。如果这些高管眼界低和胸怀窄，他们就不会安心为企业创造更多的收入和利润，专心追求政治上的仕途或企业内部的权力，对上搞关系，对下搞圈子。上级对这些国企高管绩效根本没有真正的考核机制，只要他们不出大事，服从上级安排，即便企业倒闭了还可以去别的企业当老总，或者去政府部门担任一定的职务，没有真正实现政企分开。例如，国有企业招聘当中，更多的是同学关系、朋友关系或亲戚关系等；晋升体系中，也偏重于熟人关系和裙带关系。在处理企业长远发展的问题上，处处规避风险，不求有功，但求无过，没有冒险精神，严重缺乏企业家精神。事实上，企业家的核心任务就是处理不确定性，这就需要他们面对不确定的市场时必须大胆决策，承担风险。这些问题都与眼界和心胸有关，企业家眼界高度决定其理想的高度和社会责任感的大小，其胸怀宽度决定企业的用人机制和企业文化。只有具备企业家精神的职业经理人做国企高管，才能有效推动企业的变革和发展。

2011年8月19日，中国国家副主席习近平在华盛顿出席中美企业家座谈会上，殷切寄语两国企业家："风物长宜放眼量。"企业家的眼界决定境界、作为决定地位。2005年6月27日，江苏省委书记李源潮强调，加紧引进和培养服务业人才，建设眼界宽、思路宽、胸襟宽的企业家队伍。可见，企业的发展需要具有自我成就感的人，无论国企还是民企都必须依靠高成就感的人管理企业才能使企业发展壮大。在非垄断的国有企业中，中国建材集团董事长宋志平、中粮集团董事长宁高宁、保利地产董事长李彬海和绿地集团董事长张玉良等国企高管能够把做企业做大做强，他们一定有王石、牛根生、任正非和张瑞敏等民营企业家的胸怀和眼界，他们都是具有企业家精神的高层管理者。具有了企业家精神，才能追求高成就感，即使没有好的激励，在同样的体制环境下，也一样努力工作。那些没有企业家精神的人，不管如何激励，也干不出好的业绩，即使把企业送给他，也一样干不出一流的企业，很多民营企业，能够做大做强的也不多，这说明激励机制本身不是最重要的，国企高管的企业家精神才是最重要的，即内在的动力最重要，同时也论证了假设3。

（四）上级监督

国资委作为国有资产的监管者，从设定的经营目标上对国有企业进行监督，并行使资产处置权和人事安排权。国资委与国企高管之间是委托代理的关系，在没有合谋的情况下，国企高管会产生一定的动力，但国资委是否有足够的动力去监管是另一个层面上的问题。

由于国资委和国企高管均属利益主体，因此，经济学中对经济人利己性的假设同样适用于国资委和国企高管。国资委与国企高管二者实际上是处于信息不对称的状态，这种不对称状态必然会影响激励机制设计的质量。国资委作为委托人，并不能及时准确地了解国企高管的行为，只能观察到国企高管有限的行动。由于国资委没有法定剩余索取权，其个人收益与股东收益不完全一致，又由于国资委所受到的制度约束是不完全的，国资委在设计委托代理合同和监管国企高管的行为时，有可能偏离股东利益。下面用一个博弈模型进行分析。

假设只有两个参与人：国资委和国企高管。假设监督成本为c，国企高管在不努力（导致组织绩效不佳）而且又不被查处的情况下可获得的超额收益为a，不努力被查处的罚款额为f，国企高管在努力情况下获得的正常收益为b。假设国资委的纯战略是选择检查或不检查，国企高管的纯战略是选择努力或不努力，则国资委和国企高管的博弈矩阵如表3所示。

表3 国资委和国企高管的博弈矩阵

		国企高管	
		不努力	努力
国资委	检查	(f-c, a-f)	(b-c, 0)
	不检查	(0, a)	(b, 0)

根据上述模型假设，不存在纯策略纳什均衡。下面求解其混合策略纳什均衡。假设国资委的混合策略为$1q=-(pp, 1)$，即国资委以p的概率选择检查，$(1-p)$的概率选择不检查。设定国企高管的混合策略为$2q=-(qq, 1)$，即国企高管以q的概率选择不努力，以$(1-q)$的概率选择努力。那么，国资委的期望效用函数为：

$$U_1(\theta_1, \theta_2) = p[(f-c)q+(b-c)-(1-q)]+(1-p)[0 \cdot q+b \cdot (1-q)] = p(fq-c)-bq+b \quad (4)$$

对上述效用函数关于p求导数，得到国资委最优化的一阶条件为：

$$\frac{\partial U_1}{\partial p} = (fq-c) = 0 \quad (5)$$

解得：$\dot{q}=c/f$，而国企高管的期望效用用函数为：

$$V_1(\theta_1, \theta_2) = q[(a-f)p+a(1-q)]+[p \cdot 0+0 \cdot (1-p)] = q(a-fq) \quad (6)$$

对上述效用函数关于q求导数，得到国企高管最优化的一阶条件为：

$$\frac{\partial U_1}{\partial p} = (a-fq) = 0 \quad (7)$$

解得：$\dot{p}=a/f$

综上所述，混合策略纳什均衡是：$\dot{q}=c/f$，$\dot{p}=a/f$。即国资委以$p=a/f$的概率检查，国企高管以$q=c/f$的概率选择不努力。下面对混合策略的均衡结果进行分析。

第一，由混合策略纳什均衡解$\dot{p}=a/f$，可以发现对国资委而言，在制定有关检查策略时，要综合考虑国企高管不努力时的收益a和惩罚数额f等因素的影响。如果国企高管不努力的收益很高或对国企高管制定的惩罚金额很低时，要加大检查的力度。第二，由混合策略纳什均衡解$\dot{q}=c/f$，可以发现对国企高管而言，国资委的监管成本越高，不努力的概率q就越大；对国企高管不努力的惩罚力度越大，国企高管不努力的概率q就越小。

总之，国企高管的努力程度与国资委检查的概率p和处罚的金额f是密切相关的。处罚的金额和检查的概率都是由监督者决定的。一方面，如果国资委检查的概率越大，国企高管不努力的机会就越小。因为当国资委检查的概率p大于$\dot{p}$时，国企高管的最优选择是努力，当国资委检查的概率p小于$\dot{p}$时，国企高管的最优选择是不努力，p越大，国企高管不努力的可能性就越小。因此，国资委要保证国企高管努力，必须加大检查力度，以便尽可能及时、全面地了解国企高管的实际情况，以尽可能地消除与国企高管之间的信息不对称性。另一方面，如果加大惩罚力度f，则国资委检查国企高管的比例p就相应地降低。

上面是从理论上分析，在现实中，因为企业的经营是长期的，其经营业绩不是立竿见影的，而且存在很多外在的因素，即使业绩不好，也不会有太大的责任，惩罚的措施就难以有效，极少有因业绩不好而被解除劳动合同的国企高管，导致f足够小，所以国企高管不努力的概率大大增加。同时，企业经营是一个系统的过程，涉及内部管理、外部市场和宏观环境等因素，对国企高管进行有效监督是很困难的，除了聘请专门的监理机构外，还要有监督监理机构的能力，目前国资委派出的独立董事的作用就不大，这样就使得企业的监督成本增加，使国企高管不努力的概率q也增加，导致很多国有企业的绩效受到较大的影响。在这种情况下，组织绩效高，得到回报的概率很低；反之，组织绩效低，受惩罚的概率也很低。国资委处于监管的地位，负责选拔和监督国企高管，国资委与高管可能为各自的私利而合谋，共同侵蚀国有企业的剩余收益。如果高管愿意与国资委共享租金，国资委就有积极性为高管创造寻租机会。所以，试图通过高薪激励高管们努力工作是无效的，也补充论证了假设3。如果国资委的监督不力，在极端的情况下，不给高管发放工资，也有很多人愿意做有些公司的高管，从其他方面的灰色收益足以弥补货币收益，但不会努力工作；另一个方面，如果国企高管具有企业家精神，即使国资委不监督，也会努力工作。

四、结论和建议

国企改革势在必行，在完善的治理结构下，可以充分利用各类资本市场，大力推进国有资产资本化、证券化，市场化选聘职业经理人，国企高管任命去"行政化"，实行员工持股试点等措施。但改革的发起人还是各级国资委，依然无法分享企业收益，国资委这个出资人在改革中无法受益。所以，仅仅从以上的措施上深化国企改革困难重重，效果甚微。通过对内在动力和外在动力的分析，总结四种动力之源的情况，并从动力之源的角度提出具体的改革建议。

（一）同级竞争是微动力

基于同级竞争进行激励与约束机制的设计难以突破现实中的人事安排问题，同级之间如果没有特殊的背景和资历，形成竞争，可以有效激励，但这种情况是很少出现的，一般情况下，总有一个高管的实力更强，或与上级的关系更密切，或资历更深。在这种实力不对等的情况下，处于劣势地位的人即使很努力也不一定得到相应的回报，占有优势的高管无须付出更大的努力也有很大的机会获得丰厚的回报（包括非货币化的权力收益），因此，努力工作的概率比较低。为了避免以上情况的发生，必须让晋升、加薪等收益与组织绩效有关，这恰恰是目前国有企业所缺失的，也是短期内无法改变的体制。目前，晋升取决于与上级的关系，特别是高管，一般是由组织部和国资委任命。薪酬管制也是目前无法突破的制度问题，人的努力程度又是不易识别的，高管的价值难以衡量，导致基于贡献回报的激励方式失效。如果国资委利用同级竞争的动力，上级安排实力均衡的两个下级，形成权力制衡，最大的风险在于每个高管都会为各自分管的工作勾心斗角，往往会导致企业决策效率大大降低，说明基于同级竞争动力之源设计激励与约束机制是无效的。

（二）上级监督是微动力

在上级监督的博弈中存在混合策略纳什均衡，理论上可以设计出有效的激励与约束机制，但由于国资委作为监督者的动力不足，国企高管努力意愿的概率随之降低，而且两者很容易形成合谋，无法设计有效的激励与约束机制。要突破这种局面，必须从政府层面来改革，由下级来监督上级，下级公开选拔上级才行，但目前不符合中国国情，此路不通，所以无法从上级监督动力之源方面设计激励与约束机制。通过分析发现，上级监督仅仅是微动力，根据国资委与高管之间的博弈来设计激励与约束机制已经失去意义。另外，研究如何提高外部董事待遇或加大监事会权力的解决办法也是徒劳的。

（三）业务驱动是一种较强的动力

业务驱动是有效的并可以优化的外在动力。可以从以下四个方面改进。

第一，每个企业都有自己的业务，各高管基本上严格考核各部门，但没有人严格考核高管，所以基于业务目标的激励对高管无效，只对中层有效，责权利不明确，下级有责无权，上级有权无责。国有企业为政策和战略的具体承载者，高管必须有具体考核指标，形成责权利对等的包括各个层级的绩效考核体系。

第二，为了让高管担责，必须增加层次，在国资委与国企高管之间多设立两个层级，同时，在国有企业之间进行股权置换，弱化高管的权力，增加高管的责任，让高管变为中层人员，让国企高管不仅成为决策者，也要成为压力承载者。

第三，积极发展混合所有制是国有企业改革的重要方向。通过在国有企业与民营企业之间进行股权置换和交叉持股，企业之间相互监督，抱团合作，共同成长。混合所有制可以实现有效制衡、平等保护的治理结构，用市场机制增强了国有经济的活力，实现了保值增值。同时，社会资本的引入可以促进产权多元化改革，推动现代企业制度的建立和规范制度的建设，有利于进一步政企分开。

第四，国资委的职能从管资产、管人和管事逐步过渡到只管资产，落实党的十八届三中全会的精神，由国有资产运营到国有资本运作的转变。在国资委下面设立国有资本运作机构，负责整个国有资本的运作管理工作，在资本运作机构下面再设立行业投资管理机构，负责具体的行业内投资分析和资本运作。国资委成员为目前公务员编制，国有资本运作机构参照新加坡淡马锡模式，由公务员与企业人员共同组成，行业投资管理机构由企业人员组成，均为行业内专家。但是，新加坡淡马锡截至2013年3月末的上一年度资产值为2150亿新元（1690亿美元），中国国有资产体量远超过淡马锡，仅中央企业资产总额截至2011年底就已经达到28万亿元人民币，截至2012年11月全国国资系统监管企业总资产已经达到69万亿元人民币，仅广州市属经营性国有资产总额截止至2013年8月末就达到1.53万亿元人民币，对于单个企业来说，中国工商银行、中国建设银行、中国农业银行和中国银行总资产分别为2.81万亿元、2.24万亿元、2.12万亿元和2.03万亿元人民币，也就是说，一个副省级市国有企业资产或一个大的央企资产已经远远超过了新加坡淡马锡的总量，所以在资本运营阶段不能盲目学习新加坡，应该从若干个市级国资委和市属国有企业开始试点，系统地考虑中国国情，逐步推进资本运营。

（四）企业家精神是一种最有效的动力

企业家精神是最有效的内在动力之源。高管有自己的追求和想法，具有企家精神，才能有所突破。具有企业家精神的国企高管，即使没有好的激励机制，在同样体制环境下，也一样努力工作，达到无为而治的境界。在非垄断行业中也有少数国企发展好的，可推断这些企业中具有决策权力的高管一定是一个具有企业家精神的人。企业家的境界与格局是基业长青和领先之道的重要条件之一。大胆进行公开招聘和选拔，不排斥民营企业和外资企业中的优秀职业经理人，让国企高管在市场竞争中进行体制内外的流动，避免仅仅局限在不同国有企业之间的交换。对于企业家精神的测评需要很强的技术手段，可以通过评价中心技术识别候选人的企业家精神。因为具有高管级别的候选人在社会称许性方面伪装能力很强，必须借助简历分析、业绩分析、成长过程以及原来上下级同事的访谈等手段。

（原载：《第九届（2014）中国管理学年会——组织行为与人力资源管理分会场论文集》；合作者：齐瑞福）

第三部分

家族企业

刍议家族企业继承机制

一、中国家族企业继承模式的文化基础

家族企业继承有悠久的文化基础和根深蒂固的思想根源。中国两千多年的封建帝制，隋唐以来通过科举制度，用儒家意识形态的标准选拔官员，把信仰儒家意识的儒生中的精英部分制度化地转变为国家官员，在统治制度上，儒家的思想意识规范了人们的思想和行为。日常生活中称兄道弟，以家族中长幼有序的角色称呼家族以外的人，以家族或泛家族规则为基础的身份关系来整合资源、协调人际关系和组织活动，成为中国人长久习而不察或察而不深究的行为规则。中国传统文化的主导文化——儒家文化，积淀了家族企业组织和经营的行为模式。

父为子纲，沿袭这种传统思想，家族企业一般由父亲作为一家之主负责经营管理。家是国人心中最重要的情愫。血浓于水，血缘关系的亲疏成为人们信任体系的一把标尺。所以，家族企业的继承模式，由家族创业者为核心，根据家族亲缘关系的亲疏远近组成差序格局管理体系。费孝通先生在半个多世纪前提出著名的"差序格局"论。差序格局是由无数私人关系织成的网络。以"己"为中心，像石子投入水中一般，和别人联系成的社会关系像水的波纹，一圈圈推出去，愈往外推，关系的紧密程度和信任程度是递减的。这种差序格局，以亲疏远近为标准的配置资源和经营扩展业务的社会关系网络，形成家长权威制度和遗产继承制度。从根本上说，在儒家思想指导下形成的信任机制是家族企业继承机制产生的根本成因。一切信任，一切商业关系的基石都建立在亲戚关系或亲戚式的纯粹个人关系上面。企业经营者对血亲感到更可信赖，唯恐传给外人后受骗，以致自己和后代蒙受财产的损失。

二、家族企业继承模式的弊端

（一）家族继承人管理风格易于"近亲繁殖"

国外研究资料表明，家族企业能延续至第二代的仅为39%，能延续至第三代的，只有15%。可见，第二代家族继承人接棒的困难与风险。这主要是家族继承人管理风格易于"近亲繁殖"的结果：第一，虽然不少巨富懂得给家族继承人更高学历教育，从基层做起，但是由于成长环境的影响，继承人很难跳出父辈的局限。第二，经营成功是多方面因素的复合，经营者的成功是很难模仿的。第三，企业处在不同阶段的生命周期，企业必须进行相应的转变。

（二）家族继承的不确定性和风险

家族继承的候选人往往不止一个，掌权者对继承人选择是个人决策，常常秘而不宣。当创始人在世时，其权威身份对家族和企业仍有着举足轻重的作用。但一旦创始人去世，家族成员之间和企业的元老等都容易出现诸多矛盾和纠纷，影响企业的发展。另一方面，家族继承人对继承不一定感兴趣。拥有同一基因的人并不一定是最适合的接班人。在企业成长和繁荣以后，其家族成员不免日趋独立，逐渐分心于别的兴趣，很难对企业倾注强大的热情，更不用说创造新的辉煌了。让一手创办的企业冒着这样的风险，一定不是让位者的初衷。

（三）家族继承协调问题

家族企业继承协调问题包括利益协调和关系协调。企业的继承必然伴随着财富和权力的转移，出现利益协调问题。对于不公平的分配很容易导致相互嫉妒、竞争甚至骨肉相残。对于公平的分配，企业可能在不同的几个继承人之间"三分天下"，从而削弱企业的发展优势。家族继承还面临管理层、员工、客户关系的协调问题。一朝天子一朝臣，少主在观念和作风上经常与老臣有较大的差异，接管企业以后，常将老臣束之高阁。新老交替，关系协调不当必会带来管理层的震荡。

三、家族企业继承机制的选择

关于家族企业存在的合理性和管理效率，有两种不同的观点：任人唯亲的家族企业组织模式是低效的。它排斥家族圈外的人才，造成较高的流动率，家族继承孕育出的裙带关系对高效率的工业制度是一大障碍。家族企业在企业初创阶段是有效的。家族成员的参与在创业期常常是最低成本的组织资源；家族成员更易建立共同利益和目标，更易合作，有更强的凝聚力。

（一）家族企业继承机制的逻辑选择

家族企业继承机制的选择可从经营权和所有权是否分立相应带来的管理效率来比较分析。从内部交易成本看，在企业的初创阶段，家族成员之间的忠诚信任关系作为一种节约交易成本的资源进入，家族伦理约束简化了企业的监督和激励机制，家族企业就能成为有效率的经济组织；但随着企业规模的扩张，内部有限资源和家庭或家族成员管理能力不高而导致的内部交易成本提高。所以，内部交易成本随着企业扩张而增大。从代理成本看，在初创阶段，企业规模和资源能力有限，找到能力高的职业经理人成本很高，随着企业扩张，为了更加有效地融合社会的财务资本和人力资本，企业需要公平公开的竞争机制，建立两权分立（管理权和所有权分立）的制衡制度，以利于企业决策的制度化和科学化。此时，代理成本随着企业的扩张而降低。家族企业继承机制的最佳选择就是家族企业内部交易成本和代理成本之和的最低点。

那么，现阶段我国的家族如何进行内部交易成本和代理成本的比较选择呢？学者储小平认为，当前我国处于社会转型的背景中，传统的信用规则功能弱化，超出血缘亲情的家族关系以外的社会网络连接出现重大破损，而以法律契约为基础的信用制度尚不健全，正是由于信任这种社会资本严重稀缺，使绝大多数私营企业不得不呈现为家族制形态，并难以从家族制管理向现代化企业管理转变。可见，由于有效的信用机制尚未确立，代理成本较高，较低的内部交易成本占主导地位，因此，我国家族企业仍然处于家族成员控制为主的阶段。

（二）家族企业继承机制的选择的关键因素

当前，家族企业的经营者仍未完全改变子承父业的观念，社会仍未有成熟的职业经理人选拔机制，那么，家族企业继承机制应该选择怎样一种有效的管理模式呢？企业的继承模式应该从决策制度、企业文化和人才选拔等方面实施。

（三）决策制度民主管理

随着经济全球化和信息技术的发展，市场信息指数级增长，单靠个人的能力掌握如此众多的信息、做出正确的决策已变得十分困难。建立一支高效的管理团队，实行民主决策是企业管理层的必然要求。随着家族企业规模扩大，应该引入

"外脑"——非家族成员担任要职,以集体决策取代个人决策。

(四)企业文化融合重塑

就企业文化和领导的关系来说,企业文化是"旗手文化",领导最重要的作用是形成浓厚的企业文化,将企业文化制度化,从而不会因为倡议者的离去而导致文化的瓦解。企业文化通过在员工中形成共有的价值观和行为准则,使员工进行自我约束,其行为符合企业的价值理念,增强企业的内聚力和向心力,为实现企业的共同目标而奋斗。家族企业继承人应注重企业文化的融合和重塑,使员工对企业的归属感得以延续。

(五)继承人培养平稳过渡

家族企业继承人的选择是一个系统工程,掌权者若高瞻远瞩地、有计划、有步骤地把接班人的培养问题提上议事日程,实现平稳过渡是可能的。

在外部环境动态变化的今天,企业要有很强的创新和应变能力去应对激烈的竞争。家族企业应该根据企业的发展情况,权衡内部交易成本和代理成本的大小,突破家业不传外人的局限,在努力培养家族成员接班人的同时,放眼家族之外,适当引进家族以外的人才,并让他们在公平竞争的条件下能够脱颖而出。这才是家族企业继承机制的"幸福"模式。

(原载:《商业时代》,2005年第12期;合作者:李洁芳)

中国家族企业的
可持续发展治理模式构建

一、引言

家族企业作为一种重要的企业组织形式，它在世界各国的经济中都扮演着重要角色。在学术研究中，家族企业的传承问题以及传承过程中治理模式的选择问题是家族企业研究中的核心问题。研究发现，研究家族企业的文献中有1/5以上是关于传承和治理模式选择问题。

其中，早期学者关于家族企业传承的研究为相关研究工作提供了很好的思路，本文在文献综述的基础上，将家族企业传承的研究划分为两个阶段。第一阶段：概念性因素探索阶段，即这时期的研究主要集中于理论层面上，注重对传承过程的描述以及探索传承的最佳实践。第二阶段：模型构建以及操作性探索阶段，即学者开始从不同视角开始探索家族企业传承的模型构建，还有一部分模型已经被用于实证检验。本文在对文献进行梳理和分析的基础上，将现有的家族治理模式的相关研究观点归纳为3类。①传统观点论，即仅以家族情感逻辑作为考虑企业问题的出发点，坚守家族治理不允许外部人进驻家族内部；②环境适应论，基于中国特殊的社会背景以及家族治理的内在缺陷，从家族情感逻辑和企业能力逻辑出发，将家族治理与职业治理相结合；③现代激进论，即完全以企业能力逻辑为导向，只有能胜任的家族成员才能继续待在企业内部，甚至实现去家族化管理。

与以往研究不同的是，首先，本文分别从动态资源观、产业以及多重均衡三个视角剖析了影响家族企业传承的核心因素，探索了家族治理模式的路径演变（见图1）；其次，本文将家族企业传承过程以及治理模式的演进作为一个整体进行研究，并在此基础上提出了家族企业传承的可持续发展模型；最后，对未来发展的趋势进行了一点探索。

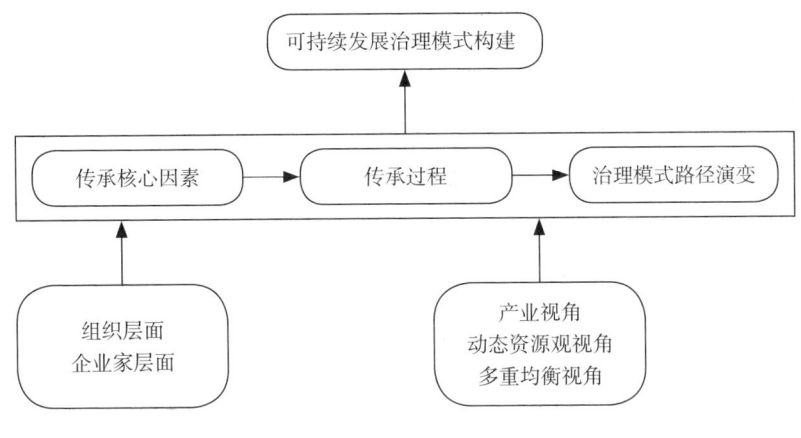

图1　本文研究路径

二、传承核心因素的识别、选择和分析

在研究家族传承的核心因素中必须先弄清楚传承的是什么。有关学者提出家族企业要实现成功传承必须实现几个独特的核心要素成功留存或转移，但是对于哪些要素要留存和转移目前没有做进一步探讨。另外一些学者在此基础上做了一些延伸，认为家族企业的成功延续是一个扬弃的过程，不是所有的要素都要传承，需要传承的要素必须是能够给企业带来竞争优势的独特要素。也有学者从不同视角进行探索，但是并没有对这些因素进行严格界定。虽然仅仅从战略层面来看能够给企业带来独特竞争优势的要素是一个复杂而庞大的体系，但是这些观点在家族企业的实际传承中至少给我们指明了一点方向。

本文在文献综述和分析的基础上分别从组织层面、企业家层面对这些需要传承的核心要素进行了概括和提炼，主要包括组织层面和企业家个体层面（见表1）。

表1 家族企业传承的核心因素

组织层面		企业家个体层面
战略（企业愿景、价值观的继承和延续）	企业家默会知识	技术诀窍、管理经验、专家简介或心得体会、经营管理、价值观、愿景
家族成员对企业的领导权	企业家关系网络	企业内部关系、企业外部关系
家族凝聚力；治理架构		
企业文化（被家族制度化的基础价值观）		
使命、愿景自主权	企业家精神	创新精神、冒险精神、开拓精神、敬业精神、合作精神

三、家族企业治理模式和路径演变的不同视角

本文基于大量相关文献的研究基础上，认为目前学术界关于家族企业传承过程中治理模式和路径演变的研究主要从以下三个理论视角进行探讨，分别是动态资源观视角、产业视角以及多重均衡视角。

（一）动态资源观视角

每个家族企业都是在一定的约束下成长和发展，同时每个家族企业也拥有自己的独特优势，基于资源观视角分析的核心在于判断该家族企业拥有的独特资源是否能创造价值，是否能将资源转化为独特的竞争力。相对于代理理论和交易成本理论，资源理论不仅将竞争力的获取提升到价值创造的范畴，而且从动态视角来探讨家族企业在不同阶段利用不同资源组合产生的不同影响。要从资源观视角来探讨企业的基业长青必须回答以下两个问题：①拥有什么样的独特资源才能让企业具有竞争优势？②这种优势能持续多久？

Sirmon 和 Hitting（2003）通过深入分析发现家族企业的特有资源主要表现为以下五个方面：人力资本、社会资本、耐心财务资本、生存能力资本和智力结构。其中人力资本兼顾好坏两方面，一方面相对于非家族成员来说，家族成员可以在更深层次上认同企业并掌握企业隐形知识；但另一方面，家族企业以情感逻辑建立的内部人际关系往往会限制外部优秀人力资本的进驻。因此，家族企业家必须根据企业发展的不同阶段适时地加以选择。

相对于人力资本而言，家族企业的社会资本可以说是对企业做出最大贡献而

且是最容易获得且保持的资源。家族企业对社会资本的拥有不仅可以减少交易成本而且有利于让企业获得一些只能通过非正式渠道才可以获得的信息资源等；相关学者认为社会资本是一次投入、持续获益的资本，甚至在很多方面提供私下协商机制来解决问题。但是在家族企业发展到一定程度之后，不能仅仅局限于家族内的社会资本，必须积极向外拓展社会网络，以便为企业增加社会资本从而获得更多的外部资源。在实践中很多家族企业常常把发展和利用社会资源作为一种重要策略，通过建立与政府官员、其他家族企业的紧密合作和互惠机制来增加该企业社会资本。

家族企业融资来源比较单一，用于扩大再生产和投资的资产往往都是源自家族内部资源的积累，在家族企业创业初期，家族资本持久稳定的特点可能更有利于企业的发展，但是当企业资本积累到一定阶段也就意味着权力的扩展，若家族企业内的其他成员不能跟上企业的发展，这种由内部资源产生的长期承诺就会受到极大的挑战，所以内部财务资本也是随着家族企业发展而呈现出一个动态过程。

生存能力资本是家族企业的特有资源，往往充当家族企业安全网的角色，是家族企业度过难关的重要资源。由于家族企业的失败对家族成员来说成本巨大，因此当家族企业面临困境时，家族企业成员更愿意做出额外的贡献。Carney（2002）指出家族企业往往在严酷的竞争环境中更能体现其内部代理优势。但是另一方面，在家族度过困难时期之后帮助企业度过难关的家族成员往往向企业索要好处，特别是当该成员的能力不能满足企业发展时，建立该成员的推出机制也往往成为企业的棘手问题，所以生存能力资本的获取也是兼顾正反两方面的。

家族企业治理结构的最大优势在于使所有权和经营权重合，一方面节约代理成本，另一方面，由于内在驱动力量减少监督和激励成本，但是家族治理结构也并非刻意一直维持不变，其中非常具有开创性的研究结果表明家族成员的利他优势并不是一成不变而是随着企业的发展呈现动态特征，在企业发展早期往往对企业有非常正向的积极作用，但是当企业财富累积达到一定程度时部分家族成员可能出于个人利益而出现道德风险。

对以上家族特有资源的综述发现，这些资源都具有两面性，即只有与企业发展阶段相适应的资源才能更好地引领企业的发展，所以基于一分为二的动态资源观指导学者在对家族企业进行分析时，必须结合企业发展的阶段、所处的内外部环境以及企业拥有的资源做出权衡分析。

（二）产业视角

该视角认为所有权与经营权的分离程度取决于家族企业对分工收益和成本的权衡，不应该盲目追求制度上的先进性而更应该结合企业所处的发展情况、所在的产业环境、其自身的竞争优势和内部资源的情况，最终选择的治理结构是对企业以上情况的权衡结果。家族企业治理结构的选择不是基于产品市场的竞争强度而应该是产业环境和企业竞争行为的性质。从影响我国家族企业的外生因素来分析，由于过去的特殊国内外形势，国家优先发展重工业，改革开放之后虽然有了很大的改进，但是长期的政策型投资还是严重阻碍了我国家族企业的发展，不管是在技术上还是在资源、投资机会上，国企相对于家族企业都有很大的优势。就中国企业现状来看，大多数的家族企业主要从事相对增值较低的劳动密集型行业，选择这种方式让它们可以在现有资源限制的情况下获得一定的比较优势，但成本价格接近边际成本，只能获取很低的平均利润率。所以在外部的产业政策和本身的技术条件的限制下，相对于其他性质的企业来说，家族企业内部资源管理以及外部竞争战略的管理难度均较低，所以在现阶段对职业经理人的需求也较弱。但是随着家族企业的发展、产业环境的复杂化以及企业竞争性质的改变，可能会提高对职业经理人的需求。

（三）多重均衡视角（权变视角）

该视角主张以权变的观点来看待家族治理模式的选择，即不存在一种万能的普适的治理结构，必须根据企业的具体情况采取合适的治理结构，家族治理结构的选择应该是同时兼顾企业所处的内外部环境一个权变函数。内外部环境的变化会导致家族企业的不稳定性，从内生变迁理论来看，若现行的家族治理结构不能与环境很好地协调，企业内在的生命力也会驱动企业家个体主动改变制度；从外生理论来看，外部环境，例如：产业情况、竞争情况等变化也会对家族企业形成压力，促使企业实现治理结构的改变。

传统一元论的选择方式一方面没有考虑约束条件，另一方面不能比较不同治理模式的优劣。家族企业治理模式的选择必须是基于内外部环境和企业资源情况做到交易成本最小和企业综合效益最大的一个连续过程。

企业其实都是在一定约束条件下生存和发展，也就是说选择治理模式必须是基于这些约束条件和现有条件的一个权衡。一个家族企业选择治理模式的核心应该是关注这种模式是否能适应内外部环境这一约束而不在于判断以上三种模式谁优谁劣。所以家族企业治理模式并不存在唯一的演化路径,那种认为家族化治理一定不合适的论断是欠周全的,职业化治理—共同治理—泛家族化治理—家族化治理的逆向演化也是有可能的。在未来家族企业的发展中将会面对更加复杂的内外部环境,从内部来说,管理规模的扩大使管理越趋复杂化;对资源的争夺将会变得更加激烈;技术创新和升级的需求变得更加强烈等;从外部环境来看,市场竞争加剧;传统家族企业文化是否具有适应性,等等。由于这些被内外部因素很多,不同因素之间的组合可能会产生多重均衡和多重演化路径。

虽然目前具有代表性的关于家族企业治理模式和演变路径的研究分别从不同的视角出发,但是对这三种视角的深入分析可以发现三种视角均认为治理模式的选择都将家族企业当作一个开放的系统,这是一个动态的权衡过程,关于内部外部环境的权衡,关于是否能适应环境或与时俱进的权衡、关于企业是否能获得持续竞争力的一个权衡。不难理解不论哪种企业形式都是作为一个组织社会器官而存在,家族企业形态也不例外,只有深入分析家族系统本身和内外部系统才能更好地了解家族企业特殊的内在矛盾、了解其竞争优势的来源。

四、家族企业可持续发展的模型构建

基于以上对传承核心因素的分析以及不同视角家族治理路径选择的理论指导,本文构建了家族企业的可持续发展模型(见图2)。该模型的意义主要有以

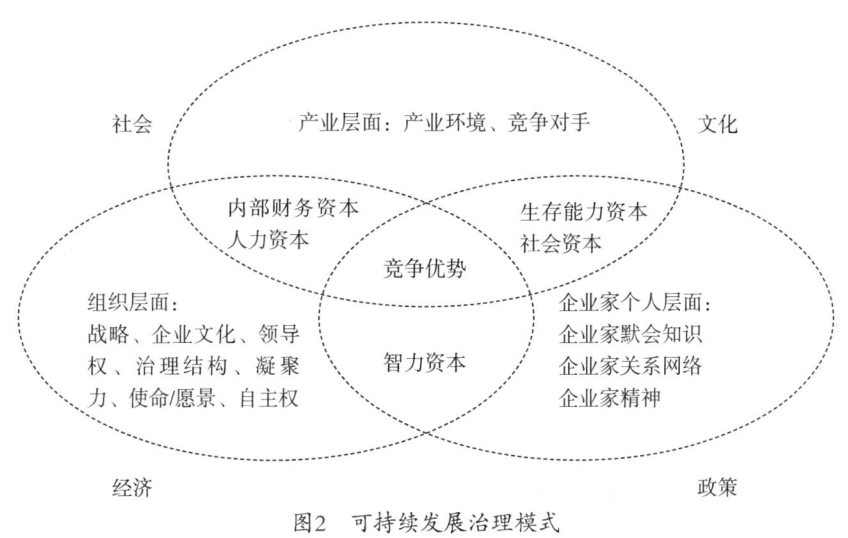

图2 可持续发展治理模式

下几点：①该系统对家族传承的核心要素进行取舍使得家族企业在选择治理模式时更有针对性；②模型可以帮助企业从不同层面分析在家族传承过程中的现状；③模型更加关注家族本身因素与内外部环境的一个互动，既可以从子系统角度分析，也可以从综合角度分析。

五、结论与展望

本文基于文献综述下，对家族企业传承的关键因素进行了梳理，并从三个视角综述了家族企业治理模式的选择和演变路径，在此基础上提出了家族企业开放的可持续发展模型。然而本文仅仅从理论方面进行分析，未来关于家族企业治理模式的选择希望可以有更多的实证研究来补充。本文认为未来关于家族企业的研究可以从以下几个方面做出努力：①家族企业可以看成企业和家族两个系统的综合体，可以通过重点研究两者交叉部分进一步区分在家族传承过程中的核心因素；②根据企业所处的不同阶段，进一步从利他主义的视角来分析家族传承过程中的代理问题；③基于家族企业的不同成长阶段从动态的视角进一步探索其中的委托代理困境、权力决策困境等；③另外，可以尝试采用多案例的方法，案例研究方法是目前非常主流的研究方法，未来关于家族企业治理模式的研究也可以多尝试多案例的研究方法，实现学术界与企业间更多的交流与合作，一方面促进理论突破，另一方面可以更好地指导中国家族企业的发展。

（原载：《科技管理研究》，2013年第8期；合作者：王雅静）

家族企业代理人治理机制研究
——基于代理理论和嵌入理论

  家族企业从广义上是指实际控制者可追溯为个人或者家族的一类企业,这一种普遍的企业组织形式在世界各国广泛存在,并在经济领域中占据着重要的地位。在对公开发行股票的企业进行调查后发现,家族企业表现出比非家族企业相对较高的资本投资回报率,承担着更低的债务融资成本,即家族企业平均表现出更高的经营绩效。我国广义的家族企业已经超过58.5%,对经济社会的发展贡献越来越大,是不可忽视的一支重要力量。未来10年内,我国家族企业逐步进入易帅换代的周期高峰,传承换代问题显得尤为迫切。家族企业传承过程中会引发管理层较大的变动,这个阶段是代理人行为动机最复杂也最具不确定性的阶段,也是家族企业治理过程中最为关键的阶段之一。研究发现,比较家族内部经理人和职业经理人治理的企业,职业经理人任职高管的公司表现出更加出色的净利润率和净利润复合增长率,而家族内部成员治理下的公司在资本回报率与主营业务收入复合增长率上显得更有优势;职业经理人更注重短期内企业规模的增长,而家族内部经理人的传承及持续性有助于长期战略的实施。这些现象的区别吸引一些学者关注如何实现职业经理人与家族内部经理人的优势互补。

  早期学者从委托代理理论出发,认为拥有管理决策权和信息优势的职业经理人会牺牲委托人的利益以谋求个人私利。亦有研究表明,家族企业倾向于任用家族成员担任高管,晋升瓶颈抑制了职业经理人的能动性,企业高层的结构呈现出严重的封闭性,这些问题加大了企业的治理难度,限制了企业的进一步发展。目前大多学者是从职业经理人和家族内部经理人的管理弊端出发单向地研究其解决方案,忽略了两者之间存在的制约互补关系。与以往研究路径不同的是,本文从代理理论及嵌入理论两种视角出发,剖析了代理人治理模式的核心要素,探索并构建了家族企业代理人治理机制模型。

一、理论基础

（一）基于代理理论的家族企业治理模式

家族企业创建初期企业所有权与管理权高度统一，具有家族成员可信度高、内部凝聚力强等特点，这些特点有力地推动了家族企业的发展。初创期家族企业各阶层的管理者主要是基于家族信任而委任的，带有裙带关系色彩的家族式管理是家族企业经营中存在的普遍问题。随着企业规模的发展壮大，这一特殊问题使管理与绩效之间的矛盾凸显出来，为应对家族企业扩张的需要和管理程序的复杂化的状况，企业不得不从家族外部雇佣能力匹配的职业经理人开展专业化分工。决策职能专业化程度的提高使得家族内部经理人的能力难以胜任企业发展的需求。此时家族企业须引入更多来自家族外部的经理人，外部经理人越来越多让家族企业逐步形成所有权与管理权分离的局面。

本文在大量文献的研究基础上，认为家族企业在治理过程中主要面临的矛盾可以归纳为两个：一是企业的持续发展需不断吸纳新的管理人才，二是让渡过多的管理权直接导致较高代理风险。Anderson（2003）指出，家族企业所有权与管理权的高度统一在某种意义上缓解了委托代理带来的矛盾，有利于提升企业的经营绩效。虽然学术界对于组织行为与企业所有权、控制权的关系并没有达成共识，但大部分学者认可所有权与管理权的分离会产生额外成本。这里所说的额外成本主要是由第一类代理问题造成的委托代理成本。第一类代理问题的根本原因是企业所有权与管理权的分离导致经理人和股东利益不一致、信息不对称，造成经理人的行为存在背离股东利益的可能性，于是股东需要支付监督成本和补偿成本（薪酬、奖金、股票期权等）以降低代理风险。

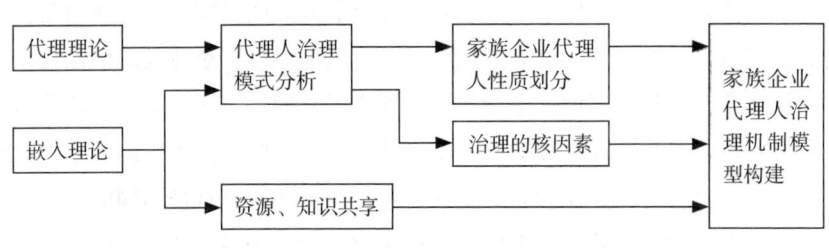

图1　本文研究路径图

由于委托人与代理人存在信息不对称的问题，家族控股股东有严格监督管理层的需要，所以家族成员往往需要积极地参与到企业管理中。内部经理人代表着家族控股股东的利益，可以对外部经理人起到一定监督威慑作用，并且在某种程度上稀释了外部经理人的权力，缓解了由所有权与管理权分离所带来的第一类代理问题。事实上，不容忽视的一点是——即便是家族内部成员也可能因一己之私出现道德风险。James（1999）认为家族企业可以通过提供必要的奖励措施使经理人根据市场规则进行投资，从而限制经理人因谋求个人利益而做出损害股东权益的行为；此外，家庭关系、忠诚、稳定和保险被视为能够长期有效规范经理人行为的几个要素。也有研究学者强调：必须建立一套内部和外部互补的治理模式，协调双方的利益冲突，限制代理人牺牲组织利益谋取私利的机会主义行为，其中内部取向的治理机制主要包括董事会、监事会、以绩效为导向的激励手段等，外部取向的治理机制主要包括产品市场、资本市场、代理人市场等。

传统委托代理理论并不是针对家族企业具体治理问题的理论，对于家族企业代理人治理问题的研究必须结合家族背景、考虑家族企业成长的动态性、代理目标的多元性对委托代理关系中的角色进一步细分。Tagiuri（1982）等曾构建一个三环模型（图2）用来表示在家族企业中三种主要角色之间发生的相互作用，三环模型描述了家族企业中三个独立但重叠的子系统：所有者、家族成员、经营者。这个三环模型为研究家族企业时对代理角色的进一步细分提供了依据和借鉴。目前国内对家族企业代理问题的研究侧重于家族所有者（1、4）与纯经营者之间的代理问题，这类代理问题主要可以概括为家族内部经理人与家族外部经理人之间的问题。本文在对文献进行分析梳理的基础上，根据代理人是否源于家族企业内部划分为内部经理人和外部经理人，并围绕内部经理人和外部经理人这两个角色研究中国家族企业的委托代理关系与治理机制。有关学者提出在家族企业

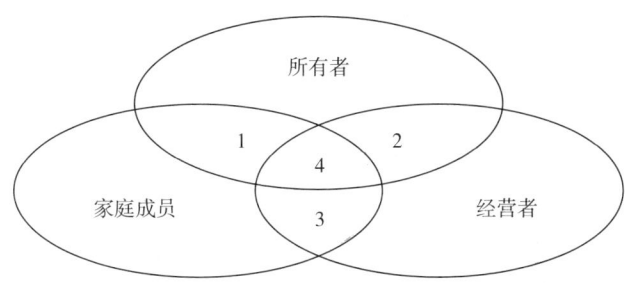

图2　家庭企业代理关系的三环模型

代理人的治理中，应该对内部经理人和外部经理人采用不同的委托代理安排策略：对于家族内部经理人，用"价值观治理"代替"权威治理"；对于非家族内部的经理人，以泛家族化构建委托人与代理人之间的长期信任，并通过扩展家族企业的关系网络来降低代理成本，进而提高组织绩效。

（二）基于社会嵌入理论的家族企业治理分析

传统代理理论更多的是从"经济人"的角度出发，梅奥的人际关系学说强调了员工的"社会人"属性，认为员工行为不止受待遇的刺激，更受到工作环境和人际关系的影响。在上文思路的指引下，本文研究可以结合价值观治理、权威治理、泛家族化构建以及监督、激励、绩效考核等方式，从家族企业的社会关系网络层面来探讨家族企业代理人的治理机制。美国社会学家Granovetter（1973）指出：在社会关系层面，每个人频繁地跟自己的亲人、朋友、同学接触与交流……这种非常稳定而传播范围相对有限的社会认知，被称为"强连接"；与之相对的另一种更广泛但相对较肤浅的社会认知被认为是"弱连接"。研究同时发现，"弱连接"与"强连接"相比虽然不够坚固稳定，却可能具有高效能、低成本的传播效率。受"强弱连接理论"启发，引申到家族企业里，内部经理人即是"较强连接"，外部经理人可被视为"较弱连接"。内部经理人更具稳定性，不会轻易离职、渎职，外部经理人则拥有较高效的办事效率，这些特征对于家族企业治理都颇具意义。为了更准确、更全面地刻画内、外部经理人在家族企业治理中扮演的角色，有必要对内、外部经理人作适当的区分，承认两者存在不同的行为特征，同时不能忽视他们的复合特征及互补关系。家族企业中代理人的异质性是影响资源、知识共享程度的重要原因，异质性过大容易导致共同价值理念淡薄。代理人的家族背景差异，生活经历和教育背景的不同，彼此悬殊的年龄跨度，抑或是内、外部经理人之间不均衡的权利匹配都可能使得企业难形成高度共享的知识集。

此外，对代理人治理模式的研究焦点不该仅仅停留在"代理人"抑或是"家族成员、所有人、经营者"这些单一的角色上面，而应该将视角转移到潜藏在他们背后的社会关系网络，深入剖析那些能够影响行为主体的认知、关系和权力等要素。"嵌入性理论"为本文研究家族企业代理人的治理提供了一个很好的切入点。自1985年Granovetter提出社会嵌入理论以来，关于企业嵌入社会关系网络的理论已经得到广泛认可。按照Granovetter（1985）的观点，社会嵌入性是指非经济因素能够通过影响行为主体的认知等情绪进而影响该行为主体的经济行为。

"嵌入性"是处于"低度社会化"（指行为几乎不受关系和社会环境的影响）与"过度社会化"（指行为较大程度上是由关系和社会背景来决定）中间范围的一种影响机制。经典代理理论的理性经济人假设将代理人的行为简单归结为自我服务倾向和机会主义，这种模式化的假设饱受学者诟病，其局限在于无法很好地解释现实生活中企业员工错综复杂的行为动机。在研究家族企业相关问题时，我们无法回避的一个事实是：家族网络组织很大程度上影响着企业员工的行为和绩效。那么，我们又该如何嵌入家族网络组织？相关研究认为：企业主要在认知、权力、关系三个维度上嵌入家族网络组织中，并且上述三个维度的嵌入程度决定了家族网络对企业影响的大小。

1. 认知嵌入

Zukin（1990）等将认知嵌入归纳为：在有限理性的前提下，行为主体在进行理性分析时会受到原有思想知识集的引导或限制。本文中认知嵌入是指内、外部经理人的行为受到家族企业所倡导的治理理念、一致遵守的惯例和达成共识的价值观的影响，这一组共享知识集源于家族企业的动态演化、组织冲突与整合、管理实践的创新以及一系列发展变革，历经家族企业长期的积淀，内化为家族企业员工共有的相对稳定的思维模式和行为动机，成为经理人管理决策、组织建构时的基本理念以及战略选择时的指导思想等。认知嵌入潜移默化地影响着企业员工的价值观导向，并且很大程度上决定了企业员工的行为和绩效。内部经理人和外部经理人作为家族企业的主要经营者，是否拥有一个共同的正确的价值取向关乎企业价值观塑造的成功与否。如果认知嵌入失调，可能直接导致代理人行为怠慢、绩效低下。例如，内部经理人若潜意识里认为能够倚仗自身的家族背景相对容易地获得晋升机会、额外报酬、员工的尊重等，那么其行为便不太可能取得高绩效；外部经理人若认为自己多劳而不多得，其工作积极性势必大受打击，若意识到自身存在较大的晋升瓶颈，就可能考虑跳槽等，从长远来看，这些潜在的可能性则不利于企业持续稳定地发展。

2. 权力嵌入

权力嵌入通常是指企业组织的权力在个人之间以及组织之间的协调，本文主要是指组织权力在内部经理人和外部经理人两者之间的配置。随着家族企业规模不断扩大、市场竞争日趋激烈，传统的"权威治理"模式的局限性逐渐凸显出来，家族企业无可避免地引入职业经理人制度，而组织权力在职业经理人与家族成员之间的分配则成为困扰家族企业的一大问题。家族企业中的权力大概可分为三种：所有权、控制权、管理权。一般家族企业中所有权和控制权属于高度集权状态，虽然管理人员可以通过股权激励等方式大量持股并嵌入所有权，但在家族企业中通常只有极少数的高管能够获得这种权利。管理权最初从家族企业中剥离出来是因为企业提高经营绩效的需要，而管理权也是对经营绩效影响最直接、最有效的部分。故本文权力嵌入主要指的是管理权在企业内部的协调配置。家族企业中的管理人员，尤其以内部经理人为代表的家族成员应该维持适当水平的集权程度。管理权更多地应该是下放到组织当中，而不是集权于个人或者家族内部。集权过度可能会加剧关系冲突引发派系斗争，而集权不足亦可造成家族企业决策无序、职责不清。给外部经理人配置相应的管理权能够有效防止家族企业内部经理人管理水平长期处于低水平锁定状态。事实上，无论内部经理人还是外部经理人，在管理职权的配置中都应该与其管理能力相匹配，这是家族企业面临的一项挑战，也是大部分家族企业亟待解决的一大难题。

3. 关系嵌入

所谓关系的嵌入，一般是指经济组织中单个行为主体受到与之交互的人际关系网络的影响并由此产生相应的行为动机。对组织关系嵌入性的描述可以追溯到组织间关系理论，它向我们阐述了组织关系的相关性、过程性、长期性以及嵌入性，并着重强调了任何组织的经营活动都离不开组织关系环境的影响，组织经营绩效通常依赖于组织关系的协调。Nair（2010）等指出上下级和谐融洽的人际氛围，同事间积极的关系互动有助于缓解员工的工作倦怠感和组织疏离感。Granovetter（2007）认为嵌入关系网络使得公司员工之间产生了更多沟通交流，最终促进了信任与协作的形成并有效地限制了员工的机会主义等"反生产力行为"。上文提到内部经理人对外部经理人有一定的监督威慑作用，内、外部经理人处于家族企业特定的人际关系网络之中，如果内、外部经理人之间的关系网络相互渗透比较充分，那么这种监督对机会主义行为的抑制作用也就越明显。另外，人际关系网络中的许多因素，诸如互惠性、信息封闭性、风险共担性等潜在特征会对行为主体的经济决策与行为产生负面的影响。如果家族企业中内部经理人凭借家族关系网络形成高度紧密的子网络，而疏于联系外部经理人，势必造成内、外部经理人之间关系的失衡。这种失衡容易滋长企业官僚之风，诱发各种关系冲突。组织中的冲突结果可以是建设性的、中性的抑或是破坏性的，但是已有的研究结果表明：组织关系冲突完全是负面作用，有弊无利，企业经营绩效与关系冲突的程度完全负相关。此外，关系冲突导致企业员工必须将注意力从组织工作中分散出来，转移到人际关系问题的处理上，也迫使管理层投入更多的精力去解决组织冲突的问题，造成严重的组织内耗，同时又是滋长派系斗争、相互拆台等一系列政治现象的根本原因。内部经理人高度紧密的子网络具有明显的封闭性，不利于企业内部信息的高效传递与沟通。为应对和防范关系冲突，内部经理人与外部经理人的关系网络需要相互嵌入并成一定的嵌入深度，才能强化内、外部经理人之间的凝聚力，削弱异质性带来的矛盾，促使双方资源、知识集更好地融合。

二、家族企业代理人治理机制的模型构建

基于传统代理理论对代理人治理方案的贡献，融合社会嵌入理论运用于家族企业治理的可行途径，本文构建家族企业代理人治理机制的模型如下（见图3）。

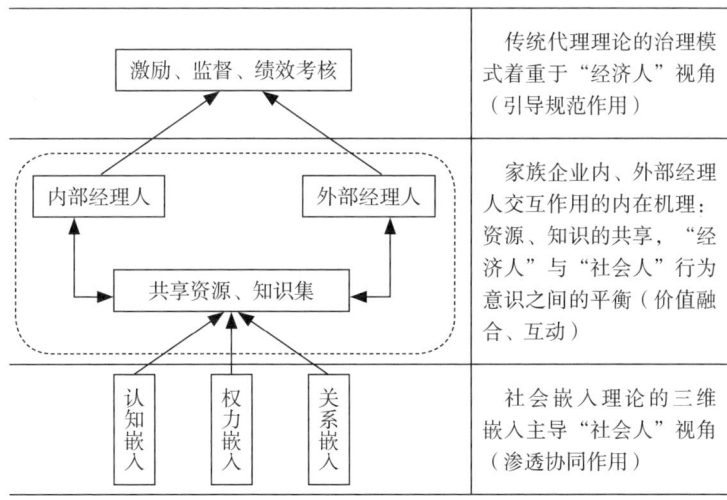

图3　基于三维嵌入视角的代理人治理机制模

在对传统代理理论做文献综述和分析的基础上，我们发现主流研究中提倡的降低代理风险的方案主要可概括为三种：一是运用激励职能，常见的方式是通过物质激励去满足代理人的经济需求，还包括配备良好的工作条件、升职、精神奖励（评为模范、言语褒奖）等；二是强化对代理人的监督控制，引入董事会、监事会和外部董事等；三是实施绩效考核，通过经理人市场的"优胜劣汰"的机制对职业经理人施压。考虑到代理人的机会主义行为和有限理性特征，上述模型的治理机制着重以"激励、监督、绩效考核"为核心牵引力来引导和规范代理人的

行为,借以推动内、外部经理人产生高绩效。模型此处的箭头指向强调的是"激励、监督、绩效考核"对代理人的牵引作用,促使代理人朝着企业制定的目标努力。如果代理人的行为动机与企业目标有偏差,它们就会成为企业发展的障碍或限制;只要代理人的行为动机朝着有利于企业目标实现的方向发展,那么它们就会成为企业运营的有效资源。以目标为导向的激励尤其要重视对"外部取向"的奖励,"外部取向"即是顾客导向,未来导向。从Nordstrom的公司结构可以看出:在奖励"外部取向"的举措下员工会自觉地站在顾客的角度和立场思考问题,组织内部容易形成相互配合为标准的工作氛围,同时可以规范管理层滥用股权激励消耗企业资源的行为。

在研究家族企业代理人行为时不能将内部经理人和外部经理人完全割裂开来,其中也没有一个明确界定的标准,两者之间的界线是模糊的。仅仅指出内、外部经理人之间的异同是不够的,如果两者之间缺乏一个可以合理联结的中介,仍旧很难把内、外部经理人两个不同角色融入统一的分析框架之中。组织中的成员生活在特定的关系网络之中,信息、理念、情感在网络中传播、扩散和共享,引导组织成员形成大致相同的思维模式和行为偏好。本文主张在探讨家族企业代理人治理机制过程中以"共享资源、知识集"作为联结内、外部经理人的中介,因为"共享资源、知识集"无异于企业员工通过网络组织沟通交流时形成的聚点的集合,是内、外部经理人之间的联系纽带,它的作用是家族企业中其他任何网络组织所不能比拟的。企业能通过资源共享和知识共享提升竞争力是学术界与企业界的共识,问题的关键在于共享机制如何落地,而"嵌入性"在此发挥着催化剂的作用。企业内部知识转移学派已经证实了知识共享对组织绩效的正向促进作用,知识共享有助于企业员工个体更频繁地交流并分享彼此的经验知识,让组织内隐性知识转化为显性知识,使个体经验有效地扩散到团队或组织层面;资源共享能够充分调动企业内部所有能够利用的信息资源、人力资源、财务资源、技术资源等,进而提高企业员工完成阶段工作的效率。内、外部经理人与"共享资源、知识集"之间双向箭头表示彼此的交互作用,这种交互过程并不是简单的信息再分配,而是组织成员相互交流知识并共同创造新知识,实现组织知识增值的过程;不是个体间资源的相互转移,而是组织员工把个体资源转变为群体资源,把个人竞争力转变为团队和组织的竞争力,在共享过程中人力资源、信息资源等相互作用,最终形成企业的核心竞争力。该作用机理强调的是以资源、权利的合理配置寻求组织平衡,通过意识形态的融合化解组织内部的冲突。此外,对资源的"消费"同样存在"棘轮效应",当组织资源分配到个人时,这只是增加了个人资源的厚度,资源分配的边际效用一定程度上呈递减趋势,个人资源配备越多未能有效利用的资源堆砌也越多,这种浪费会造成组织效益的停滞。通过"嵌入性"可以拓宽个人资源利用的广度及其辐射强度,是充分发挥内、外部经理人协同作用的基石。应对建立现代企业管理制度的需要,国内外一些知名的家族企业诸如惠普公司、施乐公司、同方集团、联想集团等都构建了知识管理网站,有效推动了企业内部的知识资源的共享,完善了企业的业务流程,促进企业的知识创新。

从社会嵌入理论的视角出发,认知、权力、关系三个维度一定程度上呼应了价值观治理、权威治理、泛家族化构建的需要,这也是本文着重考虑从以上三个维度分析探讨家族企业代理人治理机制的重要原因。该模型倡导以嵌入性的认知、权力和关系三个维度来促进内、外部经理人之间资源与知识集的共享,增强组织内部的凝聚力,进而缓解其内部隐性矛盾,使内、外部经理人双方能够充分发挥各自的优势为企业的目标与绩效服务。模型此处的箭头指向主要表示的是认知、权力、关系三个维度的作用渗透嵌入代理人的共享组织网络中。认知嵌入是从理念到行为习惯的第一步,也是至关重要的一步,行为干预理论的KBP模式表明,认知嵌入程度愈深,实行的倾向性则愈强,对于认知的受传者来说,通过对信息、资讯、知识等进行有根据的自我思考,逐渐内化形成信念,当认知嵌入深化至信念层面时,就能够支配人的行为动机。权力嵌入最基本的是寻求权力与能力的匹配,避免权力的互相倾轧,让企业资源流向正确的方向,这里尤其要强调权力配置的重要性,专业化水平与权力等级水平的契合是达成组织效率最大化的重要手段。美国杜邦家族是世界500强企业中最长寿的公司,杜邦家族两百多年的发展路径经历了单人决策、集团式经营、多分部体制、"三马车式体制"四个重要阶段,在公司不断的变革中其经营权和领导权逐步转变为由有能力的非家族成员担任,在代理人治理中弱化家族概念,强化外部人才的嵌入深度,打破了内、外部经理人之间交易及合作成本高昂的局面。家族治理的趋势之一是产权多元化,分散产权到内、外部经理人个人,塑造他们的企业主人翁意识,增进他们的责任感,充分发挥其主观能动性。国内的方太集团、新希望集团都是这类企业的典型,这些企业积淀了一种包容的企业文化,吸纳更多的管理人才以外部董事、职业经理人等名义进入管理层,依托其经验知识、战略思维为组织决策的科学性、前瞻性提供保障。我们在对企业进行访谈调查的过程中发现:权力的嵌入使得代理人能够做出对自己工作有影响力的决策,让其更清晰地了解到自己的职能贡献,这是代理人施展管理能力的先决条件。此外,Srivastava(2006)等在对团队管理进行研究时印证了授权能促进团队成员中的知识和资源共享,这对管理职能的实施也有积极意义。关系嵌入关注的是内、外部经理人之间的凝聚力,和谐紧密的关系网络让员工能够相互信任,彼此尊重。日本家族企业诸如松下、三井等在企业治理与传承时常常出现"养子"或"婿养子"继承模式,其本质是应对家族内部人才能力不足的一种更深层次的更彻底的关系嵌入。关系嵌入实质是缔结一种相对持久稳定的互相沟通、交流和联系的组织网络,这种网络增强了组织间的紧密性,使得组织分工更容易进行。组织间关系理论表明关系形成后有"长期性",而构建这种关系网络则有"过程性",嵌入时须充分利用组织间个体的"相关性"。另外,认知嵌入和权力嵌入相对更容易实施无差异化的管理分工,但关系嵌入的特殊性及难衡量性使得我们无法苛求家族企业中内、外部经理人之间达到一种无差异化的状态,在这种情况下嵌入关系的关键是营造一种公平公正的组织氛围。

巴纳德(2007)认为:"经理人的职能在于协调管理活动中的各部分对立力量,构建一个公平协作的组织系统,这要求搭建起各种网络沟通体系,这种沟通体系就是组织内部相互联系的中心或联系点。只有当经理人在这种中心担任相应职位时,中心才能够发挥作用。"相应的,本文代理人治理机制的中心思想即是让内、外部经理人处于正确的位置,维持组织的沟通网络,树立协同合作的理念,协调各方的资源、集中资源为组织界定的目标做贡献。

三、结论

本文在文献综述和分析的基础上,讨论了传统代理理论下家族企业代理人治理模式提炼了"激励、监督、绩效考核"三种主要治理方案,并从嵌入性视角的"认知、权力、关系"三个维度探索内、外部经理人的融合互补作用,在此基础上提出了家族企业代理人治理机制的模型。

巴纳德将复合组织中经理人的职能概括为三种:目标的界定与实现;组织中沟通体系的建立和维持;促使个体与组织建立起合作关系,使之能够提供必要的服务。本文从传统代理理论提炼的"激励、监督、绩效考核"三个要点面向的是经理人职能中目标的界定与实现;"共享资源、知识集"和"三维嵌入"面向的是保持组织内部的有效沟通,促使组织成员之间建立合作关系。最后我们可以发现，建立家族企业代理人治理机制并不面向代理人本身，模型最终面向企业的目标与绩效。模型涉及的一系列治理工作重在维持组织复杂的协作努力体系，目的不是为了管理一群人，而是协调组织活动，这一切都是为了提升组织绩效和实现组织目标而存在。

本文探索模型路径将内、外部经理人区分出来但仍将双方纳入同一个研究系统中，意义和创新主要有以下几点：一是肯定了传统代理理论对家族企业代理人治理方面的作用，批判性地继承了传统代理理论经典的治理思路，并延伸出新的理论见解；二是突破了传统代理理论在"非理性经济人"条件下的局限性，综合分析了非经济因素的影响作用；三是充分考虑了家族背景对家族企业代理人行为意向的影响，结合社会学和心理学的研究角度对如何改善内、外部经理人的互动机制给予了更多关注。本文作为一个探索性研究，也存在以下局限：家族企业处于一个动态的发展过程之中，不同发展阶段的代理人有不尽相同的行为特征，上述模型研究限于视角聚焦的原因未能嵌入企业代理人的阶段性特征，综合考虑内、外经理人在不同阶段的权重演变是将来进一步深入研究的方向。

（原载：《中国人力资源开发》，2014年第13期；合作者：赖溢洲、李梦雅）

家族性、家族企业文化与家族企业绩效：机制与路径

一、引言

家族企业代表了一种服务于家族和企业双重需要的混合组织，根植于家族关系中的经营关系创造了许多独特的组织特征。家族企业管理文献普遍认可这些特征。系统理论下，家族企业拥有的家族子系统会对企业所有者子系统、企业子系统和企业经营产生影响，尤其在企业文化上产生影响。资源基础理论下，家族关系中嵌入的企业关系创造了家族企业独特的资源禀赋和能力。国内外学者就此两方面进行了较为广泛的研究，认为这些独特的家族特征很可能是获取企业高绩效的原因。家族企业文化研究，研究对象涉及单个国家、两两国家比较甚至是多个国家和地区的家族企业相比较的研究，虽然家族企业文化内涵包罗万象，且受到当地区、民族和国家的影响，具有文化情境性，但大多数学者同意家族成员共享的价值观是家族企业文化的核心，对家族企业绩效会产生积极影响，代表学者有Stinnett（1983，1986）、Gallo（1993）、Denisonetal（2004）、Vallejo（2011）。另一方面，学者们试图捕捉表现各异的家族性，以期识别对家族企业绩效所产生的影响，代表学者有雷丁（1991）、Astrachanetal（2002）、储小平（2003）、Dyer（2006）、李新春等（2008）、陈凌等（2014），正如潘安成（2011）所说，家族性是家族创业行为所独有的特性，该属性能形成具有稳定性、一致性和可靠性的家族性社会认知，会促进企业绩效的提高。

尽管有这些研究的努力，但鉴于有限的实证研究，我们对于家族企业的这些具体的特征如何影响组织绩效方面仍是知之甚少。作为家庭本位的国家，我国具有深厚的传统文化积淀，家族企业文化几乎都从家族观念上筑起，同时，我国现

已进入成型家族企业生存与成长的调整期，家族企业多在第一代或是向第二代传承，家族性的影响也异于发展较为成熟的西方家族企业，那么在我国情境下的家族企业，哪些家族性会对家族企业绩效产生影响，哪些家族企业文化特征有助于家族企业绩效的提升，家族性是否与家族企业文化存在某种联系，并对家族企业绩效产生影响？

我们将试图围绕这几个问题展开研究，首先对家族性、家族企业文化和家族企业绩效的相关文献进行梳理，然后提出在我国情境下的家族企业中三者之间的关系假设，最后通过广东省157家家族企业的实证研究分析得出结论，本文将在原有的文献基础上拓展前期家族企业的研究，补充家族性、家族企业文化和家族企业绩效三者之间关系的理论依据，同时也有助于寻求推动处于成长关键期的我国家族企业发展的有效路径，兼具理论价值和应用价值。

二、研究设计

（一）研究假设

1. 家族性与家族企业文化的关系

家族性是Habbershon和Williams（1999, 2003）提出的家族企业研究的一个核心概念，他们基于系统论和资源基础论将家族性定义为因家族、家族成员和企业互动中使企业具有的独特的资本束和能力束，并在较短的时间内被学者们普遍接受和成为家族企业研究一个流行构念，学者们从不同角度对家族性展开探讨以期了解家族企业的异质性，但因对其观测维度的有限实证数据，家族性被认为是一个"伞型概念"。学者们普遍认同家族性主要由家族企业的资本禀赋、能力和对这些资本管理和部署施加的家族影响，包括人力资本、社会资本、物质、财务资本等。企业文化是企业学习去解决外部适应及内部整合问题时，所创造发现或发展出的一套共享的基本假设，贯穿于企业生产经营的整个过程。Powell（1991）认为由代理人创立的制度在公司中存在并形成压力，而"家族制度"更加泾渭分明和产生影响。嵌入在家族内部社会资本从微观上提供情感支持，促进道德观、价值观内化，规范企业员工的行为，同时，家族成员的人力资本和物质资本有助于对家族企业文化的巩固，通过家族委员会、家族会议或是股东会等治理结构以确保和明晰服务于企业的家族愿景和价值观，在社会化过程中，通过甄选、培训、激励等多种正式化制度，将家族的人伦和规矩延伸到企业中，对员工行为产生持续性作用，从而，家族性对家族企业文化施以重大影响。

H1：家族性对家族企业文化有显著的正向影响。

2. 家族企业文化和家族企业绩效的关系

近几十年来，学者们对企业文化的研究表明，拥有强大组织文化能提升企业管理的有效性。企业文化对绩效的影响力来自于文化的方向性、渗透性和强度等三个维度。家族企业文化的方向性在于家族出于企业能代代相传的愿望，渗透性在于家族企业文化呈现亲密、界限、清晰次序的三种特点的优势，强度在于通过创造一个强有力关注其优势文化和对其员工社会化支持的环境。当家族企业显示出高水平的家族企业文化，这意味着家族致力于企业，能促进家族企业的可持续性发展。Stinnett（1983，1986）开展了一项长达20年，遍及美国，欧洲和非洲等20个国家的3000个家族研究，发现这些强家族文化所具有的一些共同的特征，如欣赏、沟通、忠诚等重要的家族价值观使家族企业在长期经营中更具有效率和更易成功。专业的咨询顾问Gallo（1993）以其作为企业咨询顾问的经验和观察，提出了区别于非家族企业影响组织绩效的一些重要价值观。Denisonetal（2004）结合前期咨询经验和文化研究成果，认为家族企业的可持续性发展是根植于家族企业的天生信念和独一无二的家族企业文化，他们运用了Denison的组织文化评估工具（包括适应性、一致性、参与性和使命感）比较了20家家族企业和389家非家族企业的企业文化得分，数据收集从1998年至2003年，研究结果发现家族企业文化在12个维度的得分均高于非家族企业文化得分，且在统计上显著，证明了家族企业文化使其在绩效上表现更优。Vallejo（2011）通过理论分析，提出家族企业文化如价值观、长期导向和客户导向影响着家族企业的盈利和生存的命题。

H2：家族企业文化对家族企业绩效有显著的正向影响。

3. 家族性与家族企业绩效的关系

企业绩效，是为达成企业目标而展现在不同层面上的有效输出。为了生存和繁荣，家族企业必须集中于企业绩效（利益）达到效率和效益，同时兼顾家族绩效（利益）达到家族和谐和家业传承。英国学者雷丁（1991）通过长期跟踪访谈在中国香港、中国台湾、东南亚的华人家族企业，发现华人企业组织注重关系网络的"弱组织和强网络"的家族性特点使得华人企业做强。Kleinetal（2002）通过理论分析首次提出了测试家族企业中的家族性的F-PEC模型，随后的一些学者，采用此模型运用实证方法验证了家族性与家族企业绩效的正相关性。储小平（2003）从社会关系资本的角度对华人家族企业的创业与发展进行分析，得出华人家族企业主所拥有的社会关系资本状况对其创业及可持续发展有着至关重要的影响。Dyer（2006）通过理论分析，提出了家族治理、人力资本、社会和财务资本与企业绩效具有正相关性的命题。张学勇等（2009）检测了浙江省内六个地区的民营工业企业，发现高技术水平会提高企业盈利能力。陈凌等（2014）基于全国工商联数据的实证分析验证了当市场化水平和家族企业负责人受教育程度均较高时，家族企业研发投资的增幅大于非家族企业。可见，家族成员的知识技能的提升，可弥补有限的家族人力资源池，从而对家族企业绩效产生积极影响。在浙江慈溪召开的2013国际家族企业论坛上，中华民营企业联合会会长保育均指出，影响家族企业二次创业，制约家族企业规模化发展的主要阻力集中于狭窄的资本获取渠道。现金作为企业的命脉，拥有充裕的资金仍是当下我国家族企业发展的关键因素。

H3：家族性对家族企业绩效有显著的直接正向影响。

4. 家族性、家族企业文化和家族企业绩效三者之间的关系

前述对家族性、家族企业文化以及家族企业绩效的文献梳理表明，家族性对家族企业文化的形成会产生影响，同时家族企业文化建设和在管理实践中的运用又会推动家族企业绩效的提升，基于上述分析，提出以下假设：

H4：家族性与家族企业文化存在正相关关系，并对家族企业绩效有积极的影响。

综合前面的论述，提出本文要验证的理论模型，家族性用F表示，家族企业文化用C表示，家族企业绩效用P表示，具体如图1所示。

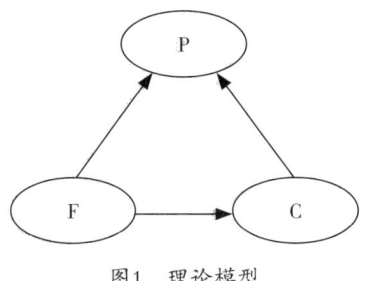

图1　理论模型

（二）样本选择和数据获取

本研究采用调查问卷的方式，调查时间为2013年7月到2013年10月。在正式调研之前，在广东省湛江市三家家族企业派发问卷进行预调研，以确定量表的适用性。正式调研的研究样本来自本研究团队前期研究的和通过政府相关部门的支

持获取的广东家族企业,选取的家族企业特征必须是家族成员拥有企业所有权并出任企业主要领导职务。拟调查200家企业,以登门、发放电子邮件、邮寄等形式发放自陈式调查问卷,每家企业由1位家族高管人员填答数据,为降低同源误差的形成,在问卷内容的编排方面,将测量不同变量的题项随机放在一起,将调查问卷内容分成两部分,尽量避开问卷题项的关联性,先将第一部分内容给被试人员填答,然后隔一个星期后,再将第二部分内容给被试人员填答,最后将收回的第一部分和第二部分放在一起形成一份问卷,如此共收回169份,回收率为84.5%。初步识别,剔除填答有规律,如集中在一或两个选项上的问卷11份,最后收回有效问卷157套,有效回收率为92.9%。样本信息见表1。

表1 样本数据分布

属性	类型	比例(%)
企业规模(人)	100以下	29.85
	100~500	42.31
	500以上	27.84
企业所在地	珠三角	77.61
	粤西	13.17
	粤东	9.22
企业发展阶段	初创	10.45
	成长段	70.15
	发展	19.40
家族成员持股比例	20%~50%	21.87
	50%~80%	26.90
	80%以上	51.23
企业性质	法人独资或合伙企业	35.03
	有限责任公司	47.12
	股份公司	17.85

(三)变量的测量

家族企业文化与家族企业绩效的量表均基于以往的研究文献并结合现阶段的我国家族企业特点进行了相应的调整。家族性量表较少,也不统一,从文献的引用次数来看，F-PEC家族性测量较为学者们所认可，但其3个维度中"传承经验"对于处于第一代或正处于第二代交接中的我国家族企业并不适用，还有将"家族企业文化"作为家族性的一个维度，但从题项来看测量的是家族价值观，家族企业文化的形成除了家族的影响还有为适应外界环境所做出的改变。基于此，根据Dyer（2006）和Breton-Miller（2004）的研究文献和依据半结构访谈内容，提炼出家族成员的物质资本（F_1）、人力资本（F_2），社会资本再细分为内部社会资本（F_3）和外部社会资本（F_4），内部社会资本是指家族企业内部家族成员间的信任、友爱等关系，外部社会资本指企业与商业、政府之间的关系。家族性量表由10个题项构建，如"您对家族基金的充裕度的评价"等。家族企业文化量表借鉴了Tsuietal（2006）对中国民营企业的文化测评中的文化量表，并对量表进行了适当地修改，涉及家族企业价值观（C_1）、家族企业愿景（C_2）、顾客导向（C_3）、创新文化（C_4）和社会责任（C_5）等5个维度15个题项，如"员工对家族企业的认可度"等。家族企业绩效量表为兼顾家族绩效和企业绩效，根据以往文献由家族成员的满意度（P_1）、家族企业名声（P_2）、营运能力（P_3）、盈利能力（P_4）和发展能力（P_5）5个维度等15个题项构建，如"企业成功给家族成员带来的满意程度"等。所有项目均采用Likert量表5级评分，要求被试人员按问卷内容与同类企业比较打分，5为非常好，1为非常差。表2为对家族性物质资本的测量。

表2 家族性物质资本的测量

物质资本	1代表"非常差"，5代表"非常好"				
·您对家族基金的充裕度的评价	1	2	3	4	5
·您对家族成员的融资能力评价	1	2	3	4	5

（四）量表的信效度检验

研究量表的信度以Cronbach的α系数来表示，家族性、家族企业文化、家族企业绩效的信度检验结果见表3，其结果表明，各量表的信度均达到可接受水平，表明问卷具有较好的一致性。

表3 信度分析结果

变量	测量项目个数	α
F	10	0.814
C	15	0.802
P	15	0.708

关于家族性、家族企业文化、家族企业绩效的效度从内容和结构两方面检验。问卷的内容均参考了以往文献研究和根据我国家族企业现阶段的特点进行了适当的修改,在问卷初稿完成后,在3家企业进行了预测,征询了专家和企业家意见进行了调整和修正,可认为其内容效度良好。对于结构效度,采用验证性因素分析方法检验。检验结果表明,各常用检验指数均达可接受水平,说明量表结构效度较好,如见表4所示。

表4 验证性因素分析结果

拟合指数变量	χ^2	df	χ^2/df	GFI	IFI	CFI
F	21.96	12	1.83	0.96	0.97	0.96
C	41.11	25	1.64	0.92	0.92	0.97
P	72.85	47	1.55	0.91	0.91	0.96

三、实证分析

首先运用SPSS17.0软件对家族性、家族企业文化以及家族企业绩效之间的关系进行相关性分析,表5列出皮尔森相关系数,表中指标间的相关性为我们多元回归分析提供了依据,然后,通过多元回归分析检验提出的理论假设H_1、H_2和H_3。最后,运用AMOS 7.0软件构建结构方程模型,检验3个变量之间整体关系的显著性水平,以验证假设H_4。

表5 变量间的描述性统计与皮尔森相关系数

变量	均值	标准差	1	2	3	4	5	6	7	8	9	10	11	12	13	14
1. F_1	3.38	0.89	(0.78)													
2. F_2	2.76	0.71	0.06	(0.80)												
3. F_3	2.82	0.86	0.86	−0.04	(0.82)											
4. F_4	4.08	0.72	0.01	0.03	−0.08	(0.82)										
5. C_1	3.91	0.72	−0.06	0.06	−0.08	0.06	(0.91)									
6. C_2	2.90	0.82	0.10	0.08	0.46^{**}	−0.13	−0.04	(0.78)								
7. C_3	3.62	0.78	0.03	0.22^*	−0.04	0.04	0.03	0.09	(0.81)							
8. C_4	2.26	0.77	0.22.	−0.08	0.08	0.18^*	−0.07	−0.03	0.05	(0.84)						
9. C_5	2.80	0.73	0.09	−0.08	0.10	0.07	0.08	0.11^*	0.03	0.07	(0.71)					
10. P_1	2.42	0.62	o ir	−0.03	0.16.	0.01	0.11^*	0.20^*	−0.04	0.11^*	0.36	(0.78)				
11. P_2	3.36	1.15	0.55^{***}	−0.07	0.42^{**}	−0.02	0.07	0.33^{**}	0.01	−0.03	0.04	−0.01	(0.73)			
12. F_3	2.57	0.74	−0.02	0.16	0.12	−0.05	0.05	0.14	−0.07	0.11^*	0.05	0.18^*	−0.01	(0.75)		
13. P_4	3.45	1.04	0.09	−0.13	0.29^*	0.12^*	0.22^*	0.04	0.06	0.13^*	0.04	−0.06	0.06	0.16^*	(0.89)	
14. P_5	2.89	0.73	0.02	−0.01	−0.13	0.01	0.01	−0.10	0.2J	0.16^*	0.06	0.07	0.11^*	0.09	0.07	(0.75)

（一）家族性对家族企业文化的影响

以家族性的物质资本、人力资本、内部社会资本、外部社会资本为解释变量，家族企业价值观、家族企业愿景、顾客导向、创新文化和社会责任为被解释变量，分别进行多元回归分析，检验家族性与家族企业文化之间的相关性，结果见表6。从家族性与家族企业文化的关系来看，家族企业内部社会资本和人力资本对家族企业愿景和家族企业价值观存在积极的正相关性。同时，外部社会资本和人力资本对创新文化有正向的促进作用。

表6　家族性与家族企业文化多元回归分析

变量	C_1		C_2		C_3		C_4		C_5	
	β	t	β	t	β	t	β	t	β	t
F_1	0.02	0.54	0.09	0.72	0.54	0.35	0.06	0.33	0.07	0.23
F_2	0.22	1.73*	0.27	2.02**	0.09	0.27	0.18	1.13*	0.20	1.17
F_3	0.24	2.22**	0.28	2.33**	0.50	0.21	0.02	0.99	0.30	0.76
F_4	0.02	0.48	0.12	1.37	−0.38	−0.11	0.23	1.72**	−0.14	−0.57
Adjusted R^2	0.26		0.29		0.09		0.21		0.08	
F	26.76***		32.33***		7.77		19.32**		6.44	
$D-W$	1.85		2.03		1.96		2.32		2.37	

注：表中的星号"*"表示概率水平<0.1，"**"表示概率水平<0.05，"***"表示概率水平<0.01，β 为标准化回归系数，Adjusted R^2 表示校正的决定系数。

（二）家族企业文化对家族企业绩效的影响

在检验家族企业文化对家族企业绩效的影响时，以家族企业文化量表中的5个维度为解释变量，以家族企业绩效的5个维度为被解释变量，进行多元回归分析，检验它们之间的相关性，结果见表7。其中顾客导向、创新文化和社会责任对企业的发展能力有显著的正效应；家族企业价值观和家族企业愿景与家族企业名声和盈利能力具有显著的积极影响。同时，社会责任对家族企业名声的建立也存在积极的正效应。

表7 家族企业文化与家族企业绩效多元回归分析

变量	P_1		P_2		P_3		P_4		P_5	
	β	t	β	t	β	t	β	t	β	t
C_1	0.19	2.14	0.36	2.12**	0.44	2.02	0.29	2.33**	0.15	1.33
C_2	0.07	0.57	0.27	2.02**	0.02	0.59	0.14	1.83*	0.20	1.13
C_3	−0.03	−0.53	0.12	1.37	−0.48	−1.92	0.07	2.64	0.37	2.12**
C_4	0.08	0.34	0.08	0.74	0.52	3.11	0.12	0.86	0.24	2.34**
C_5	0.16	1.02	0.26	1.66*	0.32	2.69	0.02	1.76	0.34	2.12*
Adjusted R^2	0.18		0.39		0.14		0.21		0.41	
F	5.77		14.66***		2.78		11.56***		17.69***	
$D-W$	1.85		1.97		1.86		2.08		2.08	

注：表中的星号"*"表示概率水平<0.1，"**"表示概率水平<0.05，"***"表示概率水平<0.01，β 为标准化回归系数，Adjusted R^2 表示校正的决定系数。

（三）家族性对家族企业绩效的影响

同理，以家族性量表中的4个维度为解释变量，并分别衡量家族企业绩效的5个维度，进行多元回归分析，检验家族性与家族企业绩效间可能存在的相关关系，结果见表8。从家族性与家族企业绩效的关系来看，内外社会资本与家族企业名声正相关，人力资本与家族企业的营运能力和盈利能力正相关，外部社会资本对家族企业的盈利能力有积极影响，同时，物质资本对企业的发展能力有积极作用。

表8 家族性与家族企业绩效多元回归分析

变量	P_1		P_2		P_3		P_4		P_5	
	β	t	β	t	β	t	β	t	β	t
F_1	−0.11	−1.55	0.06	0.10	0.34	0.42	0.23	2.13	0.32	2.19*
F_2	0.18	1.39	−0.01	−0.02	0.27	2.22**	0.20	2.45**	0.37	0.55
F_3	0.22	0.86	0.32	3.11***	−0.47	−1.07	0.30	1.94	−0.30	−0.12
F_4	0.25	0.88	0.55	2.33**	−0.09	−1.07	0.15	1.99**	0.14	0.22
Adjusted R^2	0.02		0.41		0.15		0.35		0.17	
F	2.61		28.74**		15.56**		26.26**		17.76***	
$D-W$	2.05		1.97		2.08		1.86		2.15	

注：表中的星号"*"表示概率水平<0.1，"**"表示概率水平<0.05，"***"表示概率水平<0.01，β 为标准化回归系数，Adjusted R^2 表示校正的决定系数。

（四）家族性、家族企业文化、家族企业绩效的关系

现对假设H_4进行验证，为综合考虑各变量之间的相互作用关系，选择AMOS 7.0软件构建结构方程模型，检验3个变量之间的相互影响和作用。以家族性、家族企业文化、家族企业绩效为潜变量，并分别以3个变量中的各维度所包含的题项得分进行加权平均赋值，权重根据相应的维度载荷系数计算得出，从而将上述变量的维度转变成可观测变量，检验理论假设H_4。模型整体拟合指数如表9所示，检验指数均在可接受水平，说明模型拟合效果较好。3个变量所构成的结构关系模型路径系数如图2所示，从中可以看出，家族性与家族企业文化的相关系数为0.34，显著水平小于0.01，说明家族性与家族企业文化之间存在显著的相关关系，假设H_1得到验证。家族企业文化与家族企业绩效的路径关系显著，显著水平小于0.01，路径系数为0.46，说明家族企业文化对家族企业绩效有显著的直接效应，假设H_2得到验证。家族性与家族企业绩效的路径关系也是显著的，显著水平小于0.01，路径系数为0.55，说明家族性对家族企业绩效有显著的直接效应，且影响程度较大，假设H_3得到验证。同时，上述检验结果也说明，家族性与家族企业文化存在较强的正相关关系，且两个变量都对家族企业绩效有显著的正效应，假设H_4得到验证。

表9　模型拟合程度检验指数与路径关系

拟合指数	χ^2	df	χ^2/df	GFI	IFI	CFI	TLI	RMSEA
检验结果	224.73	84	2.68	0.93	0.96	0.96	0.94	0.07
路径关系显著性水平	家族性→家族企业文化 ***			家族企业文化→家族企业绩效 ***			家族性→家族企业绩效 ***	

注：" * "表示概率水平<0.1，" ** "表示概率水平<0.05，" *** "表示概率水平<0.01。

四、主要研究结论及启示

首先，通过多元回归分析模型，分别检验了家族性、家族企业文化与家族企业绩效相互间的作用关系。然后，运用结构方程模型进一步分析了上述3个变量之间的结构关系，综合以上检验结果，主要得出以下结论和启示。

①从家族性与家族企业文化的关系来看，家族企业内部社会资本对家族企业愿景和家族企业价值观存在积极的正相关性，这表明家族企业背后的互信，彼此尊重，清晰的角色扮演等家族关系在家族企业中能形成积极的组织伦理氛围，使

其易于在企业内扩散、共享，并制度化，从而塑造员工在组织中的行为，这将有利于员工接受家族企业愿景和增强员工对企业的认同感。家族企业人力资本和外部社会资本对创新文化的正向作用，表明家族成员人力资本的拓展有助于创新文化的建设，丰富的外部社会资本有助于企业获取创新所需的信息和政策支持，提高创新与市场需求的吻合度，促进企业创新文化的提升。

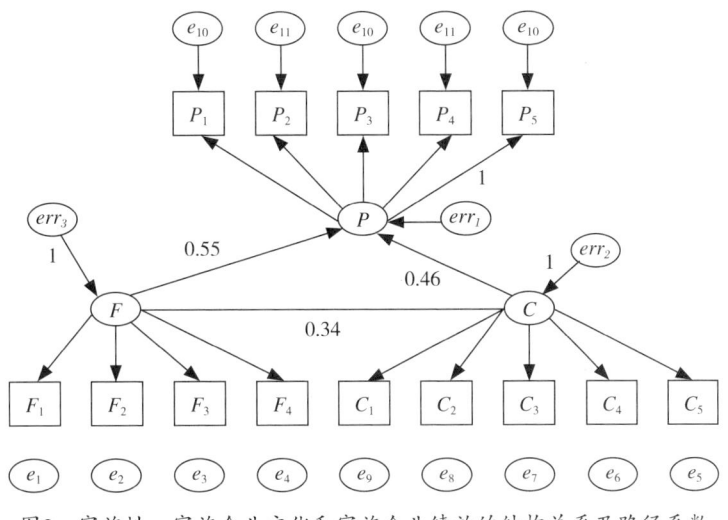

图2　家族性、家族企业文化和家族企业绩效的结构关系及路径系数

②从家族企业文化和家族企业的绩效关系来看，家族企业价值观和家族企业愿景与家族名声和盈利能力存在显著的正相关，这表明企业倡导、信奉的基本价值观和行为规范会付诸管理实践对企业绩效产生影响。若这种成功的价值观根植于家族中，是其他企业很难模仿的，这能提高家族企业绩效并为企业赢得名声，这也与一些学者认为组织文化的价值观与组织绩效存在着正相关的研究结论吻合。其次，顾客导向、创新文化和社会责任对企业的发展能力具有显著的正效应，表明在市场开放程度和竞争加剧的当今市场，企业对顾客、创新和社会责任的重视能推动企业的可持续性发展。最后，社会责任对家族企业名声的建立也存在积极的正效应，表明家族企业积极参与扶贫济困、公益慈善事业的行为，是被社会所支持和推崇的，有助于品牌建设，赢得社会的尊重。

③从家族性与家族企业绩效关系来看，内外社会资本对家族企业的名声产生积极影响，表明积极的家族关系互动会强化家族员工间的相互依赖，促进彼此间持久的融洽相处和协作，为企业赢得好的名声；与政府、商业等建立的网络关系

使其更易赢得公众的信任。其次，人力资本对企业的营运能力和盈利能力有积极作用，这意味着因家族企业中家族财产与企业财产密切相关，家族成员为保全家族财产，会更加关注资产的使用效率，通过有效地运用资产创造收入，提高企业的运营效率，从而也利于盈利水平的提高。再次，家族性中的外部社会资本与企业盈利能力存在正相关性，这表明在当下双轨并行的制度环境下，企业外部社会资本仍是我国家族企业具有活动的关键，我国的家族企业也习惯从搭建的社会资本网络中寻求自身的实际利益。最后，物质资本对企业发展能力产生积极影响，表明充裕的家族物质资本能促进企业进行新产品或市场的推广和开发，尤其在企业困难时期，有助于企业渡过资金难关而平衡发展。

④从家族性、家族企业文化与家族企业绩效的结构关系来看，家族性与企业文化之间存在显著的正相关性，并且对家族企业的绩效产生积极的正面影响，表明家族成员的人力资本和内部社会资本有助于传播家族企业价值观和明晰家族愿景，有利于员工形成一种稳定的共同认知与行为意向，这将提升企业的名声和盈利能力，同时兼顾家族和企业双重绩效，家族企业的家族性是帮助家族企业产生高绩效的强有力的家族企业文化的主要和必不可少的前提。

总之，我们的研究明确了家族性、家族企业文化和家族企业绩效的相互影响机制和路径，这将有助于正确理解我国情境下的家族企业在提升家族企业绩效方面家族性和家族企业文化所发挥的作用。家族是家族企业的生命血液，家族系统功能不足势必会影响企业系统的生存和繁荣。家族企业须勤于对家族性的识别和管理，将其视作企业管理的重要一部分，重视如何发挥家族企业价值观、家族企业愿景在企业管理中的作用。在家族和企业的演化中，家族企业为适应内外环境的变化，家族性和家族企业文化也需要演化，家族企业需定期诊断家族性和家族企业文化对家族企业发展所产生的影响，哪些是积极须要提倡的，哪些是消极须要约束的，家族性和家族企业文化应做怎样的调整，使其成为企业发展的动力。中国人强调血浓于水、骨肉相连的亲情，只要家族成员拥有融洽、互助和互信的内部社会资本，家族性对家族企业文化的影响才能形成区别于非家族企业文化成为竞争优势，嵌入到企业的管理实践和战略中，推动家族企业绩效的提升。

本研究的贡献之处在于，以往的研究集中于家族性与家族企业绩效或是家族企业文化对家族企业绩效的讨论，本研究将这三个因素整合在一个研究模型中，探讨在我国情境下家族企业中这三个因素间的交互作用。局限性在于，由于家族企业数据相对难以搜集，我们采用的截面数据来搜集所有的样本信息，因为没有采用纵向数据,所以分析的一些关系,可能并不能推导因果关系,但是,以前的研究也指出家族性和文化的变量在较长一段时间里是相对稳定的。此外,我们采用了方便取样,这符合以前家族企业研究方法,我们认为这不会是主要问题。与此同时,我们的数据主要依赖于自我评估信息,尽管这与客观数据会产生信息偏差,然而这是家族企业研究普遍运用的方法,而且,基于前期与样本企业形成的研究关系,我们通过实地调研获取的一手数据验证了一些样本,以便使数据有较高的质量,尽管本研究得到了一些有意义的结论,对处于成长关键期的我国家族企业发展有所启示,未来仍需采用纵向研究的方法来验证结论的应用能力。

(原载:《科研管理》,2016年第8期;合作者:涂玉龙)

第四部分

经典理论解析研究

打造企业文化的7个基本理论模型

企业文化是我多年来关注的领域,所以也常常被问这样一个问题:如果要了解企业文化,从哪些理论入手会更适合一些?被问多了,我也就做了一些功课,把基本的理论模型找出来,供大家参考。

一、德鲁克:打造经营理论

彼得·德鲁克(Peter F. Drucker)在其著作《巨变时代的管理》(*Managing in a time of Great Change*)一书中,认为经营理论有三部分:第一,有关组织环境的假设。即有关社会、社会结构、市场、顾客及技术的假设,这是用来定义一个组织的收入来源;第二,有关组织特殊使命的假设。是用来定义一个组织所做的有意义的结果,换句话说就是,使命不但能凸显组织在经济领域的价值,甚至也能凸显其社会价值;第三,有关完成组织使命所需的核心能力(core competency)的假设。则是用来定义若一个组织想要保持领先地位,需要哪方面的卓越表现。

一套清晰、一致、有效的经营理论,通常需要耗费多年的努力工作、思考和实验才验证得出来。然而,为了求取成功,每个组织都必须拥有自己的经营理论。

那么,什么是有效的经营理论呢?

德鲁克先生提出四点论述:①有关环境、使命和核心能力的假设,必须符合实际情况。②在三个领域中的假设必须相互适应。③经营理论必须被整个组织知道和理解,形成组织文化。④经营理论必须不断接受检验。⑤最后,组织必须重新思考已失效的理论,确保其与环境匹配,组织的新使命和新核心能力也得跟上时代变迁的步伐。

二、沙因：文化的层次

沙因在其所著的《组织文化与领导》（*Organizational Culture and Leadership*）一书中，澄清了组织文化定义的争议。在他看来，从知识的观点，有的定义坚持客观论（objectivism），有的则主张主观论（subjectivism），有的强调冲突，有的则注重共识。甚至有人指出，组织文化的探讨至少有五大传统（convention）、12种观点（perspective），可见此领域的复杂与多元。沙因运用文化层次理论，向我们揭示了文化的内涵，从此人们就比较容易理解文化的定义了。

（一）人为饰物

最顶层是人为饰物，包括了我们初入一个新群体，面对一个不熟悉的文化时，所看见、听见与感受到的一切现象。人为饰物意指该群体可见的成品，例如，建筑物、所使用的语言、技术与产品、服装的风格、可见的行为等。

（二）外显价值观

外显价值观是指群体生成的信念与伦理规则，且是可被感知的意识层面，并具有清晰显现的言辞表达。因而它们具有规范的功能，引领群体成员如何处理特定之关键情景，以及训练新成员如何表现出符合模式的行为。一系列的价值观，需要体现于意识形态或组织哲学观上，用以作为行事方针，以及对不确定性或对困难情景的处理方式。

（三）基本假定

基本假定是已经被视为理所当然的东西，故在一个文化单位中的变异性很小。事实上，如果一个群体持有某种坚定的基本假定，则成员的行为就不可能再为其他前提所左右。基本假定类似于阿吉里斯所言的"实用的理论"，基本假定是一只看不见的手在实际操纵着行为，告诉群体成员如何去知觉、思考以及感觉事情（Argyris，1976；Argyris & Schon，1974）。

根据以上三个层次，在分析文化时，我们必须体认到一点：人为饰物容易被察觉到，却很难由此解读文化；外显价值观可能只是合理化的反映，或只是用以鼓舞人心罢了！因此，唯有尝试深入一个群体所共享的基本假定层次，并且必须了解此基本假定的学习形成历程，我们才能了解该群体的文化。因此，我们也必须理解，文化——基本假定的改变是十分困难的。

三、河野丰弘：企业文化的要素

河野丰弘在其所著的《改造企业文化——如何使企业展现活力》一书中，提出了企业文化的构成要素。

（一）成员的价值观

这项要素常会以下列标语加以表现：挑战精神、进取心、速战速决等，是具有活力的企业文化价值观；谨慎、固执、保守、小团体、马马虎虎、没气魄等，则是僵化的企业文化价值观。

（二）情报收集的取向

情报收集与内部的沟通模式会依企业不同而有所不同。首先，是充分收集情报加以分析，还是以主观来决定？再者，情报收集是由外部收集而来—亦即顾客导向的情报收集，还是内部导向？换句话说，取向不同可以决定企业文化不同的特性。顺畅的企业文化，上下左右的沟通良好；而僵化的企业文化，沟通量有限。

（三）构想是否为自发性地产生

这是一项重要的要素。有活力的企业可用自由旷达、立即反应（quick response）、脑力激荡等表现；僵化的企业则可说成生产导向（不考虑顾客的需求）、重视规则、强制规范等。

（四）从评价到实行的过程

对失败的反应，不同企业也会不同。不畏失败，才是有活力的组织的特性；僵化的组织则会形成害怕失败、过度谨慎的官僚主义。

（五）实行时，上下成员的互助关系

有活力的组织是"相互信赖"的，对上司也不太会用过于尊敬的语词，上下级的距离很短，组织能够容许特立独行的人存在；相对地，僵化的组织则不仅上司与下属之间没有信任，同事之间也缺乏信任，固守本位主义。

（六）对组织的忠诚度

员工想被终身雇用，还是有好的机会就跳槽？

(七)动机的形态

这是指对工作的责任感,当然也即是说对工作是否全力以赴。有活力的企业,个人的成就感极大;僵化的组织中,成员只做最小限度的工作,个人成就感也低。这些行动,从外部来看,显而易见。

企业文化依据行动主体的阶层可分为下列几种(见图1)。

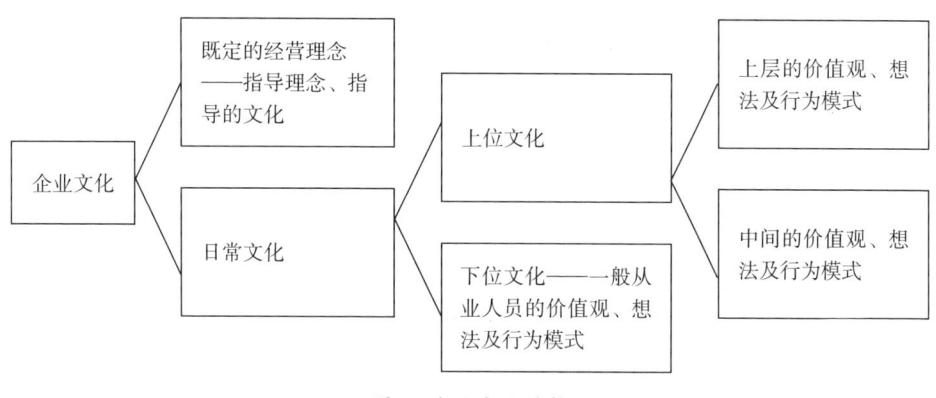

图1 企业文化结构

资料来源:河野丰弘,变革的企业文化,p34,1988.

四、约翰·科特与詹姆斯·赫斯克特:企业文化与经营业绩

约翰·科特(John P. Kotter)与詹姆斯·赫斯克特(James L. Heskett)在《企业文化与经营业绩》(*Corporate Culture and Performance*)一书中,总结了20年的研究,得出以下结论。

(一)企业文化对企业长期经营业绩增长有着重大的作用

作者发现重视所有关键管理要素(消费者要素、股东要素、企业员工要素),重视各级管理人员的领导艺术的公司,其经营业绩远远胜于那些没有这些企业文化特征的公司。在11年的考察期中,前者总收入平均增长682%,后者则仅达166%;企业员工增长前者为282%,后者为36%;前者公司股票价格增长901%,而后者为74%;前者公司净收入增长为756%,而后者仅为1%。

(二)企业文化在10年内可能成为决定企业兴衰的关键因素

由于种种原因,经营业绩不佳的企业的企业文化对其经营管理存在着负面作

用。最为重要的原因在于，这些企业文化会对企业采用必要的新型经营策略或经营战术的行为产生抵触。在当今日新月异的世界里，一成不变的企业文化在未来10年中对企业的经营管理会产生更大的负面作用，这一点是可以预见的。

（三）对企业长期经营业绩存在负面作用的企业文化并不罕见

这些企业文化容易滋生蔓延，即使在那些汇集了许多通情达理、知识程度高的人才的公司中也是如此。那些鼓励不良经营行为，阻碍企业进行合理的经营策略转变的企业文化容易在相当长的岁月里缓慢地、不知不觉地产生，常常是当企业获得较好经营业绩的时候。这种企业文化一旦存在，就极难改变。因为这些文化不易为人察觉，同时还因为它们表现出对现存企业内权力结构的维护。当然，还有着许多其他的原因。

（四）企业文化尽管不易改变，但它们完全可以转化为有利于企业经营业绩增长的企业文化

这种转变错综复杂，需要时日，同时也需要与最杰出的经营管理能力不同的领导才能。这种领导才能必须具有明确现实的洞察力，清楚哪一种企业文化可以促进企业经营业绩的增长——一种目前实业界、企业文化研究领域均罕见的洞察力。

五、格里·约翰逊与凯万·斯科尔斯：战略与文化

格里·约翰逊（Gerry Johnson）与凯万·斯科尔斯（Kevan Scholes）在《公司战略教程》（*Exploring Corporate Strategy*）一书中，分析了文化对组织战略的驱动方式，提出了文化与利益相关者的期望这一课题。文化、期望与组织目标的关系如图2所示。

格里·约翰逊与凯万·斯科尔斯在同一本书中提出文化网的概念，并将其作为在组织内保护和维护公共持有的核心信仰和假定的说明。这部分提出：怎样分析文化网的各组成要素，并将它们作为了解文化环境的手段。在这种文化环境下可能产生新的战略，这是将来评估战略选择的一个重要的背景，不仅仅与在当前变化表中出现的选项有关，还与要求有更大变动的选项有关，如图3所示。

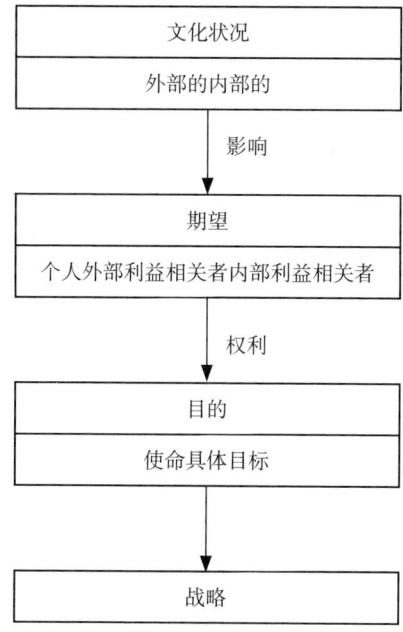

图2 文化、期望与组织目标

资料来源：Gerry Johnson，Kevan Scholes. *Exploring Corporate Strategy*，1993.

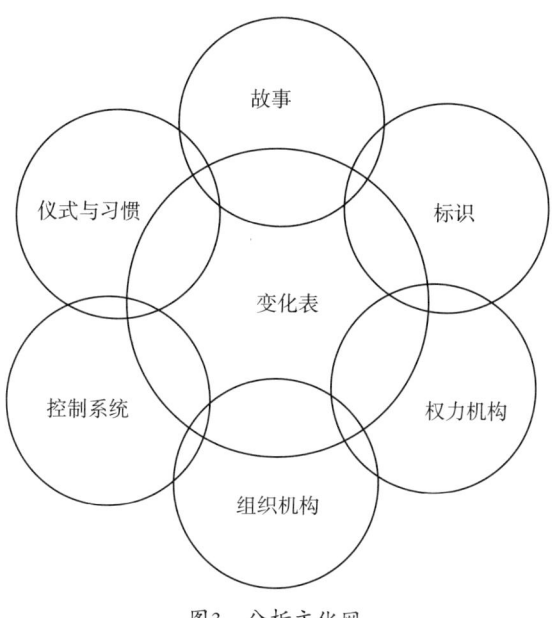

图3 分析文化网

资料来源：Gerry Johnson，Kevan Scholes. *Exploring Corporate Strategy*，1993.

六、约翰 P. 科特：企业文化类型与人力资源管理

约翰 P. 科特认为，企业文化通常是指一个企业中各部门，至少是企业高层管理者所共同拥有的那些企业价值观和经营实践。科特将企业文化分为以下三种类型。

（一）强力型企业文化

几乎每个经理人都具有一系列基本一致的共同价值观与经营方式。这些价值观通过规划或职责规范公之于众，敦促公司所有经理人遵从这些规范。这种文化的组织层级结构与权责划分清楚，建立在控制和权力的基础上。

（二）策略合理型企业文化

强调文化的适应性，适应于企业环境、企业经营策略。此类企业文化，工作环境开放、和谐，具有较大的灵活性，但在经营方式上比较稳健，允许员工在紧急情况下，采取应急措施。为适应环境，要求组织成员彼此高度的支持及信任，能接受重大的变革。

（三）灵活适应型企业文化

此类企业文化能够使企业适应市场经营环境的变化，并在这一适应过程中领先于其他企业。组织环境相当开放，重视员工对创新的挑战性，组织中亦有高度的支持和信任，容许员工冒险及尝试错误，会追求企业较不熟悉的风险与接受重大的变革。

（四）企业文化与人力资源管理的关联

Quchi 和 Wilkin（1983）认为，组织可借由企业文化来控制组织成员。Smircich（1983）认为企业文化是高层管理者用来主导企业方向的关键。显然，文化的多样性对人力资源管理策略选择的影响会特别显著。因此，母公司从事人力资源管理活动时，往往可以通过文化的整合以达到控制子公司的目的。如在强力型企业文化下，母公司利用其强有力的统一的价值观来订立规则，就会有很好地控制效果，但对于灵活适应型企业文化下的员工而言，用规则来约束员工可能

会完全无效果。

人力资源管理策略包括了所有为协助组织达到其战略目标而规划的人力资源活动，组织内一切人力资源管理作业都必须配合企业整体竞争战略和形式，有系统地、相互配合地设计和实施，以加强企业竞争效果并完成企业整体战略目标。它强调人力资源管理活动与组织目标的紧密联系。

Dyer（1988）将人力资源管理策略分为三类：利诱策略（inducement strategy）、投资策略（investment strategy）、参与策略（involvement strategy）。人力资源策略与企业文化有着密切的关系，企业文化是人力资源策略选择的重要因素之一。

不同的人力资源策略可以搭配不同的竞争战略。同时，不同的组合对于组织绩效会有不同的影响效果。

七、彼得·圣吉：第五项修炼

彼得·圣吉（Peter M. Senge）发表了一本引起广泛关注的书《第五项修炼》（*The Fifth Discipline*），在这本书中他自称要为人类找出一条全新之路，即建立学习型组织的五项修炼。

（一）第一项修炼：自我超越（personal mastery）

"自我超越"的修炼是学习型组织的精神基础。精熟"自我超越"的人，能够不断实现他们内心深处最想实现的愿望，他们能够全身心地投入、不断创造和超越，是一种真正的终身"学习"。这项修炼对于组织中整体价值观的形成，对于组织成员对组织目标的认同，对于提高组织的学习能力具有重要的作用。

（二）第二项修炼：改善心智模式（improving mental models）

"心智模式"是根深蒂固于心中，影响我们如何了解这个世界，以及如何采取行动的许多假设、成见。在管理的许多决策模式中，决定什么可以做或不可以做，也常是一种根深蒂固的心智模式。对于个人而言，心智模式对于提高学习能力和智力水平具有重大影响，因此，我们也可以将组织的心智模式视为影响组织学习能力和组织智商的重要因素。心智模式的修炼同时又可以提高组织的应变能力，使得组织在变动的环境中持续成长。

（三）第三项修炼：建立共同愿景（building shared vision）

如果有任何一项领导的理念，几千年来一直在组织中鼓舞人心，那就是拥有一种能够凝聚并坚持实现共同愿景的能力。建立共同愿景对于组织价值观的形成，特别对于组织凝聚力的强化具有重大影响，同时，这一修炼显然是组织目标形成和组织成员目标认同的必要前提。

（四）第四项修炼：团队学习（team learning）

我们用"整体搭配"，而不是用"同意或一致"的概念，来掌握团队学习的精髓。当团队在真正学习的时候，不仅团队整体产生出色的成果，而且，个别成员成长的速度也比其他学习方式要快。团队学习之所以重要，是因为在现代组织中，学习的基本单位是团队而非个人。除非团队能够学习，否则组织便无法学习。

（五）第五项修炼：系统思考（systems thinking）

"系统思考"是以一种新的方式使我们重新认识自己所处的世界：一种心灵的转换，从将自己看作与世界分开，转变为与世界连接；从将问题看作是由"外面"某人或事所引起的，转变为看到自己的行动如何造成问题。学习型组织是一个促使人们不断发现自己如何造成目前的处境，以及如何能够加以改变的地方。

学习是一个终身的过程。你永远不能说"我们已经是一个学习型的组织了"，学习越多，越察觉到自己的无知。因而，一家公司不可能达到永恒的卓越，它必须不断地学习，以求精进。

（原载：春暖花开公众号，2017年10月25日）

巴纳德的意义和经理人员的职能

巴纳德是首屈一指的大师级人物,他对现代管理学的贡献,犹如法约尔和泰勒对古典管理学的贡献。《经理人员的职能》出版于1938年,是巴纳德于1937年11月和12月期间在波士顿应哈佛大学校长洛厄尔的邀请去进行的八次演讲的基础上修订和扩充而成的,该书奠定了组织管理理论的基础,为其带来了巨大的声誉,受到了诸多学者的高度评价。1982年T. J. 彼得斯和T. H. 沃特曼在他们的畅销书《追求卓越》中对《经理人员的职能》评价说:"它的思想博大精深,一时难以理解;尽管如此,它仍是一座纪念碑。"之后是战略管理学派的代表人物K. R. 安德鲁斯再一次强调,《经理人员的职能》是一本需要反复阅读的书,"对于它的老读者来讲,仍然是重要的,并且继续在吸引着新的读者。""我的论点是,这本书之所以能够存续下去,不仅是由于它出版以后对组织理论文献的影响,而且更重要的是由于它继续提供重要的但不容易得到的洞察力。"美国《财富》杂志盛赞巴纳德为"可能是美国适合任何企业管理者职位的具有最大智慧的人"。对于这位西方现代管理理论中社会系统学派的创始人,管理学界几乎一致认为:巴纳德关于组织理论的探讨,至今几乎没有人能超越,西方管理学界称他是现代管理理论的奠基人。后来的许多学者如德鲁克、孔茨、明茨伯格、西蒙、利克特等人都极大地受益于巴纳德,并在不同方向上有所发展。

因为理论上巴纳德的重要地位和影响,笔者一直不断研读《经理人员的职能》这本书,但是真正理解巴纳德,还是自己成为经理人之后对于组织管理的理解和经理人角色的认识,使自己真正认识到巴纳德的意义在于其在书中传递给我们的以下六个方面的管理思想。

一、组织是为实现个人生存目标和组织目标而存在的

巴纳德首先提出一套有关在正式组织中合作行为的综合理论。通过对合作系统的基本思考，巴纳德将合作系统定义为"由两个或两个以上的人，为了合作实现至少一个目的，以具体的系统关系所组成的，包括物质因素、生物因素、人的因素和社会因素的复合体。""在构成一个合作系统的子系统之中，有一种叫作'组织'的系统，即以'两个或更多的人合作'这个词所暗指的"，最后巴纳德将正式组织定义为"经过自觉协调的、两个或两个以上的人的活动和力量所构成的系统。"

组织能否发挥效用，取决于组织本身能否带动组织成员一致性的行为，大多数的情况下，组织成员有着不同的目的和行为选择，如何让这些不同目的和行为的人集合在一起？其关键要素是什么？巴纳德告诉我们这个关键就是合作。"经理人员的职能同组织的活力和持续所必需的所有工作有关，至少在组织必须通过正式的协调运营时是这样。经理人员的职能是维持一个协作努力的体系。经理人员的职能是非个人的。我们所讲的经理人员的职能，就好像相对于身体其余部分的，包括大脑在内的神经系统一样。神经系统指挥着身体的各种活动，以便使身体更有效地适应于环境，维持生存。"这就明确地告诉我们，组织基于合作，而合作基于个体生存的需要，组织是由于个人需要实现他自己在生理上无法单独达成的目标而存在的。为了生存下去，这种合作系统就必须在实现组织目标方面是有效果的，而在满足个人动机方面是有效率的。巴纳德有关合作系统的概念而言，其优点就在于"组织目标处于核心地位"的思想。他深信，组织目标的制定，是经理人员特有的职能。只有组织目标的制定，才能使环境中的其他事物具有意义，组织目标是使所有事物统一起来的原则。巴纳德在书的最后几节里，明确地表明了他的个人信念。在这部分论述中，他把组织目标与责任联系起来。其中，责任就是"组织目标制定的质量，是这种质量赋予人的行动以一种可信性和决断力，并使组织目标具有先见性和理想性。"

二、经理人员的三项基本职能

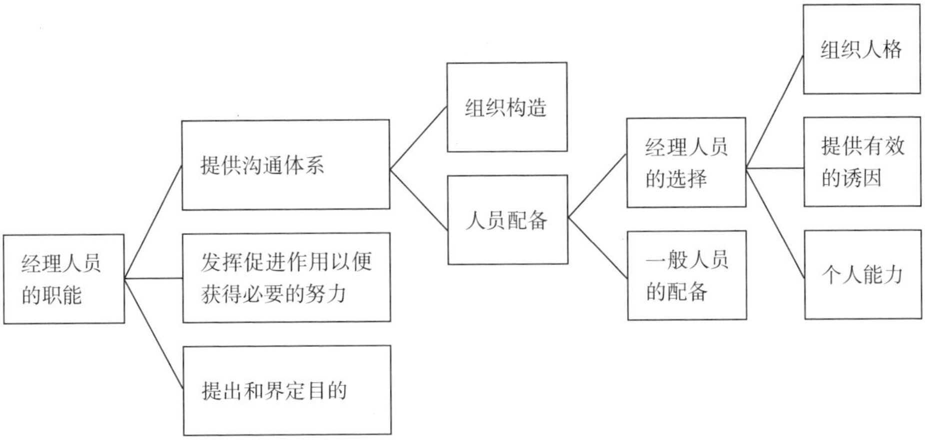

图1 经理人员的三项基本职能

"经理人员的职能"一章是整部作品的核心篇章,巴纳德告诉我们,经理人员的职能重在维持一个庞大而复杂的协作努力的体系,他并不是在管理一群人,而是在协调、指挥组织的一系列活动。一个公司的总经理亲自去推销商品、一个大学校长直接给学生上课等类似的工作是不属于组织的管理工作的,他这时只是在履行一个普通组织成员的职能,但这些工作可能比其专门化的管理工作更有价值。实际上,经理人员的工作是管理工作和非管理工作的混合体,经理人员的职能重在维持一个庞大而复杂的协作努力的体系,他并不是在管理着一群人,而是在协调、指挥着组织的一系列活动。他不是独立的个体,其活动是非个人性质的,依存于整个组织的活动和组织的其他成员以及整个组织活动休戚相关、相互联系、相互影响的。所以,巴纳德认为经理人员的职能是:①提供沟通体系;②发挥促进作用以便获得必要的努力;③提出和界定目的。由于组织的各项要素是相互关联和相互依存的,所以经理人员的职能也是这样。

(一)提供沟通体系

经理人员位居信息交流中心这个关键职位,为了维持信息交流体系,经理人员需要完成两个重要的任务,一是组织构造,二是人员配备。

第一,组织构造实际上就是指组织职位的确定,每一个职位都有着相应的职责,这些往往会通过组织图、职务说明书、分工规定等形式明确地表述出来。它包括组织所做工作的协调,即把目的分解为辅助目的、专门化、任务,等等;它们都属于经理人员的职能范畴,巴纳德在单独研究组织构造时,始终假设这些因素都是战略因素,其他的因素都是不变的,不过组织的目的除外,它可能会改变组织的构造且影响着所有其他的因素。

第二,人员配备方面包括经理人员的选择以及一般管理人员的配备。首先,经理人员的选择。对经理人员的素质和能力的要求和措施主要体现在以下三点:①组织人格。组织对经理人员要求的唯一最重要贡献也是最普遍的资质,就是忠诚,这种组织人格,也就是人们通常所说的"责任心";②提供有效的诱因。对待组织中的其他成员一样,为经理人员提供适当而有效的诱因;③个人能力。在经理人员的组织人格得以肯定以后,接下来就是其个人能力必须合格。巴纳德将组织所需的经理人员的能力分为两类:较一般的能力和专门能力。前者指一般的机敏性、广泛的兴趣、适应性、调节能力、平静、勇气等;后者指特殊的素质和获得的技能为基础等方面的能力。其次,一般人员的配备。包括人员的选拔、晋升、解雇等工作,这些同配备经理人员一样也是维持组织信息交流体系的本质要素,没有这些,组织就不会存在。人员的选拔特别是人员的提升、降级、解雇等常常决定于监督或经常叫作"控制"的职能。

(二)发挥促进作用以便获得必要的努力

发挥促进作用以便获得必要的如何促成组织中每一个成员的个人努力是经理人需要付出极大努力的职责。这主要体现在以下两个方面:一是促使成员与组织建立协作关系;二是促使成员加倍贡献力量。经理人员如果想发挥这个职能,就要做到两点:第一,引发成员对于组织的兴趣;使他们加入组织,第二,想方设法地采取各种措施和手段提供条件和帮助,使成员能够同组织建立协作关系,力图使其成员为组织加倍的贡献力量。

(三)提出和界定目的

目的的制定和分解是组织决策过程中的一项重要工作,同时更是经理人员理所应当要承担的重要责任。经理人员不仅要制定目的,还要设法让组织的所有成员都接受这个目的,经理人员在制定目的的时候,一方面自己要承担责任,另一方面要将部分工作授权给其他管理人员来完成。这样一是可以减轻经理人员的工作负担;更重要的是会使组织的其他管理层以及一线工作人员能够对组织目的有更清楚的了解和认识。制定目的毕竟只是一种手段，制定目的的目的就是为了让其能够实现，最终能促使组织的发展。

三、正式组织与非正式组织的区别

"正式组织是有意识地协调两个或两个以上的人的活动或力量的一种系统。在存在合作的任何一种具体情境中，都包含着几种不同的系统。有些是物质系统，有些是生物系统，还有些是心理系统，等等。但是，把所有这些系统组合成为具体的合作整体的共同要素，就是上述定义中所说的组织。"巴纳德接着继续总结："当具备下列条件时，组织就生成了。这些条件分别是：①存在能够彼此交流的人；②他们愿意做出贡献；③为了实现共同的目标。因此，组织的构成要素主要有：①沟通交流；②做出贡献的意愿；③共同的目标。"

对于非正式组织的定义，巴纳德这样确定："我所讲的非正式组织，是指上面所描述的人际接触、相互作用和相关群体的总和。"基于系统的思考，巴纳德清晰地给出了非正式组织和正式组织的辩证关系，"正式组织产生于非正式组织，而非正式组织则依赖于正式组织。不过，在正式组织产生之后，它又创造了非正式组织，并且需要非正式组织。"为了阐明非正式组织的性质，巴纳德指出："与有意识形成的正式组织不同，非正式组织是由无意识的社会过程产生的。非正式组织往往会产生两类重要结果：①它使人们形成一定的态度、理解、风俗、习惯和习俗；②它为正式组织的产生创造条件。"非正式组织与正式组织的区分可以说是巴纳德非常重要的贡献，因为这个区分使得我们能够把握人们在组织中的个性需要和组织需要之间如何连接的方式，管理面对正式组织的同时，借助于非正式组织的建立，满足成员在情感、爱好和兴趣方面的需求，可以促成正式组织目标的实现。

四、提供恰当的诱因是经理人员组织工作的重要任务

巴纳德认为，个人努力的贡献构成了组织力量的源泉，而这种贡献是个体在诱因的作用下产生的，在组织中，个体始终是基本的战略因素，如果不能为其提供诱因就无法促成合作，如果不能提供恰当的诱因就可能导致合作的失败。他区分了诱因的客观方面和主观方面，并且对诱因的经济性进行解析。

巴纳德把提供客观诱因的过程称作"诱因方法",把改变人们主观态度的过程称作"说服方法",两种方法分别对应诱因的客观方面和主观方面,巴纳德随即对两种方法展开了具体的论述,然而比具体的方法更为重要的是,管理者必须能够意识到两种方法在组织工作的实践中是缺一不可的,正如巴纳德所说,"组织既可以通过提供客观诱因,也可以通过改变人的思想状况来获得所需要的努力,从而维持组织的存在。在我看来,如果不综合运用这两种方法的话,任何组织实际上都无法存在。"

除了诱因的综合运用,巴纳德同时也强调诱因的经济性,对于组织而言诱因是昂贵的,其成本可能会对组织的生存造成威胁,因此,诱因的经济性是指提供客观诱因和进行说服工作所带来的收入和支出的净结果,而各种诱因的分配,必须同所寻求的各种贡献相适应。此外,巴纳德还从诱因的经济性的角度分析了组织的成长,"所有组织都把规模作为有利诱因存在的指标而加以反复强调;当组织规模较小或成长停滞时,就用其他诱因的合理化来进行解释。由此引起的组织过度成长,是本来成功的组织遭到破坏的根源。之所以这么说,是因为组织的过度成长可能会对组织的效果和效率产生反作用,使诱因不再适应于组织,并破坏了诱因的经济性。"可见,规模并非恰当的诱因,一个"规模型企业"未必是一个有价值、可持续成长的企业,从长远来看,企业的成长性可能遭到企业过度规模导向的破坏。

五、效果与效率的区别

关于效果与效率,巴纳德在"个体与组织"和"正式组织理论"两章内分别从人和组织的角度加以阐述。"效率和效果这两个词在内涵上的差异,他们既与人的行为有关,也与组织的行为有关。"在"个体与组织"一章中,巴纳德对人的行为的效果和效率做了区分,"如果一项行动达到了它特定的客观目标,我们就说它是有效果的。如果一项行动满足了所设定目标的某些动机,而又没有产生消极后果,那么无论它是不是有效果的,我们都说它是有效率的。如果一项行动没有使动机得到满足,或是产生了消极后果,那么即使它是有效果的,我们也认为它是无效率的"。

在"正式组织理论"一章中巴纳德指出,"组织要想持续存在,有效性和效率都是必不可少的。而且,组织存在的时间越长,这两者的必要性就越发突出。"对于什么是组织的有效性也就是效果，巴纳德很明确地提出："组织的活力在于成员贡献力量的意愿，而这种意愿要求这样一种信念，即共同目标能够实现。如果在进行过程中发现目标无法实现，那么这种信念就会逐渐削弱并降到零。这样，有效性就不复存在了，做出贡献的意愿也就随之消失了。"也就是说，组织的效果实际上是组织成员对于共同目标实现所认同的程度以及所贡献的程度，如果组织成员认同组织目标并愿意为此付出努力的时候，组织效果最大。对于效率的界定，巴纳德认为："意愿的持续性，还取决于成员个人在实现目标的过程中所获得的满足。如果这种满足不能超过个人所做出的牺牲，这种意愿也会消失，组织就没有效率。反之，如果个人的满足超过其牺牲，做出贡献的意愿就会持续下去，组织就富有效率。"也就是说效率取决于组织成员个人获得和付出的比较，如果获得大于付出的时候，组织效率高，如果组织成员获得小于付出的时候，组织效率低。巴纳德对于效果和效率的区分虽然还是比较生涩，但是仍然让我们关注到了两个至关重要的问题：第一，组织目标的成员认同度；第二，组织成员对于所得和付出的比较。这个提醒是非常有意义的。

六、组织管理中存在着自己独特的规律

巴纳德提出了富有争议性的"权力"理论。巴纳德认为，"权力是正式组织中沟通（命令）的一种特征，得到了组织贡献者或组织成员的接受，并支配着他们的贡献行为——即支配或决定什么是应该为组织从事的活动、什么是不应该为组织从事的活动。按照这个定义，权力主要包括两个方面的内容：①主体方面，即个人方面，把命令作为一种权力来接受；②客体方面，即命令得以接受的性质。"最后一点明显地体现了他对"命令是服从的必要条件"这一古典思想的反对。为了支持这一定义，有必要创造出"冷漠区"这一概念。巴纳德假定每个人都有这么一个区域：在这个区域中，个人对命令不加怀疑地加以接受。他解释说，日常的合作之所以成为可能，正是由于作为下属的个人具有接受权力的复杂机制。而巴纳德提出"冷漠区"的概念的更大意义在于，这个区实际上是可以"拓展"的，巴纳德强调要通过职权以外的影响力来使人们接受"冷漠区"以外的命令，"只根据他所具有的知识和理解力，人们就认为他在组织中所讲的话是有权威性的，这就是领导权力。当领导权力同职权结合起来以后，与组织有关的人一般都会承认其权威性，接受远超出'冷漠区'之外的命令"，"与其说这些

人有权利,不如说他们具有影响力",实际上巴纳德也从另外一个角度阐明了权力的真正源泉。

巴纳德提出了经理人的道德水准和责任。巴纳德明确认为"经理人员责任的突出标志,是不仅要求它符合复杂的道德准则,而且要求它为别人制定道德准则。有关这方面的职能的最常见的工作是:在组织中确保、创造和鼓舞'士气'。这是向组织或合作系统和客观权力体系灌输观点、基本态度和忠诚的过程。这一过程会导致有关个人利益和个人准则的'小规定'服从于合作整体的利益,而且其中还包括树立工艺标准的道德(这也是重要的)。"直到今天企业组织管理的职业教育一直很关注责任的概念。在一个社会问题恶化、竞争和期望上升的时期,对于经理人员的职业道德水准提出更高的要求,巴纳德有关责任的论点在今天有着更大的社会实用性。尤其是巴纳德认为企业的存续时间同它的道德范围(或水平)相适应的观点可以给我们极大的启示。

结束语

总之,《经理人员的职能》的真正价值在于巴纳德所探讨的问题是每一个经理人正面对的问题,正如安德鲁斯所言:"他的伟大来自于他的抽象思维能力,来自于他把理论应用于职业经验的本领,来自于他对实践的敏感性和实战经验。在同时应用理论和实践这两种能力方面或发挥这两种能力的综合效力方面,我认为没有人能够超越巴纳德。正是由于这些原因,自《经理人员的职能》一书出版以来(直到今天),它仍然是专业经理人员所撰写出的、有关组织和管理的最能给人以思想启发的巨著。"

法约尔与组织效率最大化

引言

认识法约尔是在理解组织管理的时候，那是1993年，我第一次学习法约尔的14条管理原则。1916年，《工业管理与一般管理》发表，法约尔提出著名的"管理要素"，标志着一般管理理论的诞生。法约尔深深吸引我的地方不是他对于一般管理要素的贡献，而是在法约尔那里，我终于明白组织效率的提升来源于何处。

管理从根本意义上是解决效率的问题，从管理演变的历史来看，管理演变的第一个阶段是科学管理阶段，代表人物是泰罗，这个阶段所解决的问题就是如何使劳动效率最大化；管理演变的第二阶段是行政组织管理阶段，代表人物是韦伯和法约尔，这个阶段解决的问题就是如何使组织效率最大化；管理演变的第三阶段是人力资源管理阶段，包括人际关系理论和人力资源理论，这个阶段解决的问题就是如何使人的效率最大化。因此管理所谈的效率如果做细致的划分就是劳动效率、组织效率和个人效率。而在一个高度发展和竞争的环境中，劳动效率的改善已经成为基本条件，同时因为个人需求的提升，以及满足个人需求的激励手段的不断出现，个人效率的改变也出现了前所未有的进步，但是相比较而言，组织效率的改善却不尽如人意。

对于为什么会出现这样的情况，人们习惯以条件变化来开脱，比如：组织不再是一个"封闭的系统"。组织采取的任何行动深受环境的巨大影响（当然组织自身也在很大程度上对环境产生影响），组织的行动会受到外部和内部的各种因素干扰而偏离了既定的方向，以上观点是正确的，所以一些人会认为因为外部环境影响的组织效率无法控制，而我们也只好接受；又比如，组织中不再存在明确的杠杆。以往我们习惯运用组织的明确的杠杆去做管理调整，例如我们可以通过裁员来提升组织的盈利能力，可以通过轮岗来提升管理人员的管理能力，通过流程重组来提升组织的效率。但是这种简单的线性关系已经不存在，也许你在裁员的时候，竞争对手已经通过新产品替代了你的企业产品，你在提升管理者能力的时候，市场已经需要全面的技术替代。我们习惯的努力也许得不到想要的结果，因为今天已经不是"种瓜得瓜，种豆得豆"的时代。这个观点也许是对的，所以当人们以此认为组织效率更加无法有明确的调整因素的时候，我们似乎也很难不同意他们的观点。但是，如果真的如此，组织无法适应这个变化的环境，也就无法真正发挥管理的功效。

所以这并不是真实情况，组织以它自身独特的特性——系统化的人的组合，来发挥作用。之所以有上面的误区，是因为我们在今天的管理中，忽略了法约尔最初提出的14条管理原则的两个关键问题，而这两个关键问题的理解，构成了组织管理的基础，也就是影响组织效率的两个关键要素。这两个关键问题是：专业化能力和等级制度。

一、等级制度下的专业化能力

法约尔从管理职能讲起，认为其也是企业组织的基本职能之一，连同技术职能、商业职能、金融职能、安全职能、财务职能一起构成了企业组织的六大职能，然后指出，"每项组织职能，或叫作基本功能，都有其相对应的专门能力。"他不断地比较企业中领导者、基层管理人员的能力价值，不断地强调员工能力贡献的重要性，特别分析了在各种类型的企业中，基层人员和领导者之间能力的特征，得出以下重要结论。

（一）基于大型工业企业的研究结论

通过对大型工业企业中技术职能人员应具备的各种能力的相对重要性研究，法约尔得出以下结论：①工人的主要能力是技术能力。②随着等级地位的提高，管理能力的重要性递增，同时技术能力重要性递减。在第三或第四阶层两种能力趋向平衡。③经理的基本能力是管理能力。等级越高，对其管理能力的要求越高。④商业和金融，安全和财务能力在第五阶层或第六阶层有其最大的相对重要性。随着等级地位继续提高，这些能力在总体价值中的比例会降低并趋于平衡。⑤从第四和第五阶层开始，管理能力所占比例随其他比例的减少而增加，其他比例接近总值的十分之一。

(二)基于各种类型工业企业的研究结论

通过对各种类型工业企业领导人的必要能力的相对重要性研究,法约尔得出以下结论:①小型工业企业的领导人的主要能力是技术能力。②随着企业等级的升高,管理的相对重要性增加,与此同时技术能力相应降低。在中型企业中这两种能力达到等值。③大型企业领导的基本能力是管理能力。企业越大,管理能力越起主导作用。④相对中低层技术人员,商业和金融能力对中小型企业领导人有更重要的作用。⑤随着企业规模的扩大,管理所占比例逐渐突出,其他能力趋于水平,大约占总体价值的十分之一。

这两项研究让法约尔得出了如下论断:技术能力是大型企业的低层人员和小型工业企业主的基本能力;管理能力是高层领导者的基本能力。技术能力对工业企业下层起支配的作用,管理能力则在上层占主导地位。最后,法约尔用一句话对等级制度下的专业化能力进行总结:在所有类型的企业中,下层员工的主要能力是具有企业专业特征的能力,而高层领导者主要能力是管理能力。

(三)通过管理教育构建专业化能力

为了能够让所有人具有这些专业能力,法约尔特别强调了管理教育的重要性。

事实上,法约尔以上研究的目的就在于强调管理的重要性,甚至不局限于企业组织,还包括对个人、家庭或国家,而这显然在以往是被忽略的,"编制这些图表的目的是为了让公众注意到工业企业管理职能的重要性。技术职能长久以来已经物就其位,但是它并不能保证企业顺利发展,因为它必须有其他基本职能的协作,尤其是管理职能的协作。人们普遍需要对管理理念的认知",鉴于管理的重要性,法约尔十分关注管理理论的建立和传播,"由于缺乏管理理论,在家庭、车间或国家事务中,好的和坏的方法鱼龙混杂,公众无法判别这些管理行为",法约尔甚至表明其发表研究的目的就在于确立理论,"理论建立了,还应该解决教育的问题。人们或多或少需要管理知识。对家庭或国家事务而言,对管理能力的需求与实务的重要性有关;对个人而言,如果其职位越高,管理能力就越重要。因此,管理教育应该普及",随后,在"管理的要素"一章中我们可以看到,不同程度的教育是如何影响专业化能力的构建的,而专业化能力构建的结果就是培养出不同等级所需的企业人才。

二、管理的一般原则

（一）法约尔14条管理原则的展开逻辑

法约尔在阐述14条管理原则的时候，我们不难看出他是围绕四个关键问题展开，这四个关键问题是：①劳动分工；②等级与职能过程；③组织结构；④控制范围。而对于这四个关键问题的诠释和理解，法约尔都是在不断地强调专业化和分工、分责、分权之间的关系，"劳动分工的结果是职能专业化和权力分离"，"如果领导者的才能、威望、智慧、经验、反应能力允许他扩大领导范围，那他就可以加强权力集中，他的助手就会变成简单执行命令的下属。相反的话，如果他愿意只保留一部分管理特权，而向合作者求助经验、观点和意见，那他就可以采取广泛的分权"，"权力所到之处，责任随之而生"，甚至在谈到人员报酬、个人利益、团队等等原则的时候，也是在分责的前提下来谈论，对于等级制度、统一指挥、统一领导、集中、秩序、公正等管理原则中也一贯表达对于分责的理解和认识，统一指挥、统一领导、集中这三个原则与分责一同构成了等级制度中责权集分的尺度体系，秩序讲究"合适的人在合适的位置上"，因此要求职责的合理分配，而法约尔关于等级链的设计实质是通过下放权力解决了组织沟通的效率问题。

（二）法约尔对于原则本身的理解

法约尔提出了管理的一般原则，然而要真正保证组织效率的提升，还要对原则本身有所理解，这也正是法约尔提醒我们的，"没有原则，我们就要陷入黑暗和混沌；没有经验和尺度，即便是最好的原则，我们也会举步维艰"，在"管理的一般原则"一章的开篇和结尾，法约尔都表达了其对于原则本身的理解：尺度和灵活，"管理方式绝不是死板和绝对的东西，它完全取决于一个'度'。同样的情况下，我们几乎从不重复使用同一原则，这是因为应该考虑纷繁复杂的情况、不同的人和其他一些易变因素。原则是灵活的，适用于任何事情，重要的事是应知道如何运用它"，事实上，在原则之上，"度"是原则本身有效性的前提，这也充分体现在法约尔的一般管理原则之中，劳动分工中法约尔谈到"尺度感"，在集中原则里，"领导者和下属的绝对和相对重要性不是一成不变的，因此我们知道，权力集中和分散的尺度自身也就会经常变化。选择集权还是分权，其尺度就是能否使总收益最大化。所有能提升下属重要性的做法就是分权，所有能降低下属重要性的做法就是集权"，在人员的稳定中，法约尔也指出"像其他所有原则一样，稳定原则也有个尺度问题"，因此，懂得了原则的内涵和逻辑，还要理解原则本身的意义，才能使原则生效。

三、法约尔的管理职能体系

书的最后一部分，也是法约尔对于管理理论最为重要的贡献：一般管理要素的提出。从1955年问世的世界级经典教材哈罗得·孔茨《管理学》至今的诸多管理学教材的理论框架都可以从这里找到根源，所以，孔茨称法约尔为"现代管理理论"的真正创始人，而这也正是法约尔写这本书的目的，建立一套管理理论并让其广为传播。

计划、组织、指挥、协调、控制五个要素构成了法约尔的管理职能体系。

（一）计划

法约尔指出，"计划有多种表现方式和不同的表现场合。它的主要表现形式、明显特征及最有效工具，就是行动计划"，而"计划的真实价值，即它能给公司带来的效用，只有实践才是检验它的最高标准"。尽管如此，法约尔还是给出了一个好的行动计划的一般特征：统一、持续、灵活和精确性。计划的统一性指的是"一次只能执行一个计划：两个不同的计划可能导致双重领导，造成困惑，引起混乱"，计划的持续性指的是计划的指导作用应该是"持续的"，计划的灵活性是指计划应"相当灵活"以便视正确需要而调整，而计划的精确性是指"在那些影响企业命运的未知因素所能允许的范围内，明确一切可能明确的细节"。

（二）组织

因为对组织效率的关注，组织这一要素本身也成为法约尔在这本书中重点研究的内容。仍然是基于对"专业化能力"的深刻理解，法约尔在组织构成的研究中对"参谋"展开了大量的论述，"参谋部"的提出不在于他的名称，而在于其暗含的思想和价值，如果深入研读我们就会发现，参谋的本质在于通过"外包"弥补了自己"专业化能力"的不足进而最终提升了组织的效率，法约尔也表达了清晰的逻辑，"在领导的所有职责中，最重要的职责之一就是寻求改善的措施。

为了实现这些改进，就需要一定的方法、能力、时间、意愿和资金资源"，"如果他的能力或知识不足，或者时间不够用时，他就必须寻求帮助，于是这些给予他帮助的人就组成了参谋部，参谋部由一群有实力、有能力和有时间的人组成"。伴随着组织的成长更应关注组织效率问题，正如法约尔一再强调，"没有哪个人的知识可以解决大企业运行中出现的所有问题，也没有任何人有足够的时间和精力来应对大企业领导所担负的多种职能。"因此，特别是对于大型组织的领导者或者管理者而言，如果你不具备专业的知识，如果你没有专门的时间，你就要通过对"专业化能力"的深切体认来改善组织，提升组织的效率。

组织效率最终要通过员工来实现，法约尔在组织的要素中谈到了人员的招聘和培训，"如果人员招聘得不好，其结果关系到企业人员队伍的构成"，"但是不论选择员工有多么困难，他还是没有培训员工那么难"，法约尔将培训作为论述的重点，原因在于法约尔坚信"专业化能力"是可以通过后天的培训得到的，"一个好员工——具备技术的、商业的、金融的、管理的或其他方面的能力——不是天生的。为了使员工能具备这些能力，就要培养他"，正如前文所述，除了理论本身，法约尔还关注"教育"，而参与教育的主体又是多方面的，于是法约尔接着说："这种培养一般体现了长期艰苦的努力，这种努力，家庭、学校、车间和国家都参与其中了"，而法约尔自己也在其中从"贡献精神、管理技能、合作精神、增进知识、创新精神、健康体魄、责任感"等方面表达了自己对年轻人的"忠告"。

（三）指挥

法约尔指出，"对每个领导人来说，指挥的目的就是根据企业的利益，使他部门内的员工最大限度地发挥作用"，沿着组织中讲到的人员的招聘和培训，接下来要做的就是激励员工发挥出最大的效能，所以指挥的职责之一就是要"充分了解企业和员工之间的协定"，因为"企业和员工之间是通过协议来建立彼此之间的联系"。

（四）协调

法约尔指出了组织中的三种不协调现象：①各个部门不了解，也不想了解其他部门。他们的工作好像只以其自身为存在的理由和目标，他们不关心其他部门，也不在意企业的整体利益。②与部门之间一样，分部之间、科室之间好像都存在着严重的隔阂。每个人最关心的是将自己的个人责任置于公文、命令和通告的保护之下。③没人关心企业的整体利益,缺乏创新精神和忘我的工作态度。这种不协调导致了组织的内部能耗,管理的协调职能正是要解决这一问题,通过平衡各种力量,最终做到统一领导和力量的凝聚,从而最大限度地释放出组织的效能。

（五）控制

法约尔指出,"在一个企业中,控制就是要检查核实各项工作是否都已遵照被采纳的行动计划运行,是否和下达的指标一致,是否和一定的原则相符。"并且强调了控制在企业六大职能的方方面面都起到作用,"控制的目的在于指出工作中的错误和失误,以便人们能及时纠正,避免再次发生",体现了控制的反馈功能。

本人也深受上述一般管理要素的影响,目前我们仍然是沿着法约尔为我们所指引的管理路径在前进,无论世事的变化,环境的变化,管理能够发挥的职能仍然是法约尔早在1916年提出的这些要素,但是最为关键不是这些要素本身,而是法约尔所强调的观点：专业从事管理工作。他在阐述这些管理要素的时候,甚至分析到大型企业的领导者和小型企业的领导者管理要素的要求的不同。

结束语

当我们把法约尔的所有原则和要素掌握的时候,我们也就明白：组织效率最大化的手段是专业化水平与等级制度的结合。所以一方面我们需要强化专业化的能力,无论是管理者、领导者还是基层人员,只有贡献了专业化的水平,我们才能够算是胜任了管理工作；另一方面需要明确的分责分权制度,只有职责清晰的分工,权力明确的分配,等级安排合理,组织结构有序,管理的效能才会有效地发挥。专业化水平与等级制度的结合正是组织效率最大化的来源。

随着变化的加剧,环境对于组织的要求更高,组织一方面需要保持与外部环境变化的相一致性,有需要保持组织效率本身对于变化的超越的能力,所以今天来重读法约尔的《工业管理与一般管理》有着更为真实的意义。我们之所以遇到组织效率的困境,是因为忘记了组织管理自身的一般规律,从而偏离了组织管理的轨迹,忘记了专业化水平的提升和等级制度的建立。无论环境如何改变,如果想和环境变化保持一致,那么我们就必须不断地反问自己：什么类型的专业化和等级制度才能使组织效率最大化。

福列特的四个管理基本原理

关注到福列特是在研究企业组织管理特性的时候，因为一直对于冲突的理解无法把握清楚，在检索文献的时候，很偶然地发现福列特提出的"建设性冲突"的观点，研读下去才发现包括德鲁克先生在内的很多著名学者都极为推崇她，笔者开始试着理解福列特的思想和观点，也尝试着理解在早期管理理论中人们所关注的问题的实质到底是什么。这些努力给了笔者极大的帮助，同时也让笔者更清晰地理解了福列特思想的脉络，她从关注雇员之间的问题解决理论、参与管理、质量范围和其他基于团队的涉及员工在诊断、分析和寻求解决方案的方法入手，研究领导者和权力的作用，提出企业组织是一个社会组织而非经济组织等一系列在今天看来非常重要的思想。福列特很早就已经分析了在什么时候竞争能够变为一种合作，例如贸易联盟的形成，在这种形式中竞争者结成联盟并形成一个产业为最终消费者提供最高质量的产品和服务；合作信用系统；涉及学徒学校的贸易；同产业间管理者和专业联合组织。正如她所写的，职业经理人协会的形成，联盟的形成并不是在高度全球化竞争中所产生的一种新的理念；所有今天大家以为是全新理念的东西，特别是动态及联盟的想法，只不过是福列特观点的一种新的阐述形式而已。

在今天这样一个新的环境中，如何更好理解福列特并使她的理论可以指导我们的实践，就需要我们再次认真地把握她思想的实质，笔者把福列特的思想概括为四个基本的管理原理。

一、第一个基本原理：建设性冲突

福列特说："冲突与差异是客观存在的，既然这一点不能避免，那么，我们应该对其加以利用，让它为我们工作，而非对它进行批判。"她认为："我希望大家暂时将冲突看作是不好不坏的；不带任何道德上的预断去考虑冲突；不要将它看作斗争，而是将它看作观点或利益差异化的表现。因为冲突正意味着差异。我们不应仅仅考虑雇主和雇员之间的差异，还要考虑管理者之间、董事会的董事之间的差异，或者任何可能存在的差异。"对于冲突的这个看法具有非凡的洞察力，这是笔者第一次认识福列特魅力的地方。对于中国文化背景下成长的管理者来说，最大的挑战就是如何面对冲突，因为长期以来我们不愿意直接面对冲突，结果导致大部分的组织没有活力，我们不知道冲突本身是一个保持差异的现象，正是因为存在冲突，才使得差异得以保存，进而保存了组织的活力。

更有价值的是，福列特还提出怎样"运用冲突"。首先是运用冲突去理解。德鲁克对于这一点也给予了高度的赞誉，福列特告诫我们不要去追寻在冲突中谁对谁错，甚至不要去问什么是对的，我们先假设双方都是对的，对于不同的问题双方都可能给出正确的答案。对于冲突的正确运用，就是在认同双方利益的基础上，使冲突为双方共同所用，双方站在对方的立场上去相互理解对方的问题，同时需要双方都能认为是正确的满意答案。冲突管理的最终结果并不是"胜利"也不是"协商"，而是利益的整合。福列特的"建设性冲突"的思想有着非常巨大的现实意义，在今天充满变化并需要不断发展壮大的环境中，整合和协同是根本的解决之道，这也是为什么在今天的管理理论中如此多的管理学者强调战略联盟、协同营销和水平营销的原因。借助于福列特的理论，我们可以明确地知道"冲突"的管理方式和方法。福列特说："处理冲突的方式主要有三种：控制、妥协以及整合。显然，控制是一方战胜了另一方，这是处理冲突最容易的方式，但其效果是短暂的，长期来看并不成功……处理冲突的第二种方式是妥协，我们对其了解得比较多，因为它是我们解决大部分分歧的方式；每一方为了和平都退让一点，或者准确地讲，为了让被冲突妨碍的活动能够继续进行。……然而，没有人真正想去妥协，因为这意味着要放弃一些东西。有没有其他方法可以结束冲突？目前，另一种方式开始得到承认，有时也会被采用：即将双方的要求整合起来。这意味着我们找到了一种解决方法，它满足了双方的要求，没有任何一方需要牺牲。……整合可能是处理冲突和差异最富成效的方式。"福列特所提供的解决冲突管理的这些方法对于很多管理者来说是非常及时和有效的。

除了告诉我们整合是解决冲突的有效方式以外，福列特还进一步阐述了整合的基础，教会我们如何进行整合，"即使双方的主张都是正确的，我们也认为差异并不一定意味着对抗，如果我们认为整合比征服或妥协更加有利可图，那么迈向成功的第一步是将差异公开化。除非我们知道差异在哪里，我们才有可能对他们进行整合"，"因此，整合的第一条规则是摊牌，即直面真正的问题，揭开冲突，将整件事情公开化"，显然，面对差异，逃避或压制问题不是解决问题的方法。对于整合的第二步，福列特接着说，"如果第一步是解释真正的冲突，下一步就是将双方的需求拿来，按照他们的组成要素进行分解"，紧接着她还举了一个例子，"我认识一个男孩，他很希望接受大学教育。但是由于父亲过世，他不得不立刻开始工作，赡养母亲。那么，他放弃了自己的愿望吗？没有，因为经过分析，他发现自己想要的不是大学教育，而只是一种受教育的经历，后者有很多方式可以实现"，对于如何分解问题，她进一步举了一个形象的例子，"我的一个朋友想去欧洲，但她又不想支付必需的花费。这可以整合吗？是的，她找到了整合的方法。为了更好地理解，让我们使用我所提倡的方法；我们问道，'去欧洲'对她意味着什么？为了发现答案，我们需要对'去欧洲'进行分解。'去欧洲'对不同的人意味着什么？一次航海旅行，看到很多漂亮的地方，遇见新面孔，脱离日常职责的休息和改变，以及很多其他的事情。当时，大学毕业后，这位女士教了许多年的书，然后离开岗位，多年来过着隐居的生活。'去欧洲'对她而言是一种符号，并不意味着雪山、教堂或者图画，而是认识新的人，这才是她想要的。当被安排到一所由年轻男士和女士就读的暑期学校任教时，她立刻就接受了，因为在那儿她会遇到一群有趣的老师和学生。这就是她的整合。"由此可见，通过问题的分解把真正的需求挖掘出来，才是问题的治本之道。

尽管整合是实现冲突建设性的钥匙，但是福列特也指出了整合的障碍，诸如，"它要求具备一定的才智、敏锐的感知和辨别力，最重要的是显著的创造性"，"我们的生活方式使大多数人习惯于控制"，"争论的问题常常被理论化，而非拿出可行的处理建议。我认为这一点在企业管理中很重要"，还有"人们所使用的语言""领导者不恰当的影响"以及"缺乏相应的训练"，通过深入阅读我们会发现，要进行有效的整合首先要有意识地突破这些障碍，而不是沿着自己的思维惯性去实施整合。

二、第二个基本原理：企业是一个社会组织

福列特把企业看成是一种社会组织而非仅仅是一个经济或生产组织的观点，是很多同期管理学观点所不能及的。如果企业不仅仅是一个经济组织而是一个社会组织，这就要求企业需要承担更多的经济以外的职责，企业管理者需要更加明确经济责任之外的社会责任，正如彼得·德鲁克在《哈佛商业评论》上的论文《新组织》中所说的。今天合作和社会责任问题可以用福列特广义生活的概念来解释。在这个概念中，一个人的工作被看成是一种社会服务。福列特认为"管理者是各方利益的整合者"，其主要需要整合三个方面的利益，"（1）工人，包括产业和管理类工人；（2）消费者；（3）投资者。"正是因为福特列有这种系统的思考，所以她提倡"群体创造性"，并预见性地指出，"我们正处于一个充满创造力的时代的开端，过去的个体创造带给我们艺术家和诗人，新时代不再是个体创造的时代……我们也许会进入一个群体创造的时代"，"最重要的是在企业管理中，'群体创造性对世界意味着什么？'"，"如果企业不能找到一种更加丰富的视角，去理解统一企业组织的可行方法，它将不能对社会发挥最大功用，也不能巧妙地规范自己，去提供已有的服务。"

她提出了职业问题，如：专业人员和管理者之间相对忠诚度的区别；专业人员关注对寻求自身工作意义的需求，而并非是职位升迁的需求。职业认同性和职业突出性问题对管理者来说将被取代，他们必须通过培训保持自身的专业性。同样，她提出了基于合作道德的哲学基础：道德社会；它并不是基于一个人的自身关系，而是基于团队中的成员关系。的确，她有预见性地提出了这种观点——专家是组织中的领导，他们拥有可以使企业成员之间更容易沟通问题的"团队密码"，这些也是德鲁克先生非常认同福列特的地方。但是在那个时期，企业仅仅是一个商业机构。对福列特而言，企业不仅是一个经济单元，也是组成社会重要部分的社会机构。她把企业和管理的功能放在整个社会框架之下，并且强调它们对于构建更公正社会的本质重要性，后者是她一直的追求。在今天经济主导的社会中，企业成为社会的主体结构，从这个意义上讲福列特强调企业的社会责任有着更为突出的意义，作为企业的管理者需要更加明确这一点。

三、第三个基本原理：管理是一种职能并以科学为基础

福列特在自己的研究中进一步分析企业管理将会朝着什么样的方向发展，她认为，"产业的基本要素是管理，既非银行家也非股东。良好的管理才能吸引贷款、工人和顾客。此外，不论什么改变出现，不管该产业是由个体资本家、政府还是工人所持有，它们都需要得到管理。管理是企业中一项持久的职能。"更为可贵的是，她预见性地提出"许多情况推动我们走向全面的科学管理，总结如下：（1）有效的管理不得不取代自然资源的开发，后者终究有枯竭的一天；（2）日趋激烈的竞争；（3）劳动力的缺乏；（4）对人际道德更宽泛的关注；（5）商业是一项公共服务，它需要承担自身的有效运转，这一观点日益得到接受。"看到她早在20世纪三四十年代所做的判断，这五点情况今天一一成为现实，换个角度说，今天的管理必须是全面的科学的管理。而全面的科学的管理就需要管理者成为专业或者职业人士，依据专业的知识和职业的标准来做事情。福列特说，"科学标准必须应用于企业管理的整个过程之中……企业管理包括：（1）就其技术性的一面而言，有所谓的生产和分销的知识；以及（2）就其人事方面而言，有如何公正而有效地与同事相处的知识。"用更为简单的话来说就是管理者需要两个方面的专业知识，一是对事，一是对人，只有掌握了这两个方面的专业知识的职业人士，在福列特看来才可以胜任管理者或者领导者的角色。

然而，对于基于科学的管理知识，比其更加重要的是知识的分享和传播，这才能真正体现管理作为一种职能其本身的效能，正如福列特所说，"组织好的知识最初往往保留在少数人的手中。我们应该采取措施，让所有的管理人员得到它们。我们应该找一些机会，对经理进行培训，可采取的方式包括谈话、建议性阅读（包括关于管理的杂志）、引导下的小组讨论和会议、管理者同盟、领班同盟，诸如此类。许多高层管理者拥有组织好的关于管理方法的知识，他们应该传播到基层的经理手中。"福列特也是在提醒我们，只有这些训练有素的人才能成功地履行管理的职能。

四、第四个基本原理：重塑领导者的权责

对于权力和领导者的探讨一直是福列特所关注到问题，与"建设性冲突"一样，这一点也是福列特对于管理理论的突出贡献之一。她认为"我们现在更认

同个体的价值，管理成为更准确的功能定义，逐渐地领导者被视为这样一个人，他有能力给群体带来活力、懂得如何激励创新、使每个人知道自己的任务"。为了能够更好地表达她对于领导者的定义，福列特重新定义了权力，她说："权力已经逐渐被视为一个群体的组合能力。我们通过有效联系获取力量。这意味着一些被视为领导的人，他的能力不在于能够施加个人意愿并让其他人追随他，而在于如何把不同的意愿联合起来成为群体的内在动力。他必须知道如何创造群体力量而不是施加个人力量。他必须创建团队。"这些对于领导者和权力的明确的定义，使得管理者知道自己的权责是什么，也使得组织管理从个人转到了团队，在这个方面福列特做了非常详尽的论述，也正是这方面的论述让笔者对她肃然起敬。笔者引用她的一段话来证明这一点：

"总经理的主要工作是协调，但是除非有了定义明确的目标，否则无法成功地整合企业内部。总经理应该有能力在任何时候定义工厂的目标，或者整个目标群。他应该看出短期目标与长期目标的联系。他应该看出任何建议、任何单独计划与公司总目标的联系。他应该在考虑任何手头的问题时，审议提出的解决方案，观察它是否能够促进公司的主要目标。还有，他应该总是能够总结公司的目标并指出离目标还有多远的距离。总裁报告应该总结目前取得的成果，涵盖尚未达成的目标，指出未来需要努力的目标。它应该鼓励进一步的努力，并清晰阐述应该努力的方向。它不仅仅是激励也是明确任务的手段。最重要的是，他需要让同事理解，奋斗的目标不是他个人的目标，而是大家的共同目标，它产生于群体的期望和活动。

"最优秀的领导者并不要求别人为他服务，而是为共同目标服务。最优秀的领导人没有追随者，而是与大家一起奋斗。我们发现如果领导者不常发号施令，而专家不限于建议的工作，下属——包括经理们和工人们——会对领导力产生不同反应。我们希望鼓励合作的态度，而不是服从的态度，只有当我们在为一个如此理解并定义的共同目标奋斗时，才能达到这种效果。"

上述领导力体现在领导者能够让所有员工一同为共同目标而贡献，却并不是使用发号施令的方法，事实上，福列特的理论对于领导者权力和影响力的一个重大贡献在于她独特的视角：跳出领导者的主观意愿，利用客观的情景来影响下属，"我的方法是让命令客观化，统一一种情境中涉及的所有人，发现该情境下的规律，并且遵守它。一个人不应该对另一人发号施令，但是双方都应从情境中找到可共同遵循的命令。如果命令产生于情景，一些人下达命令和一些人接受命令的情况将不会出现。双方都接受由情景所决定的命令。老板接受它；员工也接受它"，福列特将这一观点总结为"服从情景的法则而不是独裁的命令"，回到这一观点所处的时代背景也许我们能更好地理解福列特的意思。这一观点最早出现在1924年她发表的《创造性经验》一书中，1911年泰勒《科学管理原理》旨在通过"命令"工人采取科学的方法来获得劳动效率的大幅提升，而福列特正是从管理本身的角度阐明了"命令"得以有效实施的保证，不是管理者的强迫，而是客观情况要求员工本该如此，福列特实际是在科学管理方法之上升华了管理层面要解决的问题，所以福列特说"让命令客观化"的观点是她对科学管理最大的贡献之一，"在科学管理下，管理者和工人都要接受同样的命令，因为双方都要遵从情景的规律。我们的工作不是如何让人们去遵守命令，而是如何找到可行的方法，使得我们能够最好地发现适合一项情景的命令"，"科学管理的工厂的领导者倾向于不说服别人接受他的意愿，而是告诉他们应该做些什么才能完成他们的责任"。为了进一步阐明观点，她还举了这样一个例子，"在某位著名的美国人的一生中，据说当他还是一个小男孩的时候，他的妈妈对他说：'去给我提一桶水。'他总会这样回答：'我不去。'但之后他又会拿桶去提水。这一点很重要；他憎恶别人对他下命令；但他会去提水，我想这不是因为他不得不去，而是因为他意识到了这种情境下的需求"。随后，福列特探讨了如何减少"凌驾的权利"的问题，"如果双方都遵循情境的规律，没有人的权利会凌驾于另一方"，并且总结了三种减少方式，"（1）整合；（2）意识到一切都应顺应情境的规律；（3）让我们的企业日益成为一个职能整体。在职能整体中，每一个人都有自己的职能，它应该准确地对应于他的能力，随后，他要具备对应的职权并承担责任"。最后，福列特做了这样的总结，"对于命令，理论与实践之间最大的差异在于旧理论把领导者视为能够使他人服从命令的人——任何命令——而最佳的现代实践把领导者视为一个能够体现命令是整体情景的组成部分的人。而且这样的一项命令深具分量，因为它是情景的需求"，"在管理日益完善的商业中，命令逐渐被视为情景需求的结果，如同信息的标准，如同方法的训练。领导者的命令之所以得到遵从，首先是因为下属真的希望能够正确处理事务，而他能告诉他们方法，其次，因为他自己也在服从"。如果用心去理解福列特的本意，相信领导者的权力会更加富有成效。

结束语

　　认识福列特的过程中已经被她细致的观察、敏锐的分析和清晰的表达所信服，笔者也是在研读并总结完其思想的四个基本原理后才真正明白为什么她的研究曾经会受到忽视，正如《管理百年》中所说，"福列特的思想的确领先于她所处的时代几十年"，而德鲁克更是赞誉说，"她曾经奏响了组成管理学交响乐的每一个音弦，她是管理学的先知"，的确，尽管已经走过近百年，但福列特的思想仍然非常切合今天的巨变的环境，她所研究的问题在今天显得更为突出，也许她的理论看起来有些生硬，但是如果你愿意沉下心来慢慢地理解，仔细地研读，你会受到极大的震撼和启发。

西蒙：管理行为中的有限理性判断

赫伯特·A.西蒙对于管理的贡献是人所共知的，他的《管理行为》被《公共管理评论》誉为"半个世纪以来的经典著作"，是社会科学思想方面最具影响力的著作之一，被诺贝尔奖评审委员会称为"具有划时代的意义"，西蒙也因此成为管理学方面唯一一位获得诺贝尔经济学奖的人。这些称誉并不是我多年来关注西蒙的原因，我一直受到西蒙的启迪是在于他对于组织决策的分析和理解，西蒙认为：决策行为是管理的核心。更为重要的是西蒙通过对管理行为的细致的观察，清晰地主张"组织里的行为是有限理性的"，这也正是我非常认同的地方。

一、理性的定义

对"理性"的理解是学习西蒙决策理论的重要前提。在《管理行为》中，西蒙实际是从"宏观"和"微观"两个层面定义了理性。首先，粗略地说，理性就是根据评价行为结果的某些价值系统来选择偏好的行动方案。从主观角度进行检验，个人如果认为某种药能治他的病，那吃药就是理性的行为。从客观角度进行检验，只有该药确实有效，吃药才算是理性行为。这里我们可以这样理解，每个人包括组织的决策行为其实都可以认为是理性的，只是因为立场或角度的差异，所以才造成对决策行为认知的差异，当我们在评判他人行为不理性时，实际是，我们以我们的观点或者在事后以客观的结果来评判他人所做的自认为理性的决策并不理性，同样，组织基于组织目标而认同的员工理性行为未必就契合员工所做的理性行为，因为这一行为的目标可能与组织的并不相符，所以更精确地说，"理性"的前面需要加上一定的限定词，这正是西蒙在微观层面给予理性定义的贡献：如果某项决策确实能在给定的情况下实现给定价值的最大化，就可以称之为"客观"理性决策;如果这只是相对于决策者对主题的实际情况了解而言,这项决策就是"主观"理性的;手段对目的的适应过程只要是自觉进行的,就是"自觉"理性的;手段对目的的适应过程如果是个人或组织刻意进行的,就是"刻意"理性的;决策如果以组织目标为指导,就是"组织"理性的;如果以个人目标为指导,就是"个人"理性的。

二、管理行为中的有限理性

西蒙能在管理方面获得诺贝尔经济学奖的根本原因就在于,他基于西方经济学的基本前提"资源是有限的",将完全理性的"经济人"发展为有限理性的"管理人"。对于组织和个人而言,这些有限的资源可能是时间、精力、货币、知识、技能、信息等。因为组织的资源是有限的,所以组织不可能无限制地满足个人的所有需求,同样,因为个人的资源也是有限的,所以个人也不可能无限制地满足组织的所有需求。

因此,在管理的现实中,我们常常感受到组织目标与个人目标并不完全一致的情况,我们可以从很多个角度来分析为什么存在不一致,这些多角度的分析都能够从一个侧面来解决问题,但是西蒙给了我们更为关键的一个角度,这就是个人目标可能不完全与组织目标保持协调一致,因为个人是有限理性的。所以,个人也会理智地努力提出个人目标,但是常常会与组织目标无法保持完全一致,甚至可能是背道而驰。我们说个人的行为是有限理性,通常的意思是说,他们的目标不是我们的目标;他们行动的依据是无效的、不完全的信息;他们忽视自己行动的后果;他们的情感蒙蔽了他们的判断力;他们只关注短期目标,等等。我们倒是很少指责他们的行动太随意,以至不可理喻。但是后者才是更为关键的,正是人们行动的随意性太大,导致了个人目标和组织目标的不一致性。

西蒙正是告知了我们一个基本的事实:个人行为达不到理性标准。①按照理性的要求,行为主体必须完全了解并预期每项决策产生的结果。而实际上,我们对决策结果的了解总是零零碎碎、不完整的。②由于决策产生的结果未来才会出现,所以在给它们赋值时就必须用想象力来弥补缺乏真实体验的不足。但是要完整的预期价值还是不可能。③按照理性的要求,行为主体要在所有可行的备选方案中做出选择。而在真实的情况下,主体只可能想到有限的几个可行方案而已。

所以管理的关键是如何在有限理性的条件下进行选择,这也是作为管理者需要非常清醒认知的一个关键。我所观察的管理者们，常常忽略了这个根本性的问题，以为在一个共同的组织中，只要目标明确，组织的成员就会一起努力去实现目标，我在教授组织行为学的时候也同样强调组织目标的重要性，但是，衡量管理水平高低的标准正是能否让组织目标和个人目标合而为一。大部分的管理者都会从激励、人员胜任的能力和素质、组织约束的手段层面去做努力，我同样也不反对，但是我们还是要回到西蒙的理论中，要先承认每个人是有限理性的，所以他们对于组织目标的理解与个人目标的理解一定是存在着差异性的，每个人都是在对自己行动所处环境条件理解基础上推导出未来结果的，而不是基于对组织完全理解的基础上来作判断的。

懂得这一点其实是非常重要的，因为我们在管理中常常认定目标是一个必须而且能够统合大家的东西，更多的管理者以目标作为导向，从目标来展开管理，相信目标可以带动管理并实现。目标管理本身的意义是不容置疑的，我的想法反而是，要确保目标的实现，就需要个人目标与组织目标保持一致性。管理者需要面对的就是塑造每个人的行为指向目标。

这就要求管理者应该最关注的是个人行为的整合机制。西蒙在《管理行为》一书中告诉我们，形成个人行为整合包括三个主要的步骤：①个人（或组织）大范围制定决策，决策范围包括个人活动所要实现的价值，实现这些价值所采用的一般方法，在政策限度内制定特定决策以及执行决策所必需的知识、技能和信息。②个人设计并确立注意力的导向机制以及信息与知识的沟通机制，采用的方式要保证日常具体决策与实现规划相一致。③个人在步骤①和步骤②所提供的基本框架下的日常决策和日常活动来执行计划。

一般的组织决策只能通过心理机制，给每一个人提供决策所需要的价值观和知识，从而控制个人的行为。在群体行为中，也同样有必要向执行计划者传达群体计划的信息。这不是必须传达整个计划的意思，而是每一个人都应该知道自己的任务。而在上述的三个步骤中，决策信息的沟通一般最不受重视，执行效果最差。最常见的情况是，不考虑计划对于群体中各个成员的影响方式，让计划"强制"生效，发布程序手册之后，却不继续了解个人是否使用手册作为决策指南，虽然编写了书面的组织计划，但组织成员依然对于此计划茫然不知。如果我们忘记了个人行为是组织实现目标的根本，沟通就会失败。

这三个步骤非常明确地告知我们行为整合机制是确保目标实现的有效手段。对于一个管理者来说，需要能够做到以上三个步骤，简单地说，行为整合机制就是，确立一致的价值标准，再辅助以特定的知识和信息的沟通，以确保个人的日常的行动和决策符合这个价值的标准。西蒙给了我们一个非常简单的方法，关注个人的有限理性，从行为整合机制出发，刻意地创造一个组织环境，这个环境迫使个人不得不选择一些要素，作为个人决策必须依据的"给定条件"，确保组织目标实现。西蒙将这种给定条件称为"决策的心理环境"，组织也正是通过这一环境来影响个人的决策行为。

三、决策行为的影响模式

西蒙认为，与其说人类的决策模式是从多个备选方案中进行选择，不如说更接近于刺激—反应模式。所以人类理性是在心理环境的限度内发挥作用的。因此，组织的一项职能就是，将组织成员安排在某种心理环境中，组织成员会根据环境的情况制定出最终能实现组织目标的决策，这种环境也能为他们提供正确决策所必需的信息。组织要生存和成功，就要向组织成员提供足够的刺激，来促使他们向组织做出必要的贡献，从而完成组织的任务。

组织通过两个方面影响个人的决策：第一，组织影响个人的刺激因素；第二，决定个人对刺激因素反应的个人心理集合。其中，前者主要包括权威和沟通，是从决策者"外部"来影响决策的心理环境，后者主要包括效率准则和组织认同，属于决策者内部的心理环境（如图1所示）。

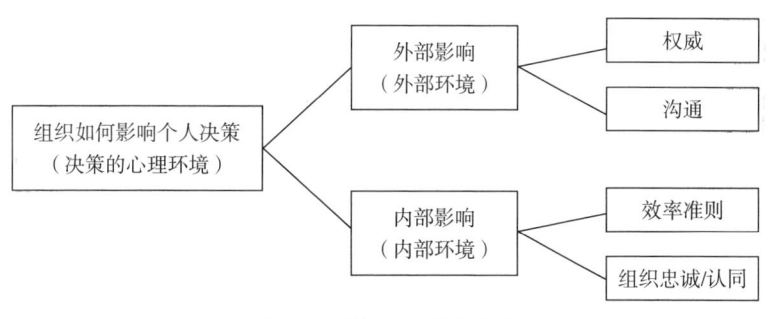

图1 决策行为的影响模式

西蒙把"权威"定义为指导他人行动的决策制定权力。权威是"上级"和"下属"之间的关系，上级指定并传达预期下属会接受的决策，下属预计上级制定的决策，并根据这些决策来决定个人的行动。"下属"角色最显著的特征就是，他确立了一个行为接受范围，在这个范围内，下属愿意接受上级指定的决策。他的抉择是上级替他决定的，始终在他的接受范围内，而且上下级关系只在这个范围内成立。接受权威，就意味着接受其他组织成员提供的前提，把它作为自己行为基础的一部分。人们接受一定程度的权威原因有很多。如果要求员工接受的前提，要求员工完成的工作并不违反员工自身的信仰和价值观，薪水或某种外部报酬就足以让他们接受权威了。员工如果相信组织的产品具有社会价值，或对员工有价值，就更有理由接受权威了。也就是说，人们在组织内接受权威的原因是，人们相信权威结构有助于组织任务的完成，而完成任务的好处就是内在或外在动机会感到满意或得到酬劳。

沟通是一个组织成员向另一个组织成员传递决策前提的过程。没有沟通显然就没有组织，因为没有沟通，群体不可能影响个体的行为。组织的正式沟通系统，指的是自觉地精心策划而建立起来的沟通渠道和沟通媒介。在任何组织中，正式的沟通系统很快就得到同样重要的依据组织内的社会关系建立的非正式沟通网络的补充。我们如果记得，组织里个人的行为不仅指向组织目标，也在一定程度上指向自己的个人目标，而且这两组目标并不总是相互一致，那么非正式沟通系统就越发显得重要了。因此，当组织成员彼此之间打交道时，每个人都应该试图评价对方的态度和行动在多大程度上受到个人动机而非组织动机的限制。如果两者之间已经建立起基本关系，做出这种评价就更容易，他们也容易坦白地说出个人的动机。这时提出合作的请求也不太会碰到这样的钉子：“你走你的阳关道，我过我的独木桥。”尽管社会上的多数社会关系中可能存在一种所谓"友好假定"的东西，但是不友好的基本关系，同友好的基本关系一样容易出现。那么组织执行官的一个重大任务就是，维持友好和合作的直接人际关系，让非正式的沟通系统对组织的有效运转发挥积极的作用，而不是发挥阻碍作用。

任何理性行为都暗含着一个原则：效率准则。从广义上说，有效率无非是指采用最短的路径、最廉价的手段达到其标的。效率准则，要求在两个成本相同的备选方案中，选择组织目标实现程度较高的方案；在目标实现程度相同的方案中，选择成本较低的方案。效率准则也是管理者应用于事实问题的准则，管理者有权处理的资源和投入都相当有限，管理者的职能并不是建立空想的完美计划，而是通过有效地利用有限资源，力争最大程度地实现组织目标。从管理角度来看，一个"好"的公共图书馆，并不是收藏所有已出版图书，而是利用有限资金尽可能收藏有价值的图书。因此，理性决策中的一项重要的事实要素就是"资源的有限性",从这个角度,效率准则指的是,在给定可用资源的条件下,选择能产生最大效益的备选方案。从另一个侧面这也是在提醒管理者,员工不做某种组织需要的决策行为,也许正是因为他的资源不足。即便是一项对组织和员工大为有益的行为,如果员工不具备相应的资源,一方面可能要动用员工自己的"额外"资源,另一方面可能员工根本无法获得这些资源,这些都违背了员工的效率准则。

一个人在制定决策时,对备选方案的评价如果是以对特定群体的影响后果为依据,那他就认同了该特定群体。因此,组织认同的过程就是,个人用组织的目标代替个人目标,作为制定组织决策时所采用的价值指数的过程。这种认同的现象,或称为组织忠诚的现象,执行着一项非常重要的管理职能。如果管理者每次面临决策时都必须根据人类所有价值去评价决策,那管理就不可能存在理性。如果他只需要按照优先的组织宗旨来考虑决策,他的任务才处于人力所及的范围。因为组织管理的资源是有限的,所以需要通过培养组织忠诚来影响员工决策,最终使组织行为符合有限理性。

决策影响过程的结果是同时实现个人和组织的理性行为,正如西蒙所说,管理的基本任务,就是为每个"操作"人员提供这样一种决策环境,从环境角度来看合乎理性的行为,从群体价值观和群体处境的角度来看仍然是理性的。

四、结束语

笔者女儿所在学校校长的讲话曾经留给笔者很深的印象,概括来说包含以下几点:①办中国最好的基础学校,办学生满意的教育,对学生负责,对社会负责,对中华民族负责。②笔者所理解的好学校的概念有三点:明确的办学理念;突出的校园文化;每个学生的潜力能够得到最大程度地发挥。③教师要把学生当自己的孩子,把孩子当孩子。④在女儿所在的学校,任何人都没有资格居功自傲,每一天大家都是在一个新的起跑线上。⑤办最好的学校就必须办出自己的特色,这种特色,只能蕴涵在每一个有特色的学生之中。

教育最根本的功能就是信仰与习惯的培育。正是从这个根本的功能出发,教育的基本点正是学生,如何培养学生,培养什么样的学生是一个教育工作者必须回答的问题,也是一个校长从事学校管理所做的所有决策的出发点,并且以此为前提构建一个好的学校管理机制。笔者很认同的是校长正是以学生作为学校管理的出发点,同时用一个有效的管理机制来实现这个目标。

回到校长的讲话中,当确定以学生满意作为价值判断之后,这个学校展开构建有效管理机制的努力,并从创建校园文化入手,从软件入手再到硬件建设,着力创造学校的人文环境,使得教师把学生当作自己的孩子,真正把孩子当作孩子开展教育。让学生满意,使学生健康成长成为这个学校教师的行为选择方向和约束条件,教师也正是透过这个价值判断来约束自己的行为,使之服从学校和社会的要求,从而加深对学校教育理念和学校职能的理解,学校也因为每一个教师的努力实现了优秀学校的目标。正如西蒙所言:管理决策的正确性是一个相对的概念——如果它选择适当的手段来达到指定的目的就是正确的。

总之,西蒙在《管理行为》一书中详尽地分析了两个方面的内容:首先是"有限理性"和"满意解",其次是决策过程理论。西蒙提出,现实生活中个人和组织的决策需要一定程度的主观判断,这种判断都是在有限理性的条件下进行的。理想中的完全理性会导致人们寻求决策的最优解,而现实生活中的有限理性则导致人们寻求满意解,西蒙称这种平衡了理想与现实的"经济人"为"管理人"。而在决策过程理论里,管理者通过决策环境来影响决策过程,最终结果使得组织和个人的决策行为同时达到有限理性。书中所作的所有分析和论证都会给予我们明确的指导,在每一个成员变得更为拥有知识和信息的今天,重读西蒙的《管理行为》一定会给予我们更大的帮助。

第五部分

领导者的新挑战

企业家与领导力

是传奇，更是科学

褚时健的经历让人极其慨叹。他是中国最具争议的财经人物。他75岁从监狱出来，又种出了风靡一时的褚橙。也许是因为对褚老的关注，当铁鹰老师转来案例让大家写评论时，我第一时间响应。仔细地阅读，反复理解，却苦于找不到一个合适的角度来表达我的感受。一方面是褚老本身的传奇，另一方面是铁鹰老师对于案例全景介绍的丰富性，让我除了感叹之外，几乎找不到一个合适的角度来表达我对案例的喜爱和尊重。但是我答应要写一篇评论，所以就从管理的视角来显现我的感悟。

一、引人入胜的案例主题

还没读案例，已被这样一个问题吸引：褚橙热卖，是褚时健的名声作用大，还是褚橙的质量真好？这一问题对于经营者或者创业者的重要性可能要远大于消费者，因为不是每个经营者和创业者都是拥有很大名声的。如果名声真的起到决定性作用，那么，无名的创业者和经营者就无法成功了吗？褚橙成功的根本究竟在哪里？

我非常认同案例的一个观点：研究一个企业成功的原因，远比研究失败的原因要复杂。这同研究一个人为什么健康，和为什么有病的道理一样："一个健康的人，同他（她）的基因、习惯、环境、情绪、饮食等等都有关；而导致一个人生病，可能只需一个原因"。企业案例研究的实践也的确如此。吉姆·柯林斯的《基业长青》《从优秀到卓越》《选择卓越》等多部作品都是围绕企业成功的原因进行，只有一部《再造卓越》是探索失败的原因。

而这份案例却很好地揭示了其中的奥秘。在我看来，相比以往的研究，这份企业案例的研究无论是从选题还是在内容上，都更加细致和深入。案例主题关注的是一家创业企业缘何成功，而这家企业又具备显著的独特性，是由一位老人在75岁时创办，历经10年后，这家企业做到了几乎家喻户晓。更有意思的是，这位老人在过去几十年中，在四个行业都取得了非常领先的成绩，同时，老人自己也经历了大起大落的人生波折，这就更加值得研究。案例的主题实际上触碰了一个更加深刻的问题：如何能够跨越时代、跨越行业、跨越自己，都能取得领先？这份案例以褚时健先生和他的褚橙为研究对象，以实地研究为主，研究过程中同时结合了问卷调查和实验研究，找到了其内在的驱动因素。

二、探索成功的内因

案例最开始进行了一项非常有意思的调查：消费者和同行如何看待褚橙成功的原因。对于消费者，调查的问题是"你认为褚橙的热销是什么原因？"调查结果显示出两种答案：在没有吃过褚橙的群体中，绝大部分人认为是创始人褚时健的名声大；在吃过褚橙的群体中，则有三分之二认为褚橙的果品真比其他橙子好。当作者把同样的问题抛给褚橙的同行们，他们却近乎无一例外地表示：褚橙的成功源于褚时健自身的名气，以及哀牢山脉独特的气候条件。

对于这项调查的结果，尤其是同行的回答，我没有感到意外。组织行为学在认识归因时有一条原理，叫作自利性归因。在归因时，人们会有自利和自我保护的倾向。也因此，同行不说是自己实力不够或者褚橙好过自己，而是将原因归结于一些可以为自己开脱的外因。例如，创业者拥有极大的名气，以及别人具备得天独厚的地理环境优势。

这些的确会是原因，实地研究中也没有否定这一点。案例中显示，很多同行到果园参观学习，当他们走进哀牢山的这片土地时，都惊叹于这里得天独厚的气候条件竟如此适合冰糖橙的生长。这种条件不仅仅造就冰糖橙产量高、果品好，更使得这里种植的冰糖橙相比云南其他地区以及其他省份更早成熟。哀牢山脉上百万年所形成的自然条件，无意中变成了褚时健种橙的竞争优势。但是尽管如此，如果仅把注意力放在这些外部因素上，就会忽略问题的本质。不妨用对比研究的逻辑进一步思考，处于那片土地的不是只有褚橙，为什么却只有褚橙如此成功？其实逻辑很简单，环境对于个体而言是公平甚至是开放的，只有个体内在的动力才构成成功的真正竞争力。这或许也是把焦点放在外部环境上的其他橙子和企业没有如此成功的真正原因，因为他们的注意力并没有放在褚橙真正领先于自己的地方。如果以外因作为出发点去学习，即便拥有学习的心态，也很难收获预期的成效。

三、领先的经营本质

这份案例研究，不仅仅综合了实地研究、调查研究、实验研究等规范的科学研究方法，更呈现了褚橙成功的真正原因。这与我自己的认知和研究也是契合的：褚橙之所以领先，来源于褚时健先生对经营本质的把握。而这种经营本质的实践才是可以超越时代和行业保持领先的关键。

（一）本质一：顾客价值为上

战略思维并不复杂，就是做什么和不做什么。这种选择将奠定成长和领先的根基。案例讲述了褚橙的缘起。

2002年，新平县戛洒镇上一家国营农场破产了，要出租土地，这个农场有3000多棵冰糖橙树。75岁的褚时健及太太看到了机会，开始研究冰糖橙，从自然条件到市场现状。在那段时间里，无论是中国产的还是外国产的柑橘类作物，他们见到就买。买来不仅自己吃，也请别人吃，就是为了和这家农场的冰糖橙口味作对比。他们发现：这片土地上种出的冰糖橙口感优于同类水果，不但比云南当地产的冰糖橙好吃，比湖南、广西的冰糖橙也都好吃。而且，当时云南的冰糖橙市场现状很好，卖价很高。对气候和地理条件的研究更印证了他们的判断，坐落于哀牢山脉的这片土地，非常适合种冰糖橙。于是，75岁的褚时健开始了褚橙的创业。

这里面体现了有效战略思维非常重要的两点。一是顾客导向，褚时健夫妇把自己当成消费者，很认真地去洞察价值在哪里。二是经营与环境的匹配，他们选择了与环境可以很好契合的点进行创业。所以，如果环境有参考价值，也并不在于环境本身，而是经营是否与之相匹配，这是战略思维的关键。因为有合理的起点，所以也让后续很多的努力都可能更富有成效。

（二）本质二：产品力

产品力就是产品的品质，是企业所有内在努力，是战略、技术、结构或者文化等所呈现出的载体。换言之，产品不够好，一切的努力都难以称之为是有效的。为了实证褚橙的产品质量，案例进行了有趣的褚橙口味盲测实验。

作者在北京对褚橙和其他同类橙子进行了6场由251人参与的盲测——让消费者在不知道哪个是褚橙的情况下，品尝包括褚橙在内的各种冰糖橙，看看消费者是不是能对褚橙的品质翘起大拇指。每一场盲测都需要消费者品尝和比较三种不同的冰糖橙。每一名测试者在品尝后需要对三种不同冰糖橙的外观、剥皮难易、甜度、酸度、水分、化渣率、橙子籽数量、总体口感八项内容进行评价。

案例得出结论：在采样范围里，当不再将眼睛盯着某个地方的冰糖橙，而去看整个冰糖橙市场时，褚橙的品质最优。因为经过科学的实验设计和实证检验，这种结论是具备一定统计效力和较高的可靠性的。显然，褚橙不是徒有虚名，而是真正具备出色的质量。这样的盲测实验，可以客观地检验产品力。或许在经营竞争力不够的情况下，不妨去市场盲测一下自己产品能否真的是数一数二，否则，就缺乏领先的关键要素。

（三）本质三：对价值链的理解

企业不是以个体为单元展开竞争的。企业可以产生竞争力，离不开对价值体系的深刻理解。而对于制造而言，对渠道的理解和设计则至关重要。褚橙的实践恰好也说明了这一点，当然，这对于褚橙而言，也是一个在做中学的过程。在褚橙的价值链管理实践当中，有两点反映了其对价值链的深刻理解。第一点是在总体方略上，褚时健所倡导的：不论用什么方式卖，必须要让卖你东西的人赚钱，你的东西才能好卖。也只有如此，价值链才构成体系，个体才能融入其中并收获价值链的价值。第二点是在实际执行上，褚橙的做法实际上是一种权变的本地化做法，例如，针对南方与北方、成都与北京选择适应当地的渠道方式，无论是传统渠道还是互联网渠道，褚橙都做出了恰当的权变设计。这种做法或许也颠覆了很多人传统的理解。事实上，无论是传统渠道还是电商平台，很难讲哪种是最优，但却存在更加适应的情形。这也正是褚橙所做的：针对自己想要接触的目标，因地制宜。

（四）本质四：管理效率的释放

案例中，褚时健被形象地比喻为一个"精算师"，甚至有点儿"神"。这个比喻很恰当，符合案例中描述的个人特质。但作为一个管理学者和企业管理的实践者，我在褚橙的传奇中，更多地读到了管理科学。

从管理学的角度，"精算师"可以被解读为一位"管理科学家"。褚时健的作为，无论是儿时的酿酒，还是近年的褚橙实践，包括浇水、施肥、抹梢和剪枝等科学的作业流程，很容易让人联想到管理学界里程碑式的人物——泰勒。泰勒的科学管理用科学的作业流程带来了效率的革命，褚时健所践行的正是效率实践。正是这种效率的释放，让产品力和价值链等经营元素得到保障。褚时健的实践也让我更加坚信了管理经典的价值。100年前，泰勒创立的科学管理至今依然适用，重要的是，我们有没有像褚时健那样去行动。

（原载：《国家电网》，2015年第5期）

不确定时代最需要企业家精神

我们今天这个话题是企业家精神与中国新商道，大家要认清一个事实，就是不确定性需要新的能力。在不确定性作为最重要的环境背景时，企业家精神就一定是要被提出来。

一、如何定义企业家与企业

我们在谈企业家精神的时候，可以从很多定义去界定它，比如说有熊彼特的定义、德鲁克的定义。可是我们很清楚地知道，企业家本身最重要的一个特点，或者叫企业家精神最核心的特点，就是他会与不确定性组合在一起。所以德鲁克在给企业家下定义的时候，他说企业家是这样一种人，他从来没有引起变化，但是他又从来把变化变为机会，这一种人就称之为企业家。

企业家的定义最早出现是在18世纪30年代，把经济资源的效率从低提到高，这个就叫企业家。某种意义上来讲企业家其实是让有限的资源创造出更高、更大的附加价值的那一群人，我们就把他称之为企业家。

我们既然谈了企业家，就要回答怎么看一个企业的问题，怎么让这个企业去承载它应该能承载的社会功能。企业不仅仅是创造多少利润，不仅仅是交了多少税，更重要的是其员工生活是怎么样的。中国建材集团有25万名员工，以及这些员工的家庭，加上对相关产业的人员的影响，我相信宋志平董事长所影响的人群数量是非常巨大的。

企业从功能属性上来讲应该有四个方面的价值。

（一）提供产品

很多人说我要做一个好企业，可是你连一个产品都不肯做好，那么你很难是一个好的企业。

（二）创造利润

不谈盈利，其实你已经没有在承担企业的功能。有些人告诉我，企业在做战略选择时面临亏损，询问我的意见。我只能说你这个战略定得不怎么样。当然我们会说互联网的企业是可以亏多少，羊毛出在猪身上之类的逻辑，我觉得那是走不下去的，你最终还是要创造价值。

（三）提供就业

因为已经把社会的资源给企业了，那么企业就应该提供就业。所以很多时候我们的确看到了很多企业说要精简、要用更少的人的消息，作为阶段的战略安排来讲我不反对，但是如果你能提供更多的就业，我认为你一定是个好的企业。

（四）实现社会价值

企业需要实现的最后一个功能是社会价值。社会对企业的期待，不仅仅是经济价值，企业还应该创造社会价值，包括社会期望价值。如，麦当劳除了提供品质保障的产品，还把让儿童快乐作为企业的追求目标，并让这一目标真正被儿童感受到。

作为一个企业来讲必须把这四个功能属性都完成，在我的眼里才认为你是真正的企业。所以在这样的一个概念下，我们谈企业家精神、企业家，我们的立足点是什么？就是让这个企业能够完成这四个功能属性，此时，我相信你这个领导者也应该成"家"了，所以你可以叫"企业家"，你的精神也应该可以被确认了。

二、企业家精神本质是创新

我们谈企业家、企业、企业精神，谈在不确定性的年代下必须用企业家精神来面对不确定时，就要认真去理解企业家精神的核心是什么，答案很明确，是"创新"，这不光是熊彼特的理解，也是德鲁克的理解。

德鲁克有本书叫《创新与企业家精神》，有一段话深深启发了我，听到2017年的政府工作报告把企业家精神写进去的时候，我非常兴奋。在2008年出版我自己的一本书《中国企业下一个机会》的时候，也用了这段话来启动这本书的核心思想。如果按经济学家的经济周期理论，就是经济短周期可能就两三年，长周期最多15年，不太可能延长到超过40年，中国改革开放就超过了40年。

德鲁克在回答为什么美国的经济可以持续繁荣这么多年时，他得到一个结论，是因为美国整个社会诞生了一种人，这种人叫企业家。他说"因为美国出现了企业家经济，使得美国出现了一个繁荣和令人兴奋的社会现象"，这段话给我的触动非常大。

中国的经济可以持续增长40年，让人高兴的是中国的确诞生了"企业家"这个群体。为什么这些企业家可以推动美国经济繁荣持续40年的增长呢？核心就是"创新"。所以我觉得我们要考虑创新在本质上到底要做什么。真正企业家精神的创新内核到底是什么？我认为有五个方面。

（一）创新一定是实践的创新

熊彼特很清楚地告诉大家，创新必须回到真正的检验当中。所以我们在谈创新的时候，我第一个要大家知道的就是创新必须是实践的创新，如果你仅仅谈理念创新、观念创新、思想创新，我只能称那是创新的准备，还不能称之为创新。

（二）创新必须是一个基本的工作形态

如果创新成为一种基本的工作形态，你就会发现你所有的工作品质、所有工作的产出，就会符合对于创新的理解，你的确就会有新的东西出现。

（三）创新是行动与结果的关系

这是我要特别强调的部分，大家切记真正的改变是在行动和结果当中体现的，不是看你说什么，而是看你做什么，这才是你在谈的创新。如果不看做什么，没有结果、没有行动，整天开会讲创新没有任何意义。

（四）专注与投入

我们自己要成为一个创新者，最重要的表现是什么？是专注与投入。以前我提过一个词"静动"，你若没有这种特别深刻的"静"，你是无法感受那个深切的"动"的，动与静之间不是对立的，而是一种完全的融合，绝对动之下就会有绝对的静，如静水深流。动静之间其实是完全融合的。它们两个融合到最高点、两个都融合到极致的时候就完全合一了。创新者即"痴迷者"，创新一定就是奋斗、投入、专注。你没有做这样的奋斗、投入和专注，你是得不到创新的这种真切的变化的理解。

（五）使命感与责任感

最后，我们谈创新的时候，大家记住一定是使命感与责任感一起驱动的。所以你仅仅有责任感还不够，你应该有更大的使命驱动的力量，才可以谈我们所讲的创新。

（原载：春暖花开公众号，2017年3月9日）

未来已来，
企业需要重新定义经营观

当人们试图探索新东方和阿里巴巴的成功之道的时候，可以看到新东方的精神、阿里巴巴的天条所具有的决定性作用，俞敏洪和马云所努力维护的正是企业的核心价值观，是企业所有成员必须遵守的宗旨。我们可以换一句话来表述这个意思，即企业发展的核心需求是核心价值观。

按照威廉·大内的见解，一个企业的宗旨必须包括：①组织目标；②组织的作业程序；③组织的社会和经济环境对组织所产生的限制条件。

一、核心价值观是企业发展的引领

在这里套用马斯洛的需求层次论来帮助我们了解企业核心价值观的作用（如图1）。可以看到核心价值观占据了企业发展的核心位置，以色标识，代表理性与智慧。一个企业如果缺乏核心价值观的引领，那么它最基本运行层面的人员、利润、顾客这些关键环节，就可能处于缺乏理性控制的状态，可能会失衡，从而导致企业发展的混乱无序无目标。它的管理和成长也将变成难以预测或者会大大低于企业经营者的预期。而由企业核心价值观所培育出的企业公民身份，加上理性科学的管理和真正的价值成长方式，将会帮助企业建立和运行自己的全新的经营观，时时焕发出勃勃生机。

我们从细分的角度更好地理解企业核心价值观对于每一个关键环节的影响和作用。

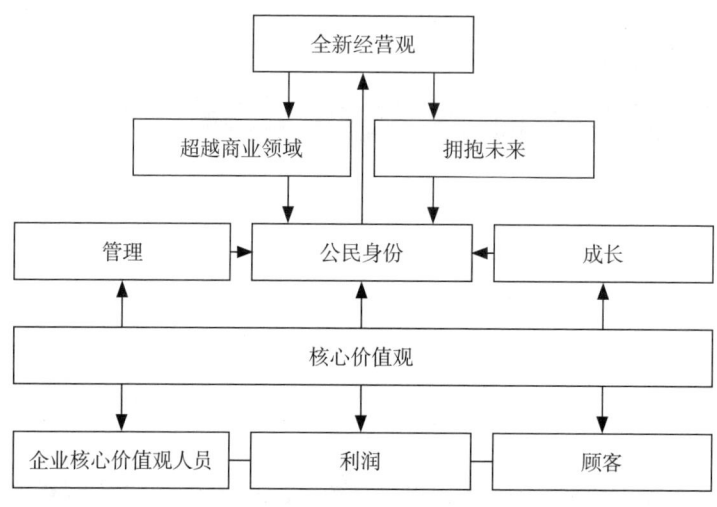

图1 企业核心价值观的作用

（一）利润

利润是一个企业必须实现的目标，然而如何设定利润目标，如何用利润目标来牵引大家的行动，什么样的利润才是企业倡导的，必须阐述清楚。很多情况下，企业会认为追求利润是理所当然的事情，这样的认识很普遍，但是却存在着误区。一方面，当我们承认企业需要创造利润的时候，我们并没有确定用什么标准来衡量利润的价值；另一方面，经营者并没有真正地理解利润和顾客的关系，利润和投资者的关系，利润和企业发展的关系。更多的情况下是经营者单纯地理解利润就是成本和价格的关系，这样的理解是非常局限的。如果坚持这样理解利润，就会导致过度追求发展、赢利和竞争。相反，利润更需要解决与顾客的关系，与企业发展的关系，企业的赢利若不能确定为为顾客创造价值，不能提供企业持续发展的资源，一定是错的。因此，利润相对于顾客和企业发展而言，是一个相互依赖的关系，利润必须以顾客价值和企业发展为约束条件，而企业发展和顾客价值的获得也依赖于利润的贡献。从根本上讲，利润的目标只为以下目的服务：支付公司发展所需要的资金，并提供达到顾客目标所需的各种资源，企业必须获得足够的利润。

（二）顾客

顾客是企业得以存在的根本原因，企业所有努力的评判都是交由顾客做出的，因此与顾客的关系成为唯一的，也是最有效的价值判断标准。公司的战略，公司的管理流程，公司的关键活动，公司的质量标准，可以说公司的所有活动是否将顾客作为出发点，是衡量一个企业是否具有价值创造能力的关键标准，甚至包括创新也必须围绕着顾客的价值展开，这既是企业自身的定义决定，也是现实经营的要求。洞悉顾客需求，并不像人们想象的那么困难，但是为什么许多中国企业无法做到这一点？根本原因是企业没有真正转变为以顾客为导向的思维方式和管理习惯。许多企业管理者，尤其是高层管理者已经没有机会贴近顾客，没有靠近顾客的机会，就失去了真正了解顾客的途径。华为总裁任正非先生曾经告诫华为高层管理人员，企业高层领导的责任包括三件事：布阵、点兵、与顾客沟通。这也是华为公司得以在激烈的产业竞争中保持领先位置的要素之一。因此，公司的目标应该是：向公司的顾客提供尽可能多的物品和服务，从而获得并保持他们的尊重和忠诚。

（三）成长

企业成长依据的资源和条件，决定着企业是否可以持续发展并具有价值能力，所以设定企业成长的目标必须考量自身的能力以及所处的环境，企业如果脱离环境和自身能力，这样的成长是非常危险和极其有害的。并不是说，只要成长就是应该追求的，一味追求规模和成长，忽略了企业最需要关注的问题，只会导致企业走向危机，因此作为企业的经营者需要更加清楚企业成长的依据是什么？企业成长的动力是什么？企业借助于什么样的条件和能力实现成长？在2008年，我写了《中国企业的下一个机会》，在这本书里，我很想说明中国企业需要改变自己的成长方式，因为在1978—2008年的30年间，中国企业的增长速度非常快，很多企业从一个小小的企业成长为规模超过十亿、百亿，甚至千亿的公司，但是当我们总结这30年的成长动力的时候，我们发现大部分的中国企业都是过度的资源投放，而不是真正的价值成长，这些企业透支了自然资源、劳动力资源，甚至是顾客资源。而在今天，经营环境和顾客的成长需要企业做出改变，如果不能够适时改变，转变成长方式，这些企业一定会被环境或者企业淘汰。相反也有一部分优秀的企业在获得高速成长的同时，也获得价值的认可，这些企业让我们更明确了企业成长所需要的价值约束，这就是：要使企业的成长只是受到企业的利润和员工发展以及制造真能满足顾客需要的技术产品的能力的限制。

（四）人员

企业如何看待员工，会影响到员工是否能够真正有效地发挥作用，并在自己的行动中体现企业核心价值观。在现实工作中，企业的形象、企业的服务、企业的质量均是由员工，特别是员工的行为决定的，一个拥有高素质员工队伍的企业，也一定是一个具有强大竞争力的企业，这是所有成功企业反复验证的。正如德鲁克先生所指出的那样，提升经济绩效的最大契机完全在于企业能否提升员工的工作效能。长期以来，我一直认为人力资源是企业的第一资源，企业的差距从长期来讲是人力资源的差距，而人力资源对于企业的发展贡献，在很多方面需要组织系统配合，需要借助于组织创新能力的贡献，因而认为组织的创新能力，也将构成企业长期发展的影响因素。而同样具有深远意义的贡献是组织适应能力的贡献。组织适应能力是保证企业组织不断延长生命周期的能力。研究表明，企业组织对环境的适应能力，对变化的适应能力，对战略的适应能力，是保证企业不断延长生命周期的核心要素，企业这些适应能力的强弱将在很大程度上影响企业的长期发展。所有这些面对变化的适应能力都是由员工的能力转化而来的，所以说员工是获得"适应"这一能力的真实来源。释放员工能量，依靠员工来打造企业核心能力必须成为共识。因此对于人员的目标只能如此：帮助公司的所有人员分享公司的成功。正是他们才使这种成功得以实现；以他们的工作成绩为依据，为他们提供职业保障；承认他们的个人成就；保证他们由于完成工作而产生个人满足感。

（五）管理

管理活动贯穿企业整个系统，而这些活动是最能直接反映企业的核心价值观的。从经典的管理理论中，我们知道管理的通用定义是：通过人员及其他机构内的资源达到共同目标的工作过程。这个定义明确地告诉我们，管理需要实现目标，管理是一个共同工作的过程，管理是人和资源的结合。这样的界定，已经很清楚，但是在现实的管理活动中，我们还是没有能够实现目标，或者即便是实现了目标，很多人也会觉得付出太多，内心并不快乐。更多的管理者陷入日常的人事困扰中，而员工却认为并没有获得很多管理者的支持，一些企业中"管理"成为没有效率的代名词。我在《管理的常识》一书中，把影响组织绩效的七个管理基本概念做了一个详尽的阐述。写作这本书的最真实的原因就是希望人们能够真正发挥管理的绩效，因为管理的绩效决定人的绩效。如果说释放员工能量是企业获得成功的依据,那么释放员工能量的前提条件是管理必须有效。德鲁克先生对我最大的影响就是他所强调的管理者需要贡献有效性和价值的观点,而我同样坚持管理必须反映企业的核心价值观,必须依赖于企业的核心价值来展开活动。所以管理的目标:使个人在实现明确规定的目标时有充分的行动自由,从而鼓励人们的主动性和创造性。

(六)公民身份

明确企业和社会之间、企业和环境之间的关系,对于企业以及管理者自身都是至关重要的,企业的高速发展所带来的一系列问题呈现在管理者和企业的面前,以往不关注的问题在今天也许成为至关重要的问题。在总结中国企业30多年成长的历史中,我也归纳出中国企业需要克服的四种"成功陷阱"——单一产品的成功、单一资源的成功、企业家个人的成功和没有付出规则成本的成功。这些也许是发展过程中的问题,但是随着全球化的进程、企业自身能力的改变、市场环境的变化,这些问题都会浮现出来,如果我们不面对并做出相应的调整,那么被淘汰的就是我们的企业。全球一致的行动以及对于环境的关爱,已经不是哪个地区或者哪个人的责任,而是所有人的责任,我们需要更加清楚自己身上的责任和挑战,更加需要做出巨大的努力来承担责任和面对挑战,所以企业需要设定这样的目标:企业尊重企业对社会所承担的义务,企业要成为经营所在的每个国家和每个社区的一项经济、智力和社会财富。

每一个企业的核心价值观会有不同的表达方式,但是其核心的内容需要包含对上面六个方面问题的回答,从对于这六个问题的不同的取向,可以判断出一个公司的核心价值观,借助于企业价值观明确的价值判断,企业可以界定什么样的赢利才是企业所追求的。

二、全新的经营观帮助企业承担伟大的渴望

今天比以往更需要全新的经营观,朝向和谐的社会发展,这些不仅仅影响企业营销在市场上所作的诉求,更冲击着企业的管理方式和领导员工的价值观。人们已经意识到无法忽略公司最重要的资产,即以来自顾客为代表的"价值资本"。英国管理哲学家查尔斯·汉迪(Charles Handy)教授在他的《饥饿的灵魂》一书中说道:"(人们)虽然找到关于经济增长问题的部分答案,但却不确

定对此能够做些什么的社会所面临的困难。在非洲，人们说渴望分为两种：渺小的和伟大的。渺小的渴望，是指获取维系生命所需的东西：必需的商品和服务以及购买这些东西所需的金钱，这些是每个人都需要的。而伟大的渴望，则是追寻一个问题的答案：生命的意义是什么？"当企业必须承担伟大的渴望的时候，企业自身以及管理者本身的价值观都需要提升到一个全新的高度。

全新的经营观包括两个部分的内容：超越商业领域、拥抱未来。

哥本哈根未来学研究院（CIFS）甚至把公司比喻为部落，企业有自己的历史、神话、仪式和价值观，甚至拥有自己的英雄和反对派。简言之，这是社会缩影，企业不再是一个简单的经济体，企业还需要也必须要满足一个共同的目标：尊重和满足人的需要。人们已经不再被财富所迷惑（虽然我还是要承认今天财富依然具有强大的力量），任何事情都可以商业化的这种趋势，并不是人们真正想要的生活，金钱只是生活的工具，并非人生的意义，人生具有未来的无限可能性。这种可能性丰富了生活，也丰富了世界，也因此具有了多样性和差异性，这一切提供了更加广阔的市场和前景。正是这样的共识，要求人们做出改变，从商业化的流行趋势中解脱出来，回归到人生的真正意义上来。

（一）超越商业领域

全新的经营观必须是超越商业领域的，企业的核心价值观必须能够体现这样的价值追求。如彼得·德鲁克经常指出的那样，企业面临空前的挑战，企业必须制定和宣传战略，来激励员工和合作伙伴，从而让他们具有明确的共同目标和方向。正如德鲁克75年来一直坚信的那样，企业是实现重视个人价值的重要引擎。正是对于这个问题的重视，德鲁克一再告诫人们，大多数企业经营所依据的假设都不再适应现实。企业需要在一个全新的假设下来面对现实提出的挑战，这些挑战可以成为一场"安静革命"。如果企业和组织不能够重新定义，就会像恐龙一样难逃覆灭的厄运。要做出根本性的改变，就需要调整企业经营的假设，在我的《超越竞争》一书中比较了两种经营假设。传统的经营思考起始于这样的假设：价值是由企业创造的。通过选择产品和服务，企业自主地决定它所提供的价值。新的经营假设的核心是：价值由顾客和企业共同创造。这样的经营假设，企业需要从消费者出发再回到消费者那里，一切源于消费者的价值创造。

如果真正用顾客的思维而非企业的思维方式来经营企业，就要求超越商业领域，回归到顾客的价值上来，围绕着人以及人的需求展开，而非企业的利润。反观曾经发生的一系列本不该发生的企业事件：达·芬奇事件、山西陈醋事件等，都是没有明确的基于顾客价值的经营观所导致，这些企业所追求的仅仅是企业自身的利润，忽略了对于顾客的承诺，而忽略了这一点就会导致企业走向相反，甚至是失败的方向。

（二）拥抱未来

全新的经营观必须是拥抱未来的，或者可以用更简单的方式来说就是：以未来决定现在。衡量一个企业最重要的标准是其预见和投资明天机会的能力，是其先于顾客需求变化而做出改变的能力。更多的时候我会被这样一些公司所感动，正是因为它们的努力，我们获得了了解自然的能力，无障碍沟通的能力，窥见微小世界的能力。没有这些企业，我们也许失去了实现梦想的可能性。拥抱未来就是具有不断创新和创造的能力。我喜欢IBM，它总是让我从它的发展方向上看到未来的变化和趋势；我和很多人一样被苹果公司的革命性产品所折服，苹果公司的每一款全新产品出来，几乎都会引起市场巨大的反响，在一个产品极度丰富的年代，还会出现争先恐后、通宵排队购买产品的场景，一定是苹果公司所创造的奇迹。这些公司不仅用创新带来了强劲的增长，更重要的是借助于它们的创造，使人们获得了更多的体验，从而能更有效地发展自己。

有一个案例让我更确信全新的经营观所具有的魅力。这个案例就是与顾客互动的"1号店"。1号店是国内首家网上超市，2008年7月网站正式上线，成立仅4年的时间，以每月业绩28%的平均飙升速度已成长为国内领先的B2C网上购物平台。1号店在线销售超过18万种商品，涵盖食品饮料、美容护理、厨卫清洁、母婴玩具、数码电器、家居运动、营养保健、钟表珠宝以及众多虚拟产品服务项目，如手机充值、生活费用付款、火车票查询、机票订购等在线服务。1号店非常善于运用新媒体进行营销，并进行了很多营销创新。首先是微博策略，立志成为"网上沃尔玛"的1号店现已有超过5万多微博用户关注其官方微博，形成了微博用户群，简单有效地锁定了目标客户，并通过微博达到了良好的宣传效果。其次是采用了移动二维码识别，二维码识别作为高新科技被1号店首先运用于营销推广，在各个大型的地铁站内，巨幅的1号店二维码宣传海报随处可见。这些海报不但可以观看，更可以拿起手机直接扫描海报上顾客想要购买商品的二维码，直接发送购买所示商品，这种新颖的消费模式已经在年轻人中流传开来，成为都市消费的新浪潮。

结束语

全新的经营观要求企业一定要关注自身的基本假设,时刻检讨企业与顾客、与环境、与变化、与未来之间的关系,保持企业和环境的互动。更重要的是需要基于人的发展来展开企业的经营活动,而不是围绕着获得利润展开经营活动。人人参与成为新一代的消费特征,让大家联结在一起,本身就是一件值得学习的事情,所有的东西都是新的,技术让一切皆有可能,而这些新的感受和机会又会推动技术的进一步创新,愿意尝试新的东西和平台,真的是很令人兴奋的事情,但是否可以拥有这新的感受和机会,取决于企业的经营观能否与时俱进!

(原载:春暖花开公众号,2017年10月17日)

我为什么尊重乔布斯？
不是因为他改变了世界

王石先生有一篇文章，写他在日本看医生的经历。其中有一段写医生首次检查他的心脏病情后，详细地对他的心脏肌肉的67个局部进行了评价，医生拿出心脏的血管模型，"从动脉到侧支像一个树根"，明确告知了血管堵塞位置在哪里，支架位置在哪里。王石写道："我可以说是第一次清楚地知道自己的心脏是什么样子，第一次知道是哪里出了问题。"这件事情里我注意到的是医生以自己的专业知识和态度，以患者也就是顾客为中心而提供服务的精神。与之对应的是，我听到一个学生因为母亲的病情而追问医生问题，结果被不耐烦地打断的事情。这两件事可以说都是个例，但是我们从其中可以认识到一个事实：尊重并创造顾客价值，才是真正的战略思维，是企业的成功之道。

一、真正的战略思维

人们认为成功的企业都是源于它们创造性地开辟了新的商业领域。事实上成功企业的奇迹都是源于对顾客价值创新能力的发挥，这些创新会依赖于技术、资金、人才等。我们需要了解的是，为什么有的企业与成功企业拥有同样的技术、资金、人才，却不能够获得相同的创新效果，其根本原因是，企业是否具有战略逻辑。中国企业缺失的恰恰就是战略逻辑。绝大部分中国企业所做的努力都是竞争的努力而不是战略的努力，这些企业追求的是如何解决竞争中的问题，是竞争理念而非战略思考。对于一个企业来说，摆在第一位的问题并不是如何竞争以及与谁竞争，应当是为什么顾客服务的问题，为自己的顾客选择做什么和不做什么的问题。

战略本身就意味着做出艰难的抉择，选择那些有利于企业发展的事情，战略思维就是这样一种思考方式，它需要确认什么才是最重要的，确认企业最后所选择的方向能够回答最初确定的目标，所以战略思维是围绕着实现顾客价值展开的选择。战略思维不是解决企业当前的问题，而是解决企业目标所带来的选择问题。战略思维会让企业关心自身存活的依据，有能力更清楚地界定赢利来源，更明白自己能够做什么和不能够做什么，这里面并不存在与谁竞争的问题，简单地说就是选择自己应该做什么。

拥有顾客的立场和思维方式，才会进入有效发展。

洞悉顾客需求，并不像人们想象的那么困难，但是为什么许多中国企业无法做到这一点？根本原因是企业的思想没有真正转变为以顾客为导向的思维方式和管理习惯。许多企业管理者，尤其是高层管理者已经没有机会贴近顾客，因此也就失去了真正了解顾客的途径。

贴近顾客无疑是企业获得优势的真正来源，什么是真正的商业成功？真正的商业成功实质上就是在使顾客满意的同时使企业赢利。这是一个老生常谈的观点，却恰恰说出了真理所在，这同时也是衡量商业成功的基本标准。如果以这个标准来界定企业的发展，就可以判断企业增长是否能够带来持续性，就可以判断企业能否集中所有的资源赢得顾客满意度，进而推动企业真正拥有能实现可持续发展的内在动力。源于这样的认识，需要企业领导者拥有战略思维，拥有和顾客在一起的能力和习惯，形成以顾客的立场和思维方式展开选择，唯有这样，企业才有机会摆脱竞争而进入有效发展的状态。

二、企业所有利益来源于人性的回归

从企业的属性来说，赢利是它的根本。同时，我们还必须认识到企业是有机体，是整个社会系统的构成部分，承担着自己的社会责任。企业的社会责任就是透过实现社会期望价值的途径表现出来。这种社会期望价值意味着企业不能是为了利益去竞争，而是要去创造和引领一种氛围，传递一种具有恒久价值的理念——尊重和关怀人性，从而为企业赢得最广泛可能的顾客，比如观看广告的某一个路人，或是企业自己的员工。

前人告诫我们利要取之有道，转换为现代的理解就是：所有利益的来源应该是人性的回归——深度的人性关怀。具体表现在企业经营实务中的，就是把实现社会期望价值转化为企业核心价值,如西安杨森公司的献身科学、奉献健康,联想集团的解决问题,华为公司以科技创新改善生活品质,星巴克的透过咖啡所创作的交往与平和,麦当劳以品质、服务、附加价值为儿童带来真正的快乐,宜家家居(IKEA)以家具创造民主生活形式的实践,中国移动的沟通从心开始都是深度人性关怀的展现。

具深度人性关怀的赢利还体现在企业所有成员的成长性上。把群体凝聚在一起的内在力量是让每个人有奉行不渝的价值观(终极关怀)。那就要问,我们的核心价值是什么?如何展现深度人性的关怀?丰田汽车的"造车之前先造人"、通用汽车的"当代精神当代车"、华为的"人力资本永远大过财务资本的原则",都是深度人性关怀的表现。

企业要从顾客的立场和思维方式出发,去组织所有的活动。

我常思考一个问题,企业怎样才能从顾客的立场和思维方式出发,来选择做什么、怎么做?这个问题的答案可以从我的一些观赛感受里面寻找。几年前,我和广州近18000名观众领略了美国NBA赛场的魅力,不仅仅因为那是姚明所在的火箭队与篮网队的对抗,更因为它是一场让中国球迷感受到纯正的NBA文化的盛宴。当我真正置身于赛场,而不是在电视机旁观看比赛的时候,我才体会到为什么NBA有着如此巨大的魔力:让每一个人都融入其中。

赛场以观众为中心。曾设计了NBA火箭队主场丰田体育中心的美国Manicaz建筑设计事务所,是广州国际体育演艺中心的设计方。他们秉承着带给中国球迷一个原汁原味的NBA文化享受的理念,经过了半年的研究,才最终完成了设计图纸。可以容纳18000人的球场,没有一个座位的视线被遮挡,全场没有视线的死角,就算你是坐在离球场较远的观众席也完全不必担心被前排的观众遮挡视线,在任何一个位置都能够很好地观看到场上的比赛。中心球场上空的中央漏斗屏,可从不同角度实时进行比赛直播和镜头切换,让观众朋友们能够更好观看到比赛的每一细节。这一人性化的设备,让球迷朋友们感受到与以往截然不同的现场观球感。

最令人感慨的是洗手间的设计和安排。很多国内的球场一到中场休息时间,洗手间门口都排着很长的队伍。而这个场馆每一层都有18个洗手间,男的女的各9个。这样就大大减少了观众上洗手间时排队的时间。而且按照NBA标准,平均每150个男士一个厕位,女士的标准则是每33人一个。最令人感动的是还有"家庭盥洗室",为爸爸带着女儿、妈妈带着儿子的家庭设置,防止父母和孩子在分别上洗手间时走失。另外还有灯光、餐食以及礼品店等。置身在这个球场里，你会觉得整个球场是为你设计的，是以你为中心的，你可能遇到的任何问题，赛场已经预先想到并做出了解决方案。

比赛以享受为中心。虽然球票价格不菲，但这一晚的广州国际体育演艺中心还是全场爆满。篮网球员泰伦斯·威廉姆斯在赛后新闻发布会上说："这座球馆可以媲美许多美国的NBA球馆，而且这里球迷热情也很高，气氛非常棒。"为什么这样一场篮球比赛可以营造出如此的氛围？大多数和我一样的观众，都是第一次现场观看美国NBA球赛，却又表现出非常"职业"的水平。中国赛广州站的球票赛前在黄牛党手里几乎涨了一倍，即便如此，许多球迷也觉得看一场原汁原味的NBA比赛非常值得，因为在现场不仅是欣赏球员的表演和感受比赛胜负的快感，而且像是参加了一次全身心投入的嘉年华。

穿着各种颜色NBA球衣的年轻人成为当晚的主力军团，不仅有火箭和篮网的，也有穿小牛、尼克斯等其他球队球衣的球迷。许多球迷都是以家庭为单位，为满足小孩看姚明的愿望而来到现场。而当比赛开始的时候，人们完全进入"职业"球迷的角色，展示出"原汁原味的NBA"：巨大球馆里炫目的灯光、震撼的音响、啦啦队的火辣表演、吉祥物的逗趣搞怪，当然还有精彩的比赛本身……

广州站比赛将火箭队定为主队，介绍球员时，火箭队球员尤其是姚明获得了热烈的掌声；比赛中，火箭的进攻，现场观众在助威音乐的带领下，整齐地呐喊和鼓掌；而篮网的每一次失误或者投篮不中，就会嘘声不断；在客队球员罚球时，篮架后面的球迷或击打充气棒或挥舞双手，尽全力干扰对手的罚球；摄影机也不断地发挥作用，先用一个画面来做示范，之后捕捉观众让其模仿之前的示范，开始的时候观众还不理解，当观众理解之后，捕捉到现场大屏幕的球迷，会配合地做出相同的动作，展露出开心的笑脸。

最能够带动大家的是火箭熊，早听闻火箭熊是NBA最擅长逗乐的吉祥物，百闻不如一见。比赛开打之后，火箭熊也没有闲着。这只火箭队的吉祥物在场边上蹿下跳，时而和观众开玩笑，时而又拿出礼物和大家分享，时而诙谐逗乐，时而严肃认真，观众也在它的带动下，情绪起伏，欢声四起，无法形容的快乐洋溢在球场的空气中，即使是被火箭熊捉弄的球迷，也能乐在其中幽默回应……

在整场比赛中，人们一会儿为球队的进球欢呼，为失误叹息，一会儿又能够抽身出来投入到自己的娱乐里。NBA的比赛节奏的设计非常巧妙，火箭队和篮网队的啦啦队表演一次又一次地把观众带到比赛空隙中的欢乐里，夹杂着与观众的互动，以及超高观赏的扣篮技术，让人眼花缭乱。全场的音乐好像是一个隐形的指挥者，带动着观众的情绪和动作，契合比赛和娱乐，观众完全进入到自我参与和自我表现的气氛中，你已经无法分清，是比赛带动娱乐，还是娱乐带动比赛，观众随着比赛的节奏，都在参与并乐在其中。一场比赛演变成观众自己的娱乐，每一个人都觉得是一场愉悦的享受。当人们离开赛场的时候，不再记得价格不菲的门票，享受的愉悦久久萦绕于心，这就是NBA无法抵挡的魅力。

三、乔布斯的成功之道

乔布斯的成功之道——尽力去尝试和创造（以及保护）我们所期望得到的用户体验。

或许我对比赛的详尽回顾已经使得大家对上文所提的观点有所领悟，再看看乔布斯为什么能够赢得普遍的尊重，我们对顾客立场、顾客思维方式会有更多体悟和思考。当我听到乔布斯离世的消息，第一反应是拿出iPhone 4来使用。因为我一直喜欢键盘式手机，所以虽然喜欢苹果的产品，还是没有在日常生活里更换原有的手机。而在得知乔布斯离世的那一天，竟然毫不犹豫地拿出iPhone 4来用，我并不是"果粉"也不是"乔粉"，但是这一个动作，使我知道内心里自己是多么推崇乔布斯，我问自己，乔布斯的魅力到底是什么？

每一年都有无数的人、无数的传媒在纪念乔布斯，赞誉的人和肯定的人超乎寻常，持久不衰。也许正如他本人所确信的那样：活着就是为了改变世界。他的确做到了。纪念他的人说："乔布斯至少五次改变了这个世界：第一次是通过苹果电脑Apple-Ⅰ，开启了个人电脑时代；第二次是通过皮克斯电脑公司，改变了整个动漫产业；第三次通过iPod，改变了整个音乐产业；第四次通过iPhone，改变整个信息产业；第五次是通过iPad，重新定义了PC，改变了PC产业。"人们统计了几个与乔布斯有关的数据：2次手术，3个孩子，8年抗病，11款经典产品，100倍股价涨幅，1000万台iPad，1亿部iPhone，2.7亿台iPod，带动全球超过万亿的产值。

也正是这些奇迹，人们把乔布斯归为创新的奇才和经营的奇才，用李开复的评语："乔布斯能够：①预测业界趋势；②大胆使用最先进的技术；③打造崭新的商业模式；④凝聚一流人才；⑤憧憬用户尚不自觉的需求；⑥永不停息的自我超越；⑦设计每个细节都近乎完美的产品；⑧口若悬河地说服用户情不自禁地爱他的产品。一般能驾驭上述中两三个点就可能很成功,但是乔布斯能做到八点。"这些我都认同,但是在我看来这还不是乔布斯真正的魅力,因为这些能力使得乔布斯更像一个"神",禀赋和能力无人企及。我内心里非常认同这些评价,但还是觉得乔布斯有着更重要的天性,这份天性成就了他,也吸引着我。

在和好朋友江博士聊天的时候,他讲了一个自己亲身经历的关于乔布斯的故事。那时候他还在美国芝加哥摩托罗拉公司工作,摩托罗拉公司举办一次关于公司内部创新的大会,邀请乔布斯做演讲嘉宾,结果乔布斯站到讲台上,问能否给他一把剪刀。当工作人员把剪刀给他后,令人意想不到的事情发生了:乔布斯拿着剪刀走到坐在前排的公司副总裁一级的经理人面前,把每个人的领带都给剪掉了一半,并说剪掉领带就没有束缚了,这样才可以展开创新。江博士在讲述这个故事的时候,我的脑海里浮现出当时的场景,内心里不得不赞叹,这就是乔布斯的魅力,这就是我喜欢他的根源:尊重人性中最自然的光辉。

在iPad上市的时候,我曾经写过一篇文章来分析乔布斯领导的苹果为什么会屡创佳绩,我借用乔布斯本人的观点,乔布斯阐明了苹果取得奇迹的缘由:我们只是尽自己的努力去尝试和创造(以及保护)我们所期望得到的用户体验。正是这样的定位和承诺,乔布斯和苹果公司一直以来坚持做一件事情,那就是赋予产品顾客体验的价值。正如上面介绍的那样,乔布斯和苹果公司并没有去创造一个全新的产品,反而更多的是改变一个原来就存在的产业,iPod、iPhone只是重新发明了MP3、手机而已,而iPad也是对于电脑的重新定义而已。因为在乔布斯看来,了解和理解顾客的习惯是最为关键的。他很明确地知道,任何产品都应该回归到顾客的生活习惯上来,而不是改变顾客的生活习惯。

当我走在洛杉矶的街道上,看到iPad的户外广告牌:舒适地跷腿坐在沙发上,在腿上随意放一个iPad,那份闲散和自在悠然而出。更深的理解还在于顾客拥有成本的认识和对于商业的价值认识,在iPad的广告上,你看到的是这样一行字:奇妙与革命性的产品,令人难以置信的价格。真的是如此,所有人,包括我自己都没有想到这款革命性的产品竟然是一个如此设计的价格体系,我喜欢乔布斯对于顾客的理解,也更加钦佩这样的商业设计。

对于人性自然的理解和尊重,使得乔布斯带领的苹果公司不断地创造奇迹,在人们传颂着乔布斯人生哲学的时候,我们不仅要在内心里理解和认同这些观点:"人活着就是为了改变世界","领袖与跟风者的区别就在于创新","人这一辈子没法做太多的事情,所以每一件都要做得精彩绝伦","成就一番伟业的唯一途径就是热爱自己的事业","不要把时间浪费在重复其他人的生活上"。我们还要在行动和产品中表达这些观点,用中国文化传统的理念来表述,就是要做到"知行合一"。

我使用iPhone 4手机,只是一个内心纪念的仪式。我也知道创新会永无止境,但是所有的创新都需要回归到顾客的需求中来,更需要对于人性光辉的深刻理解。真正触动人心的东西,才会是永恒具有魅力的部分,乔布斯做到了,而我们还需要努力。

(原载:春暖花开公众号,2017年9月20日)

成为未来的领导者

在华南理工大学上课总是觉得很亲切,刚才很多领导和老师跟我交流,我说其实我最喜欢的还是跟大家在一起讨论。

我最近一直在跟很多人讨论一个话题,就是未来和现在的时间差在缩短,时间过得很快很快。相信在座的大家都有一个经验,中秋之后,眨眼便是元旦,很快又要过年了。我问我女儿,她也说时间真的过得很快,我们已经在疯狂地老去(这个答案让我很紧张)。再去问更年轻的本科生,答案也是如此。后来去问个幼儿园的小孩子,我说你觉得最好玩的事情是什么?他说最好玩的事情是很快就过年了……所以,我们发现未来跟现在的时间差在变短,跟年龄没多大关系。

一、一切都有可能被重新定义

时间差在缩短,有三件事情你要很小心。第一,经验的作用在弱化,你所有之前积累的东西可能对你的帮助没想象的那么大。第二,市场变化规律难以把握,就是说市场和行业的每一个变化都有可能被重新定义。第三,代际变短、价值观多元化,这是我们不得不接受的一件事情,比如说我们之前还可以称50后、60后和70后,然后到80年代就叫80/85后两代了,再到90年代就叫90/92/96后三代,估计到00后可能就是一年一代了。

而我们,该如何更好地面对未来和现在时间差缩短所带来的挑战?

在挑战面前,你需要成为一位卓越的领导者,这将对你的学习能力提出新的要求。

(一)卓越的领导者,具有不可替代的重要性

在剧烈变化的今天,必须有这样一位卓越的领导者,组织才可以坦然面对即

将来临的巨大挑战。卓越的领导者，具有不可替代的重要性。于我们自身而言，如果要成为一个对社会有价值有贡献的人，我们肯定需要成为自己的领导者。

卓越领导者对于组织的重要性，源于以下三点：第一，让整个组织高效运营。在一个不断变化的环境当中，这种高效的运营变得非常非常的重要。第二，指明方向，鼓舞人心，重振希望。能让人们充满信心地应对所遇到的挑战，克服一切困难。第三，应对不确定性带来的危机。不确定性带来的挑战，这是你不得不接受的一个东西。

那么，我们该怎么成为一位未来卓越的领导者？

领导者的第一个要求：是对自己和对他人发展的承诺和责任。

（二）卓越的领导者一直专注于人的成长

一个真正优秀的领导者，一定能做到两件最重要的事情：发展自己，发展他人。真正优秀的企业领导者，很重要的一个特征就是他的团队能够跟随他一起成长，而不只是他个人很厉害。

熟悉我的同学会知道，在25年前我设了一个持续30年的研究课题，就是研究中国企业的领先规律。这30年的研究课题，关于领先企业的主要特征是什么，我写成的研究报告叫作《领先之道》。我从3000家企业当中，筛选出来5家（海尔、TCL、联想、华为和宝钢）进行研究，整个研究分成3个十年，在第一个十年的研究中，我发现这些能够领先的企业，它有一个最重要的要素，他们都有一个非常好的领导者。它的领导者都具有一个特征，我用一个词概括，叫"英雄领袖"（推动行业进步的英雄，引领人的进步的领袖）。这五家企业的英雄领袖做了什么？他们把企业带到了资产300亿的行业领先的位置，让这些企业可以在15年左右的时间里脱颖而出。这些企业既推动行业进步，又在特别努力地挖掘人的成长潜力，当两个都做到的时候，那么你会发现，这个企业会一直走在领先的位置上。

二、企业持续成长的核心组织与文化

以前我选择企业去辅导，我就会关注一个核心问题，就是领导者对人的关注够不够。如果他对人的关注度是够的，那我就会认为这个领导人会引领这个企业走向越来越高的层次；如果他对人的关注不够，我觉得哪怕它现在非常有规模，我还是会非常担心它的持续成长。因为在我个人对于企业的理解当中，企业持续成长的核心其实是组织跟文化，因为市场永远会变，技术永远会变，资金永远会流动。

（一）华为：只有成长，没有成功

2017年9月15日刚好是华为注册成立30周年的日子，你可以去看看任正非在这个时间在讲什么。我非常佩服这个企业，在它30周年时，它也没有庆典，它还是很安静地持续地去学习、去进步，原因就在于它认为所有的成功皆为序曲，那只是一个序曲而已，并非结果。所以华为只有成长没有成功，这是一种超出我们想象的学习力，它让个体成长与企业目标完全组合在一起，进而推动整个行业的成长。一次在华为内部交流，他们介绍任总的故事，说他有一次去看贝尔实验室，眼前一亮觉得像看到了宝，待在那个实验室里，久久舍不得离开，觉得眼睛不够用、吸收不完全，就跟自己说华为要有这样的实验室，然后不断地去建自己的实验室。为何5G的短码技术全球要用华为的标准，就是其背后强大的学习力在助推行业的进步。

（二）海尔：人人都可以成为CEO

那时候去海尔调研，发现它所有的考核都来源于你的工作本身，上下工序的考核，不会再有其他的。这种简单的考核与工序之间的价值贡献挂钩。所有人都有价值贡献，这跟绩效、跟组织目标、跟方向一致，因而上下能扭成一股绳。所以，海尔走到今天，就是源于他有这样的能力，它能够去建一个全世界都没有的组织形态，让它的员工6万人变成2万多个叫作"小微模型"的团队。然后张瑞敏继续往前推，他的理想是取消工资体系，人人都是CEO，而且他现在基本上要做到了。

为什么海尔每个员工都可以成为CEO，最重要的是取决于领导者本人，如果他愿意授权给每一个人，让每一个人都跟经营直接挂钩，都跟顾客直接关联，你就会发现人人皆可成功，人人都可以创造价值。其实卓越的领导者跟普通的领导者很大的区别在于他们一直专注于人的成长。当把人的成长做到极致的时候，组织的力量就会变得非常的强大。

这个发现给了我很大的帮助，当我自己去做企业领导者的时候，我可以两次带领企业去做一个非常大的调整，并取得非常好的结果。我其实很感恩我所有的同事，因为他们的创造力被释放出来了。

（三）最有领导力的，是那个不说话的小婴儿

我一直很有信心地跟每一个人讲，确实如海尔所言，人人都可以成为CEO。因为领导力并不是天生的，而是一个自我造就的过程。什么叫作领导？领导的定义，就是影响他人去做他想做的事。我们从这个定义来想一想，哪一种人最有领导力？其实就是那个不说话的小婴儿，你们好好想一想，他是不是最具备领导力？他连话都不用说，然后全部人都得围着他转，全部人都要去做他要做的事情。

这个小小的例子，其实表明你天生具备卓越领导者的潜质，而成为卓越领导者，取决于后天持续自我造就的过程，取决于你是否愿意持续去挖掘、去学习。

三、领导力是一个自我造就的过程

我小的时候看《西游记》，最喜欢孙悟空，我觉得它比较厉害，再大一点的时候，发现最喜欢猪八戒，因为我觉得他比较好，后来等我参加了戈壁挑战赛后，我才终于明白我真正爱的那个人其实是玄奘。在戈壁挑战赛的起点（阿育王寺），让我真正懂得了一件事情，"一个人，如果他相信他内在的力量，相信他完整的目标，相信他自己要创造的价值，他是可以克服千难万险的。"并非顺应时势，才可以造英雄；并非环境友好，才可以发展；并非碰到机遇，才可能成功。玄奘只身一人一步一步地坚定地往前走，历经九九八十一难终取回经书，影响了整个人类，他西游的过程其实就是一个自我认知挖掘的过程。所以，戈壁之行，我爱上玄奘，突然明白并非时势才能造英雄，其实你也能决定你的一切。

一个人最重要的是，先成为自己的领导者。如果真正培养一个领导者，要让其明白首先是要成为自己的领导者，然后才有机会去成为别人的领导者。成为卓越的领导者，需要在以下六方面进行努力。

（一）成为卓越的领导者，要有良好的定力

有人问我说陈老师看你很忙很忙，那为什么你又可以很静很静？我说因为有三件事情：第一件事情就是每天的阅读和写作，通过阅读和写作来认识这个世界，来进行思考，这是我主要的学习方法。第二件事情，就是我会在每一年都会安排时间去跟自然对话、去跟家人旅游，因为这是让我能够真正安静下来的第二

个途径和手段。第三，我三十几年来有一个比别人幸运的地方，就是从未离开校园，不管这个市场多么的喧嚣，只要你走进大学，进入校门，你就会静下来。

虽然我们今天的校园人已经非常的多，但是依然可以很静。最重要的是你在这个熙攘和巨变的环境当中，有一个能够安静地待着的地方，我觉得这就是学校很好的功能，所以我一直很感恩学校。结合刚才我对玄奘的理解，你必须有自己的定力，才可以成为一个真正的领导者。

（二）成为卓越的领导者，懂得确信的力量

在大学里最主要的是什么？你要先学会一件事情，要相信一些东西，我称之为确信，也就是我们通常讲的信仰。比如说一定要相信学习和知识是有价值的。我希望你除了相信你的老师之外，你还要相信你自己。我有一次去静修时，有一个老师辅导我们。

有一个同修的同学问老师说：您总是说您的老师这个也对、那个也对，难道您就没有质疑过他吗？

然后，这个老师很惊讶这个学生的提问，他说：为什么你会有这个想法？

这个学生就说：老师也是人啊，他肯定也会有错的时候。

后来，老师给他回答说：那就是你没有当好一个学生。他说，一个学生对老师一定要相信，对与错是你自己的收获，不是那个老师的对错。就像阳光撒给每一个人，那为什么有些人会认为阳光是温暖，有些人会认为这阳光是灼热和刺烫的，这是因为你的接收力不够。

现场听完我很是震惊。分享这个故事，我是想让大家知道，如果不能拥有一种确信的力量，确信你有能力去接受正确的东西，我认为你很难去成为一个好的领导者。

（三）成为卓越的领导者，要训练思辨的能力

我常回绝一些同学的申请，他们常发邮件说，陈老师，我最喜欢你的专业，我不喜欢我的专业，这种申请我基本上都不讨论。我觉得学校的任何一个专业都是在训练你的思维，训练你的学习能力，训练理解内在逻辑和规律的能力。任何一个专业，你能学好它，等于真的在读懂大学，然后你将来做什么，可能跟你所学没关系。如果你训练自己在不喜欢的情况下把这个专业学好，你的训练一定会帮助你，会影响你一辈子。你得知道学校的帮助，其实就是训练你对知识真正

的理解，训练你的思辨能力，它可以让你胜任任何的职业。

管理者真正重要的就是找出真正的问题，去论证这个真正的问题，说服大家接受之后，你能不能给出解决方案，我希望你有思辨的能力去做，而不是简单地去做一个讨论。

（四）成为卓越的领导者，要培育你的想象力

想象力从哪里来呢？我个人理解，主要来源于三样东西，它们使得我们可以创造属于我们自己的未来。

想象力来源于观察、交流和行动。第一个是认真去观察，想象力就会被培育出来，以前我上课常讲一个故事，就是关于牙膏公司的案例。说有一家牙膏公司，它想让它的销量能够提高50%，然后它就向全世界征集营销方案，若能让销售量增加50%，就可奖励一大笔奖金，然后征集到3万多份方案。最终获奖方案非常简单，是一个普通员工写的，只有一句话：请把牙膏管口放大一倍。牙膏管口原本很小，放大一倍，本来一个月用一支牙膏，现在正好要用两支。企业选择这个方案之后，销量真的提高50%。如果鞋油公司的鞋油管口放大就不行，观察不够的时候，你会发现想象和创造力是完全不同的。所以谈想象力的时候，第一个就是要你认真地去观察，安静地去做内在的一些交流和思考。第二个是交流，可以有多种的，比如说你来学校跟老师交流，跟同学交流，跟书本交流，跟日常生活、跟实践去做交流，你只要有很多的这种交流，你就可以拥有想象力，可以具有创造力。第三个就是要认真去做事，你只有在尝试中，才知道东西能否被创造出来。

（五）成为卓越的领导者，要懂得：生意，即是生活的意义

生意，即生活的意义。它源于你对生活的爱的理解，对人性最善的东西、最美的东西的把握，对同理心、慈悲心底蕴的呈现。在这个情形下，我们需要大家能够真正地学会去接纳，去同理，去慈悲，然后去欣赏，然后去找到美。当你能够找到这一切的时候，其实你就理解了什么叫生活，此时我相信你从商业的逻辑上去做生意的时候，你一定能找到你的商业模式，好的商业模式一定是解决了"生活的意义"这个问题。我觉得你不能够接纳和欣赏身边的人，就不懂得什么叫真正的爱。如果你不懂爱，你就没有办法真正地去引领和带领更多的人追随你。

（六）最后，要求你拥有从多个视角去看待世界的能力

对于领导力真正的判断是什么？是你需要摒弃固守的一个视角，多个视角去看，将你内在的力量激发出来，真正地去用知识来武装自己。如果你是有能力做到这三样东西的时候，就具备了成为未来领导者的基础。我今天只是讲了一个学习的维度，你们还有实践等很多的维度，在学习维度中，我最终需要你能多视角地去看待这个世界。如果你可以从多个视角去看这个世界，我相信你能很好地诠释领导力的发展。

（七）要认识到，领导力是一个自我造就的过程

领导力是一个自我造就的过程，你要做的最重要的事情是什么？我想你要认识以下三点：第一，培养自己，才有可能成为领导者。这个是你心里一定要记住的，唯有不断地去自我培养，才可以真正成长起来。你如果不努力、不愿意去培养，就没办法成为领导者。第二，这是一个需要你不断修炼的过程。你一定要在实践过程当中不断地去学习和推进，这个过程是没有止境的，只能不停地往前走。第三，你要有巨大飞跃的学习能力。当你的学习能力有巨大飞跃的时候，你的领导力就会被提升起来，更重要的能让更多的人因你而进步，你自然就可以成为一个更好的领导者。

我们谈到学习，谈到大学的教育，我想学习对大家的帮助表现在四个方面：第一，通过学习，你拥有洞见的能力。就是你对很多问题的看法，你会有思辨的能力，你会有想象力，然后你能够去寻找它，内在的逻辑帮助你判断。第二，就是你可以驾驭变化。有了相关的训练能够去胜任任何的工作和机会。第三，你具有说服力。因为你本身的这个内在的东西已经是贯通的，你就会具备说服自己和他人的能力，你不会太焦虑。第四，帮你拥有定力。这个是很大的一个帮助，就像我自己决定去研究一个东西，花30年，那我觉得就是因为学校给我的这个支撑，所以你是可以拥有这个定力的。

四、领导者要拥有面向未来的能力

领导者的第二个要求：如果我们想不被淘汰，我们对今天领导者提出要有指向未来的能力。

如果我们要掌握未来，应该做哪些努力？

我前面从学习的维度，告诉你说领导力是个自我造就的过程，其实大学的教育是可以帮助你造就领导力的。接下来，探讨另一个话题，就是我们怎么样具备拥有未来的能力？

淘汰老师的，不是老师，可能是"网红"。

今天的环境得用一个不确定性去表达，原因就在于它更加多元，更加复杂，更加不可预测。我最近讲了几个好玩的事情，有不少人反对，比如说，我觉得接着下来淘汰老师的一定不是老师，可能是网红，你看维度就变了吧。本来我们如果从老师的角度来讲，我不会跟他产生这个维度的关系，但是互联网技术导致了我们两个会有维度的关系，你会发现网红的"学生"比你多很多，他们的学生都是几万、十万、成百万级别的。我遇到一个90后网红，她跟我说，陈老师你上课是很厉害，但我比你还厉害。我问她，你厉害在什么地方？她说我讲一个东西，现在有一千万人在听，我听完之后肃然起敬，这真的是很厉害。后来我问她，你讲的都对吗？她说我不在乎，我只在乎粉丝喜不喜欢听。所以这时候你就会发现对于老师的挑战在于，你一直坚持做的东西，你会发现你的听众面很小，而网红的东西却有巨多的听众，年轻人的注意力都被抢走了。

所以，有几次在老师座谈会上，我就跟大家说，记得啊，淘汰我们的，有可能是网红。然后，我们很多老师就不服气，说老师有老师的价值，网红有网红的价值，与我们不可同日而语。我说，的确是这样，但有一个东西你要接受，年轻的人群学习的方式变了，我们的听众和网红是一致的。

我们要面向未来，意味着有五件事情，你要很认真地去对待它。

第一，你旧的观念要被终结。第二，发展模式在不断更新，就是说你不能用原来的这个发展模式，你必须用一个全新的发展模式，你才可能真正找到新的机会，因为你面对的整个维度在变，整个复杂性在变。第三，经验作用的式微，就是说你真的会发现经验的作用在弱化。第四，代际价值观差异拉大，我们这个年代的人还比较听父母的话，现在的年轻人直接跟父母说我们是朋友，很小就要轮流当家长。最后，稳态不太可能会有，你得把自己摆在一个动态的位置，才可能拥有未来，你如果封闭起来，处境比较稳定的话，你将可能失去未来。

由于以上的变化，将导致组织管理遇到五个挑战。

第一，在组织管理当中将看不到边界，实际上是没有边界。比如说像我们的工商管理学院，未来最大的吸引不仅是拥有现在的老师，可能还有很多围墙外的老师，还有更多的企业成功者来跟大家交流，还有更多的已经创造新价值的实践

者跟大家做动态的交流。你会发现学校围墙的边界不存在了,那对于学院的组织管理来讲,最大的挑战就是围墙打开之后,可以延展多远,如果我们延展得足够远,我相信给大家的价值创造是足够高的。

第二,真正的驱动力量发生改变。以前我们在谈组织的驱动力量时,会谈价值观、企业文化,会谈市场的地位,会讲品牌,会谈人力资源,这些我们称之为组织驱动的力量。但今天真正的驱动力量其实移到了组织外边,技术、顾客、需求的变化以及整个环境的挑战,使得它外移了,所以你对于组织管理的理解也得跟着变。

第三,生活方式发生变化。新生活方式的出现会使得组织管理的很多东西要改变。使得你无论在做考核、做绩效、做人力资源,还是做组织结构和设计,都要跟随着调整。我在写《激活个体》的时候,感受最大的变化是年轻人,他们会告诉你说生活跟工作要保持平衡,不像我们这一代人,我们认为人生最大的意义就是工作,但年轻人觉得人生的意义是两个平衡。在整个生活方式改变的时候,组织管理很多东西也会改变。

第四,是技术、思想与未来的联系与统一。你怎么理解技术?你怎么样跟别人形成认知?你怎么样面向未来做思考?这些其实对你都会产生很大的影响。

最后一个,是"新人"。我打了个双引号,一种是年轻的新人,一种是机器人。就是说未来你的组织管理当中一定会有机器人,一定会有智能人涉及组织当中。

面对这些挑战,如何去解决?我们到底该怎么样去做?这就是今天我们要重新学习的原因。

五、当未来已来,你在哪里?

我想最终抛给你一个问题,这个问题就是:未来已来的时候你在哪里,你跟世界的关系在哪?

我很担心我们活在2017年,思维方式还在19世纪,比如说你们非常在意判断的对错,如果你非常在意对错,那我就告诉你,你的思维方式还停在很远的地方,今天不是谈对错的时候,今天是谈什么变化的时候。你的岗位或角色,更在意的是你的价值贡献,其实你在任何的岗位,都可以有巨大的价值贡献。

实际上,在一个未来已来的时代当中,你要非常清楚地知道你在哪里,你是不是跟它与时俱进，我希望你拥有面向未来的属性，这就是我对你的要求，也是对我自己的要求。

我们真正的挑战不在于学过什么、做过什么，而在于面向未来学什么，为未来做什么！

今天，我们要调整坐标指向未来，才会有更强的意愿、更大的动力去学习。

我最近看很多企业，都很关注它面向未来的属性。我们从整个零售业商业模式调整，来理解面向未来属性的重要性。早期零售业是非常小的店，很多是"夫妻店"；后来新的模式"百货商店"出现，百货将各种商品放在一起，给人民生活带来非常大的便利；然后一个更厉害的概念出现，叫"大型折扣超市"，有更大的规模，更多的商品；接着，我们看到"连锁超市"出来了，再接着就是"电商"，电商之后，我们又看到有一个特别好的模式出来，叫"连锁便利店"，今天，你又发现更好的商业模式出来了，叫作"无人售货"。

年纪稍长的人都知道百货巨头"南方大厦"，后来沃尔玛和家乐福进来后，它被挤垮了。现在阿里巴巴的出现，让传统的沃尔玛类型超市的日子很难过，这两家公司的销售额在2015、2016年的时候几乎一致，都到3万亿的规模，但是沃尔玛用了230万人，阿里巴巴却只有几万人。换个角度说，即使你今天拥有一家非常强大的公司，如果你没有指向未来的能力，你会发现，你依然还是会被淘汰，但我相信这些企业都有能力做巨大的调整。

到此，我今天要给各位第二个要求，如果你想造就自己的领导力，你一定要学会面向未来。这是我很认真地跟大家共勉的东西，我也是这样要求自己的。

六、在科技面前，时代会淘汰落伍者

我也不知道我在什么时候会被淘汰，我只是在被淘汰之前尽量先面向未来。零售业的改变不是其他的原因，而是新的需求和新的技术的变化，你需要跟他们互动。如果你跟新需求和新技术互动的能力不够，哪怕你今天很强大，最终还是要被淘汰。在2013、2014年，柯达申请破产那段时间，德国媒体当时写了一句话"在科技的面前，没有谁可以高高在上，时代会淘汰落伍者"，让我内心很震撼，我分享给了很多人。这句话给我留下很深的印象，在这个技术不断进步，不断地指向未来的时代，其实没有人可以停留在原来的位置上，没有人能够高高在上，因为时代会把一切落伍者淘汰。

（一）懂得智慧形成的路径，用知识武装自己，面向未来的管理者要对知识充满自信

智慧形成的过程，就是知识形成的过程，而知识形成过程的核心是内化为你自己的东西。那如果我们要有能力指向未来的话，我认为恐怕你要懂四个词：数据、信息、知识和智慧。数据其实是没有加工过的事实和信息，加工过的数据叫信息，而什么叫知识？知识是信息加上识别，那么从数据到信息再到知识，需要加上你的识别，才叫知识。而当把知识在运用到行动当中，并产出结果你就拥有智慧。这四个词其实是一个关联，描绘的是智慧产生的路径。这其实是一个我们叫作"知识链"的东西，从数据到信息到知识，到行动也就是创造，最后有结果，就是智慧。

那如果我们要面向未来的时候，我们就一定要广泛地拥有数据，并要从拥有的数据中找到信息，然后再把这个信息内化成你的知识，请记住知识是个体化的，别人的知识不是你的知识，知识的最主要的特征就是个体化，这是其与数据与信息最大的区别。然后，下一步的事情就是去创造，也就是综合去运用它，而当你有能力去做综合运用的时候，就开始拥有智慧。这是我们面向未来一定要懂得的东西，我们如果有能力懂得这件事情的时候，我们就能获取真正的进步，有能力去面向未来。

（二）怀海特的智力发展三阶段

我深受怀海特一本书的影响，那本书是关于教育的，叫《教育的目的》。它说人的智力发展要经过三个阶段，第一个阶段叫浪漫阶段，浪漫阶段的时候你只需要去观察，然后去感受，去想象。这是一个很原始的部分，所以我就理解为什么小孩子开始都要学画画，学跳舞，学音乐，都要去交友，去娱乐，其实那是浪漫阶段。浪漫阶段之后，智力将提升到第二个阶段叫精确阶段，这时你要有能力去分析事物，我们在大学当中所学的东西，你要能够精确下来，你要对一些东西作很准确地描述，准确地分析。智力发展的完成，表现在第三阶段，叫综合运用，是你能够把浪漫和精确的东西综合运用。这很像我们中国传统文化所说的，先是看山是山，看水是水；然后接着看山不是山，看水不是水；最后，要看山还是山，看水还是水。

我觉得无论中西的文化，在智力的发展当中都是要你经过这三个过程，其实就是我刚才讲的你怎么把最原始的数据转化成信息，加入你精确的理解变成知识，又加上你有能力去做综合运用，最后你就拥有智慧，这是一个整体上的训练要求。当我们拥有智慧力的时候，我们就有能力去面向未来。

这个智慧转化的路径，能帮你去训练自己成为面向未来的管理者。所以，我的结论也讲得很清楚，那就是如果我们想拥抱未来，我们需要全新的认知，全新的创造，全新的制度，我们需要你的全新认识，全新的智慧，全新的创造，我希望你们站在不同的起点上重新去学习。

学习其实是一个自我发现的过程，这个自我发现的过程就会使得我们对很多东西有一个更大范围的理解，你一定要相信知识的力量和智慧的力量是强大的，有一个更强的力量来支撑大家。

我是研究管理学的，关于管理理论对社会进步的贡献，用德鲁克的话说，管理出现之后，整个生产力，整个社会财富的创造，其实是比十九世纪以往所有世纪所创造出来的社会财富总和要大得多。德鲁克对过去100年整个知识管理知识对于经济的推动的作用做了总结，得到了一个结果，就是把管理变成知识，运用在整个工业革命的生产力革命和管理革命当中，所有运用这些知识的国家，他的国民生产总值和生产力的效率都提高了50倍以上，这就是知识的力量。

我最想说的一句话就是，我希望你来到知识之地拥有知识，我希望你用知识去武装你自己，因为当你用知识武装你自己的时候，你就能拥有面向未来的能力，最重要的是你能拥有智慧。

（原载：春暖花开公众号，2017年9月25日）

成为变革领导者的五个关键

彼得·德鲁克先生说过:"无人能够左右变化,唯有走在变化之前。在动荡不定的时期,变化就是准则。但是,只有将领导变革视为己任的组织,才能生存下来。"面对巨变时代的经营环境,领导者必须做出打破思维、打破常规、破除利益阻隔、破除组织刚性的自我超越的变革选择。

领导者的作用不仅仅是激励也是明确任务的手段。最重要的是,他需要让同事理解,奋斗的目标不是他个人的目标,而是大家的共同目标,它产生于群体的期望和活动。正是这样去理解领导者的作用,所以组织新领导力,首先表现为管理者要成为变革领导者,一个变革领导者需要打造新的领导力,能够为组织灌输全新的价值,并有足够的韧性和坚持,带领组织接受巨大的挑战。

成为一个变革的管理者,我认为要从五个方面去做调整。

一、思维模式要转变

"去看看不见的"和"做不可能做的事情"。别人能做的事情我们要正常去做,比如说产品、品质、服务。但是一些别人不可能做的事情我们要进行扩展,比如经营信息和数据对于企业的发展是无比重要的,这也是其中一个可以深控的领域。

另外需要转换思维的地方,就是理解全连接和零距离。IBM得出的一个结论,我花了一些时间才搞懂,就是说在今天的商业环境当中,核心企业是一个全连接的企业。所以腾讯购并了很多项目,连接了很多企业;阿里巴巴购并了很多项目,连接了很多企业;IBM购并了很多项目,连接了很多企业。他们为什么要这么做,就是要全连接。

所以变革领导者一定要学会与更多的人在上下游去做合作，在不同地区做合作。能够真正在合作中去做事情，这叫思维方式的转移。

二、真正的客户导向

公司*禽肉事业部的调整，从7月调到现在，无数人在为此做出努力，做出调整，我特别欣赏。为什么要这样的转型？就是因为消费端在评价农牧行业，不是农牧端在评价。以前我们说农牧企业好，是我们行业内在说，消费者不知道；今天是消费者告诉你，谁的肉好，谁的肉不好。这个评价就导致了企业要能够真正贡献品牌。

农贸市场超市化的进程速度会非常快，我第一次认识永辉生鲜，就是因为它把农贸市场改成超市，我认定这是最佳的模式了。永辉生鲜选择做超市，正是基于客户导向的选择。什么是客户导向，就是你在做任何事情的时候，知道谁评价你，你在为谁创造价值。在这之前，你的料好不好，是养殖户在评价；今天你好不好是消费者在评价，这个评价体系变了。当评价体系改变时，我们就必须知道我们怎样去创造客户的价值，怎么去设计和行动。

我们设立的夏津模式很多人惊叹，它越漂亮，我是越紧张。因为漂亮是有代价的。我们建这么漂亮的一个夏津猪场，投入很大。我们需要让它漂漂亮亮地创造价值，全力以赴去做好三件事情，食品安全、环保、养殖效益。这才是真正的客户导向。

三、人的活性化

人真的很重要。我们之所以不惧任何障碍去开发、发展海外饲料市场，是源于孝华团队具有的能力。在今天我们的规模的确很重要，资金的实力也很重要，但是更重要的是团队和人。

我看到硅谷的一份PPT，其中表达一个观点，我很认同，人们以更大的、渴望成长的欲望创造了增长，这就像我们一样，以强烈要成为世界级农牧企业的欲望，成为中国第一大农牧企业，世界第三大饲料企业。我们增长很强劲，带来了

---

*编者注：此处指新希望六和股份有限公司，作者时任该公司联席董事长兼首席执行官。

一个问题，就是公司变得很复杂。现在这个体系已经很复杂，我们既有农牧的特点又有食品的特点，既有养殖的特点又有饲料的特点，既有终端食品的特点又有原料肉的特点，既有成都的特点又有山东的特点，既有中国的特点又有全球化的特点，现在又来了我这么一个广东人，这已经变得很复杂了。

复杂性会对人的要求很高。但是我们需要清楚地认识到，增长的复杂性会导致高适应人才比例下降，这是所有企业所面对的问题。高增长带来的复杂性与高适应人才下降之间形成一个剪刀差，这个剪刀差会让企业出现混乱、不协调以及难以协作的状况。我们也和这些强劲增长的企业情况一样。增长导致这个剪刀差，出现了前所未有的复杂性。

我们做这么多的调整，我相信人力资源部的压力很大，所有人的压力都很大，我非常希望通过盈利和增长保护住大家。但盈利与增长一定来源于高素质的人才，需要让更多的同事成为高素质的人才。我推荐的四本书，希望能帮助大家提升自己的能力，希望把管理变简单，要有阿米巴经营的概念，要知道如何可以有效经营。当你的能力超过复杂性，你就可以做到。一定要认识到简单的价值，简单当然也是最难的一件事。

核心是什么，是与对的人在一起。不要怕现在的行情和市场，这个市场恰恰是我们这种类型企业的机会。如果我们不固守过去的成功，就会获得成长。更重要的是需要大家认识到：你的自由取决于你的责任，你的创新取决于你对公司的认同，我们要形成这样的文化。

四、资源整合

资源整合在今天是非常重要的，我们需要企业内部、行业内部、行业外部、国际市场、国内市场、跨行业寻找整合的机会。整合资源对于我们来说具有基础，我们文化本身就具备条件，我们一直是在整合和合作中成长起来的，请大家一定把它用好。所以我一再要求大家要有新的管理能力，即在机会中解决问题，不要从寻找原因中解决问题，而整合本身就是最好的机会。

五、系统思考的内部改造

系统思考的原则是整体最大。饲料的增长和规模的增长绝不含糊，这是一个增长的整体基础。如果我们不能给员工提供好的薪资，不能给股东提供好的回报，我们也不会有任何机会。这样去理解公司就是整体最大原则。所有产业之间都是相关的，饲料一定支撑肉食，肉食一定是协同饲料，这个相关联过程就会让我们整体最大。

系统思考的内部改造可以称之为结构效益，所有的结构一定是要调到位。产能结构、规模结构、市场结构、人员结构、品类结构，全部调到位，这就是内部改造。

系统思考的内部改造也可以称之为端到端的效率，最终把食品效率做到最大化。一个公司最重要的是什么，做可持续经营。如果要做一个可持续的企业，就是要改变行业的生态，就是让行业能够在一个生态环境下发展，农牧行业需要做价格竞争下的食品安全，所以我们必须想办法实现"基地+终端"的战略，必须表达整个产业链的生态能力，这就是根本性的要求。

（原载：春暖花开公众号，2017年3月15日）

老板与经理人：
寻找的是存在感，还是存在价值？

很长一段时间，我都被问到，"什么样的老板能够聚集到更多优秀的人？什么样的经理人能够与老板共同创造奇迹？"也有人告诉我，大部分的老板都会觉得找不到合适的经理人，而大部分的经理人也觉得找不到令自己觉得可以托付一生去奋斗的老板。所以一些人羡慕华为的经理人，遇到了任正非；另外一些人羡慕美的经理人，遇到了何享健；还有一部分人会羡慕马云，因为他遇到了一大批投资人老板与他去创造了一个资本市场的神话……一系列的追问和羡慕之后，人们开始把问题聚焦在"人性"上，认为其背后的深层次影响因素是"人性"的问题，但是这真的就是问题的实质吗？

一、内部合伙人制，真能解决问题？

每一代人都会寻找自己的存在感，却从来没有像现在这样陷入一场集体焦虑。人，终归是社会动物；企业，则是社会中的经济组织。我们还是应该把问题放在企业——作为社会经济组织的存在价值方面上来。你（经理人）一直在找存在感，企业（老板）则会找你的存在价值。如何理解并处理好"人与组织"的这种对立统一关系？

人们总是习惯高大上思维，总会倾向将一个实实在在的问题虚化为境界。比如说"不谋全局者不足以谋一域""梦想有多大舞台就有多大"。真理就怕再落地前进一步，实践的门槛常常是隔山隔水。

人们常常引用佛家的三重境界之说，即："看山是山，看水是水；看山不是山，看水不是水；看山还是山，看水还是水。"这三个偈语阐释了人生随着阅历、年龄的增长而对事物的看法所发生的变化，出自唐代高僧青原行思——一个讷言善行的著名禅师。这关于参禅之初、禅有所悟、禅中彻悟过程的三个阶段，现在屡屡被经理人用以启示职场修炼。

人们也常常引用近代学者王国维的《人间词话》："古今之成大事业、大学问者，必经过三种之境界：'昨夜西风凋碧树。独上高楼，望尽天涯路。'此第一境也。'衣带渐宽终不悔，为伊消得人憔悴。'此第二境也。'众里寻他千百度，蓦然回首，那人却在灯火阑珊处。'此第三境也。"

人生体验也好，求学追问也好，参禅顿悟也好，这些常常被拿来开示无解的企业人事矛盾，而矛盾的焦点常常集中在老板与经理人之间。在今天兴起的合伙人机制下，有人发出"告别职业经理人时代"的呼声。然而很快，关于合伙人的新的矛盾又浮出水面。人们发现即便是组织机制看似公平的合伙人制度，彼此也并不能持续地进行开诚布公的交流。创业公司中合伙人很快分崩离析的现象屡有发生，而在成熟企业的内部合伙人制度是否有足够吸引力，目前还看不到结果，但是从毛大庆在万科倡导内部合伙人制之时却离开了万科的事件看，也许可以看到巨大的市场机会对每个人的影响。

越来越多的企业家热衷于修禅、静思、开悟。美国硅谷许多人发现，从印度修炼回来的乔布斯变了，从一个桀骜不驯的叛逆者，蜕变成一个温和近人的行动者。"不忘初心"是乔布斯蓦然回首的顿悟。他最为推崇日本禅师铃木俊隆在《禅者的初心》书中的一句话："做任何事，其实都是在展示我们内心的天性。这是我们存在的唯一目的。"即所谓"不忘初心"。禅者的心，应该始终是一颗初心，必须归复自己初学者的心，不受各种习性的羁绊，只有这样，才能忠于自己，同情众生，并且切实修行，也即不受已有的知识逻辑的束缚。真正的佛教徒并非一定要跑到深山野岭里坐禅，能够在日常工作中体现初心，这也是禅修本身，所以我坚持认为工作是修行，也是强调这一点。

我们思考一个问题，一定要将问题放回它发生的地方，经理人与老板，都需要明确自己存在的价值，也都要给彼此以存在感。

二、是人性问题，还是管理问题？

最近和林男有过一个对话，这个对话林男总结后已在正和岛发出。他向我描述了最近一次参加私董会聚餐时的情景。

私董会少了严肃会议的正襟危坐，可以较为充分地畅所欲言。而私董会的餐桌上就更彻底撩开了彼此之间隔着的那层温情的面纱。这时，就有人用近似"白描"的方式抛出了一个问题:"老板私底下总抱怨团队跟不上,对的人招不来、留不住,问题究竟出在哪儿?"马上就有人意会并做出应答,直言不讳地一言以蔽之曰:"中国企业家太抠了呗!"这个回答立刻引起了强烈的共鸣。

林男继续说:主持私董会发现一个普遍现象,老板一上来提出的问题多为业务问题,如怎么进行O2O转型,怎么开展新业务,销售额如何翻番等等;接着往深里挖,常常变成了团队问题,人不给力,再对的战略也实现不了;再挖,就挖到了老板的内心——原来是人性使然。在很多人看来,不同的老板境界会不同。

真的是老板的境界问题吗?或者说,境界问题的实质是什么?当林男提出这个话题时,显然是带着未了的疑问的。

比如一家行业龙头企业的市值被行业老二逆袭,行业老二的老板使出一记狠招,以极便宜的价格向管理层和骨干员工出售了近一亿股股权,人们纷纷称赞这位老板有胸怀,格局大,失去市值领先地位公司的员工也巴望自己老板来这么一手,但理性的商业考虑和领导者的不同风格,决定了这位老板没有跟风。

你怎么评判这两人?行业第二企业的老板境界就一定比行业龙头企业老板境界高吗?我不认为如此,因为这里有很多影响因素,所以你会发现,所谓的"境界"问题,如果你不把它放到现实中,它最终毫无意义。

如果一个问题,在现实中和理想中是两套逻辑,一路拧下来,岂不都是一个个纠结?只有我们对问题本身达成认知共识,关于人与组织的管理问题才可以一一分解。

我们要从宗教逻辑,回归商业逻辑。张维迎对商业行为和宗教伦理做过一个比较,二者基本假设相同,人是以自我为中心的。宗教逻辑和市场逻辑的最大不同是,宗教的逻辑通过改变人心来达到善的行为,而市场的逻辑不想改变人的心,而是规范人的行为,以利人之行实现利己之心。话听起来挺绕,市场逻辑负责商业行为,宗教逻辑管世道人心,现实中我们也确实容易把两个逻辑混为一谈。商业逻辑是什么?是趋利避害。生活中人与人的交往逻辑呢?是互利互惠。如果二者分不清就很麻烦,如果讨论商业行为,不能用生活中人际交往的逻辑,那不成了两套标准?比如任正非提出"管理的灰度",人们就特别容易从道德层面解读,解读成不讲是非,无原则。其实灰度是指高层管理者做决策时,复杂性多过刚性,从白到黑中间有250多种颜色,都叫灰色,统称为"灰度",这就是任正非要求高层管理者要能够"管理灰度"的主要原因。

所以,在我看来,从人性角度讨论商业,是个伪命题。因为如果你是一个职业人，你的身份和角色已经决定了你必须按照你的角色去发挥你所有人性的部分。比如说你首先要承担责任；其次对你拥有的资源、权力要有一颗敬畏的心，不能滥用它；第三你一定要对所有下属的成长负责。

如果你偏要任性一把，非得活出一个"我"来，这个思考本身是错误的。一定要记住在组织中最重要的是角色，而不是你本人。你必须胜任这个角色才是关键，只有符合角色的要求，组织才会接纳你。

曾几何时，人们误读了德国哲学家尼采的"上帝已死""成为你自己"的呼声，实际上是他发现所谓的基督精神缺乏现实的基础，一旦失去信念的支撑，信仰就会面临崩溃。他呼吁人们摆脱虚无主义的道德观，重估人类基本价值的方法，以弥补理想主义价值基础的缺失。

而马斯洛在提出人的五层需求后，渐渐发现其架构的不完整。他越来越意识到，一味强调自我实现的层次，会导向不健康的个人主义，甚至会出现以自我为中心的倾向。如果缺乏个人超越的层面，我们就会生病。他发现这不仅是指宗教界、文学艺术界，而且存在于企业家、经理人、政界人士中。所以马斯洛在晚年提出"我们需要'比我们更大的'东西"——即超越自我的第六需求层次。而关于这一点，人们常常有意无意地忽略了。

所以，无论是老板还是经理人，最重要的还是创造价值本身，同时也需要对于用超越自我的视角去理解自己，以建立更高标准来约束自己。这个更高的要求，甚至可以用"无我"来进行界定，并能够体现在商业精神上。2005年在斯坦福大学毕业典礼上的演讲或许是乔布斯最著名的一次演讲。他谈了自己作为一名大学辍学生的一生、他的创业以及与癌症斗争的故事。他引用了最后一期《全球概览》封底的话作为结尾："求知若饥，虚心若愚。"这也是乔布斯对自我的认知，也是成就苹果的驱动力量。任正非一直告诫华为人："华为最大的竞争者是自己。"2014年华为登顶全球电信老大，而任正非却说："华为还担不起世界领袖的担子。"早在多年前，任正非已经清醒地认识到，"面对未来的风险，我们只能用规则的确定来对付结果的不确定。只有这样我们才能随心所欲，不逾矩，才能在发展中获得自由。任何事物都有对立统一的两面，管理上的灰色，是我们生命之树。我们要深刻理解开放、妥协、灰度。"

乔布斯的初学者心态，任正非的"灰度管理"，对于我们理解人性与管理课题，无疑是一个很好的启示。

（原载：春暖花开公众号，2015年4月14日）

中国企业 40 年：企业家精神驱动

我们中国企业所走过的路，我们企业的实践，也已远远走到了足以让大家敬仰的地步，因此作为学者和学子，我们更应该跟企业去做更多的互动。也是基于此的考量，我把分享的主题定位在中国企业 40 年最重要的价值观选择上，就是"企业家精神驱动"。

一、企业家经济的诞生与繁荣持续

我非常喜欢一本书叫《大繁荣》，是诺贝尔奖获得者埃德蒙·菲尔普斯写的，在这本书里他看到一个事实：纵观整个历史的繁荣进程，无论是从 19 世纪 20 年代的英国，还是到 20 世纪 60 年代的美国，繁荣最重要的一个驱动力量，是源于社会上出现了"广泛的自主创新"，这是驱动社会进步的真正力量。

德鲁克有着同样的观点，他说："美国之所以可以持续繁荣，甚至超越了所有经济学家对美国经济周期的预测，最根本的原因在于美国出现了真正的企业家经济，一个经济史上最具深远意义和最鼓舞人心的事件。"这也是他对企业家精神和创新精神最重要的一个观点。

中国之所以能在改革开放 40 年来取得如此巨大的成就，可以从多个维度解读，包括政策、人口红利、资本的积累以及农村改革等，但我认为除了这些因素推动，还有一个最重要的要素，就是我们也同样出现了企业家经济。企业家经济的产生对应着一个全新人群的出现，他们在中国过去 40 年经济发展中起着举足轻重的作用，这个人群叫作企业家。

二、改革开放背后的驱动力量

改革开放在这群人的驱动下,孕育出千千万万的企业,创造出不可估量的社会财富。所以最近的 40 年以来,我们逐渐成为世界上最重要的商业大国之一。这个事实背后,有一个逻辑即是我们真的有非常多的本土创新。改革开放进行了 40 年,前 20 年我们主要依靠引进,而后 20 年产生了非常多的自主创新。

很多人常问,改革开放 40 年,到底是什么东西在背后驱动?其实有很多角度可以回答,但我认为有一个最重要的角度就是:我们很多的中国人,包括我们中国的企业家,我们的经理人、学生、学者在努力地发挥着自身的创新力、创造力,从而汇聚成宏大的愿望,是这份愿望在推动着我们取得了今天巨大的成就。这就是企业家精神推动的体现,也就是我们常讲的创新精神。

我们可以看到,当海尔走到第四个阶段的时候,开创了基于互联网之下的管理创新,它的商业创新以及引领世界的商业模式,特别是它的"创客所有制""人单合一",相信是会给全球更多的企业带来启发和借鉴的。更重要的,这是一个真正基于本土的解决方案,基于本土的创新,也是我们中国人民冒险精神和创造力产生的愿望。

三、什么是真正的企业家?

什么叫作企业家?他们拥有什么样的能力?我比较喜欢两个人的定义。第一个定义来自萨伊。萨伊告诉我们说,"企业家能将资源从生产力和产出较低的领域转移到生产力和产出比较高的领域。"的确,从定义中你会看到企业家们非常强的地方,他们能够不断去调整资源和生产力的配成,从而不断找到真正高产出的机会。第二个定义来自德鲁克。我个人更喜欢德鲁克给的定义,"企业家将变化视为健康的标准,通常他们自己不引发变化。但企业家总是寻找变化,对其做出反应,并将其视为机遇而加以利用。"你会发现在某种程度上,企业家不是一群真正去引领变化的人,而是不断把变化加以利用,并实现价值创造的那一群人。因此,企业家真正的创造是要跟变化组合在一起,当企业家能够跟变化组合在一起时,他们产生更多的价值就会为这个社会创造更多的财富。

我非常景仰企业家,不是因为他们多有财富,我对这个没太大的兴趣。我对企业家真正的敬仰在于,他们可以实实在在地去把一个构想变成真正的现实,产生真正的价值。我觉得这是企业家精神最强大的部分，这对我们的社会非常重要。

很多时候有人问我：什么叫创新，什么叫创业？我说：它们是一个能够把知识变成商业模型，并产生实际财富价值的过程，称之为"从创新到创业的过程"。从这个意义上来讲，我希望我们更多的学生，不管你愿不愿意去创业，你都应该有企业家的精神，当你拥有了企业家精神，才真正理解知识的价值到底是什么。

四、企业家精神的本质是创新

从这个角度来说，当我们认识了企业家、认识企业家精神，也就认识到中国企业在40年的改革开放中真正驱动社会进步的原因，就是因为背后都有一个东西叫"企业家精神"。2017年9月，中央专门发文弘扬和提倡企业家精神。这是中国历史上国家层面第一次对企业及企业家精神给予如此高的肯定。在这个时间节点，中央之所以弘扬和提倡企业家精神，我认为在今天这个不确定的时代当中，创新变得更为重要。

关于企业家精神，它有以下五个内涵：

第一，它是实践的创新。企业家精神的本质是创新，我们很多时候会谈非常多的是观念创新和理念创新，但如果从企业家精神角度来看创新的时候，首先要强调的是它是一个实践的创新。

第二，它是一种基本的工作形态。你不能陷在经验里，也不能满足于已取得的成就，它所有的工作都必须源于对创新的回答，是一种常态。海尔为什么是一个极具创新精神的公司？海尔总裁周云杰告诉大家，海尔不满足于曾经的成绩，所有的过去都不会太在意。这也是他们对过去40年改革开放的一种致敬。

第三，它一定是行动与结果的关系。有一个词叫"空谈误国"。教导我们不是只去想，不是只去谈，还要必须去做、去落到实地，这一定是整个行动和结果之间的关系。

第四，它必须是一个专注和投入的过程。周方杰在回顾海尔的发展历程时，提到海尔聚焦在把一个行业打穿，把一个产品做成行业，把一个行业做到行业第一，之后才去拓展它所在的整个领域。目前，海尔在三个产品大类的白电当中，已经连续八年做到了全球第一。海尔的例子，恰恰就印证了专注和投入就是创新要做的事情。

最后，它应该是使命感与责任感。我们都很清楚今天所拥有的使命和责任到底是什么，但当你不具备企业家的精神的时候，是无法真正体现出责任感和使命感的。

如果让我用一句话去描述它，我认为企业家精神其实不是一个"自然的"，也不是"创造性的"，它其实是一种踏踏实实的工作。如果我们真正拥有企业家精神，我们一定是踏踏实实地工作，我们一步一步地去做，一步一步地持续完善，一步一步地超越自己，一步一步地走向未来，我相信这个是企业家精神本质的含义。

五、时代机遇点上的中国方案

对中国企业来讲，我们来到了一个最重要的时代机遇点。这是中国企业从未有过的一个时间点，我们在之前 40 年里一直都在跟随，并没有太多的优势，我们无论在规模上，还是在技术、人才和资本积累上，都无法去跟传统强国企业去做竞争。但是，我们来到了一个特殊的时间点，互联网技术使得数据、协同、智能等全新的生产力要素能高效组合在一起，也就重构了整个商业系统。

处在整个商业系统重构的今天，无论是中国企业还是世界企业，其实我们都重新站在同一个起跑线上。所以，有人跟我讲我们要不要做"弯道超车"，我不同意这个词。我们今天没有弯道，我们是在重新起点上开始的，我们不需要在弯道超谁，只需要站在一个新起点上重新开始就可以。

说到致敬改革开放40年，我们最好的致敬方式就是：站在这个时代最好的机遇点上，昂首走出一条全新的道路来。这条线路如果按照"十九大"的报告，用国家领导人的说法就是"中国智慧"和"中国方案"。前面，我们提到的海尔也是在告诉大家，给你一个中国方案。我相信中国改革开放40年，肯定会为世界贡献一个优越的中国方案。

而且我们很多企业的确做到了。从彭博社公布的 2017年4月份全球市值排名榜中，看到我们有两家企业进入前十，这在以前是不可思议的，可见我们中国企业进步的速度是非常快的。另外，在世界 500 强的公布名单当中，无论是国有企业，还是民营企业，也都在彰显着它们的中国力量，越来越多企业进入世界 500 强的排行榜。再看看我们的"新四大发明"以及很多的优秀产品案例，其实我们中国企业正在悄然地改变着世界。不仅仅是在规模和市值，我觉得最重要的是我们开始真正去创造一些全新的价值，这个价值跟我们人类所追寻的美好生活相关，蕴含着生活的意义。

六、中国企业的机会

当很多人问我中国企业在新起点上最大的机会在哪里？我觉得有一个最大的机会就是中国消费者对中国品牌的认知开始有依赖度。之前中国企业做得比较辛苦，源于我们消费者对中国品牌没有依赖度，也没有那么高的确信度。但在今天完全具有了这个确信度，消费者信任力量的推动，使得中国企业走向持续的创新，进而创造更大的价值。

与此同时，我们企业时刻都要清醒地认识到创新才是最重要的，创新才是保持组织基业长青的最好方法。我们中国企业只有不断地创造价值，不断地创新求变，才真正有机会在技术驱动的时代下，诞生出一个又一个影响和改变人们生活的中国公司。

七、企业家必须做到的事情

关于怎样保证创新的可持续性，我想我们要做到四件事情：第一，必须要放弃你的经验；第二，必须关注速度的变化；第三，专注于解决问题的同时，还要专注于机遇和寻求发展；第四，也是最重要的，要激发每一个人的企业家精神。

而对我们的管理者来讲，也必须认识到每个人面对的挑战更加巨大，我们必须不断地学习再学习，我们必须把这种东西视为一种机会并加以利用，同时也意味着组织和我们管理者要"向自己挑战"，你的经验要摒弃，因为如果你不愿意摒弃你的传统经验和习惯，它会成为你学习新知识的障碍，而不是一个帮助。

面对2018，融合生活驱动人类进步会是下一篇章。

（原载：春暖花开公众号，2017年12月18日）

世界是设计的，我可以相信蒂姆·布朗吗？

一、颠覆了的世界需要重新"设计"

爱因斯坦说："上帝不会掷骰子。"

几年前，意大利蒙札市议会禁止宠物的主人把金鱼养在弯曲的鱼缸里。理由是，金鱼向外凝视时会得到实在的歪曲景色，将金鱼养在弯曲的缸里是残酷的。然而，霍金在《大设计》一书中说：我们何以得知我们看到的世界比金鱼透过鱼缸的圆弧看到的世界更真实？尽管如此，金鱼仍然可以从它们变形的参考系中表述科学定律，并且能够据此预言鱼缸外的物体的未来运动。

很快一条信息似乎提供了佐证：NASA证实地球周围存在时空漩涡，各种参数都印证了爱因斯坦的广义相对论。这样一来，我们看到的时空其实真的是"扭曲"的吗？

真正的科学家更可能不会迷信科学。牛顿发现了万有引力，奠定了现代物理学基础；爱因斯坦以广义相对论，对牛顿提出了质疑，认为宇宙之美拜上帝之手；霍金更试图进一步，却怀疑爱因斯坦的"上帝之手"，认为关键是人如何认识世界，而如今既有的理念已经跟不上科学的发展——"哲学已死"，人类存在的理由需要重建。

"世界上有真理，但没有不可以被更佳理论替代的理论。科学的进步，不是因为对的理论替代了错的，而是有较广泛解释力的，替代了较狭窄的。"经济学家张五常在他的《科学说需求》一书中说，过去有天狗吃月亮之说，后来知道那是天体运转使然。但是如果没有后来这个更佳的逻辑解释，倒不妨相信这个假说可以确立。

在霍金看来，连鱼缸里的金鱼都可以建立自己认识世界的科学定律。几千年的文明进程使人们逐步意识到，世间万物的演化是遵循定律而非以人格化的神的意志为转移和运行的。他主张回归人类本身："事实上，任何文化创造，无论是艺术的还是科学的，恐怕都不及理解我们自身存在这个命题伟大。"

如果说十六世纪那场思想解放大潮要假以一场"复兴"，那么进入新世纪以来的这场未解之谜又该如何回归才可以释然？人类如何拯救已经死亡的"哲学"？新的信仰如何确立？

"人类存在和人类精神的意义是什么？这些问题和人类一样古老。"现代管理学创始人德鲁克的话与霍金的话如出一辙。

——回归到人类本身的进步，这是世界需要改变、也能够改变的可能。今天我们读到的，是为苹果、三星、微软等做过设计服务的世界顶尖设计公司IDEO的总裁兼首席执行官、世界上最具影响力的杰出设计大师之一——蒂姆·布朗的力作《设计改变一切》。

二、"设计思维"需要在组织中前置

未来不可预测，但是未来从来不会自己到来。世界将借人类之手而改变。蒂姆·布朗在《设计改变一切》这本书中贡献了一个重要词汇："设计思维"。设计思维并非始于技术研究，而是始于人，人的渴望和需求，理解消费者，从中获得灵感，以此作为起始点，寻求突破性创新。

我们可以看到先驱者的呼应。2006年霍金在第三次访问中国时，当被问到宇宙和我们自身的存在该如何评价时回答说："根据实证主义哲学，宇宙之所以存在是因为存在一个描述它的协调的理论。我们正在寻找这个理论。但愿我们能找到它。因为没有一个理论，宇宙就会消失。"

那么，决定于人存在于这个世界的理论依据又是什么？我在《经营的本质》一书中援引哈佛大学教授曼昆的话说："经济学课程的目的是理解人类居住的这个世界，而不是倡导某个特定的政策立场。"每一个管理者都要牢记：无论怎样关注管理，都必须在"经营理念"下发挥作用。先行者必然有一个先进的理念做引导，也正因为此，"事实上，未来属于那些能够赶在变化之前就做出准确判断、围绕着经营的基本元素做出改变的人。"

事实上，真正的创新者能够看到技术之上的东西。乔布斯曾经亲自前往印度朝圣，佛教书籍对他产生了极大的影响。人生哲学的改变，直接触动他"改变世界"的行为。这种改变不是传统教育所赋予的，既有的科研成果充其量只是他实现改变的阶梯，他毫不讳言自己是踩在巨人肩膀上——当他急于看到更加光辉的未来时，他是不惜踏上去的。在他眼中，"改变世界"的这个大产权，已经覆盖了众多的知识产权。

有人说，无法把乔布斯的信仰归类于某一个宗教。但他显然具有认识世界的逻辑思维，当他把所有的追求假借于"苹果"这个道具上，设计便是他挥舞道具的手段。"这一直是我的座右铭——集中和简单。简单，可以比实现复杂的东西更难。你必须花很多力气让你的思维变得简单、有条理。但最终它的价值非常大，因为一旦你到达那一步，你就可以撼动山脉了。"

他一样不会耽于消费者的欲望，而是忠于消费者内心的向往——"根据受众设计产品其实是非常难的。因为很多情况下，人们并不知道自己想要的是什么，而是需要你去展示给他们看"。

不是吗？顾客说他需要一辆跑得更快的马车，福特却给了他一辆汽车。这是工业革命的献礼。但是当工业革命带来负面的影响日益严重：环境污染、过度消耗、惊人的浪费，人们幡然醒悟："如果只是依靠新技术革命的成果，我们就有可能陷入更深的泥潭。"蒂姆·布朗把这句话放到了前言中。

设计思维比设计技艺前进了一步，不惟设计师所拥有，更可以帮助人类解决更大范围的问题。而这个对于发展中的中国企业来说，就是如何持续培养自身的创新能力，展开基于知识产权、而非更低成本的竞争？如何重新制定低能耗的都市发展规划，让城市更注重环保、让经济更富竞争力？这些问题，无法从科技创新的角度来解决。

所以，布朗认为设计思维尤其需要逆流而上，更接近做出战略决策的核心管理层。"设计太重要了，而它们不该只被留给设计师。""这正是我们所处时代的特质，我们要像设计师那样思考"。正如星巴克创始人舒尔茨在引导公司转型的过程中发现，有必要在决策层引入网络信息技术人才。布朗认为，设计思维前置，也就是要在战略决策过程中导入设计思维。

为什么市场上流入那么多重复、相似、令人难以动心的产品？因为人们只关注眼下的需求，或者过于依赖技术。设计需要由"问题"导向转到"项目"导向，将概念转变为现实产品，这对于维持企业高水平的创造力至关重要。这对于公司基于未来的转型变革非常重要。

所以组织保障十分必要。布朗的团队对此有着切身体会。他说，当数不清的客户走进来说："给我一个iPod"；几乎同样多的设计师都会低声回答："那就给我下一个史蒂夫·乔布斯吧"。也就是决策者本身需要具有设计思维，具有整合思维的跨领域人才是解决之道。

三、"跨领域团队""跨界人才"成为趋势

"在我们办公室，到处都体现着'IDEO特色'，而我最喜欢的，可能是那句经常被重复的话：'作为一个整体，我们比任何个体都聪明'。"布朗这里的"我们"不是指三个臭皮匠与一个诸葛亮的寓意，而是指"跨领域团队"。

他特别指出，"跨领域团队"和"多领域团队"不同。后者是指每个人都有特长，其实不易切磋统一意见；而跨领域团队中，想法为集体所共有，每个人都对此负责。但是团队中的"群体思维"会压抑个体的创造力，解决之道就是摒弃单个大型团队，创造多个小团队，尤其在创意阶段。

组织的物理空间与心理空间的协同作用，决定了组织中各个成员能否成功。布朗认为，员工个体的过于独立通常反映了组织本身的不足，将富于创造力的人与其他人隔绝开来，会破坏组织的创造性尝试。

多数组织制定了衡量某个部门效能的标尺，这种方式削弱了部门之间的有效合作。事实上，最具吸引力的创新机遇，恰巧存在于部门之间的交集当中。

非等级的相和，不是集中指令和控制的结果，而是在彼此的适应、成长和发展中，一系列个体行为在重复上千次后，带来的可预测结果。群体若想成功，必须赋予每个个体对最终结果的某种程度的控制权。

所以，跨学科环境中工作的成员，个人需要具备两种维度的能力，也就是大前研一所说的麦肯锡团队中的"T型人"——在横轴上知识领域宽泛，他们或许是学过心理学的建筑师，学过工商管理的艺术家，具备销售经验的工程师等；在纵轴上则是具备一定深度专业技能，能够保障为成果做出实际贡献（即麦肯锡所说的随时随地解决实际问题的能力）。

当今设计领域一个引人注目的特色是，有很多经过严格学术训练的社会科学家选择了学术界以外的职业。为什么硅谷的一家芯片公司会有兴趣资助一群离经叛道的社会学家去研究东欧或西非的人或行为？英特尔公司知道，当下一个10%的人口上网时，自己必须做好了准备。

作为设计师，则具有这样的技艺：在达成商业目的前提下，以可用的科技满足人们的需求。这种技艺便是设计思维之源，它不是完全的直觉灵感，也不同于抽象的理性分析，而是用整合的方法，超越上述两种方式的"第三条道路"。事实上，那些得以流传下来的工业设计经典之作，无不是考虑了技术的可行性、商业化需求和人文关怀之间的平衡。

布朗认为，设计的过程并没有"最佳方法"，也没有秩序井然的步骤。而是由彼此重叠的空间构成的系统，这些空间包括：灵感空间、构思空间和实施空间；它们重叠的标准是：可行性、延续性和需求性，分别对应未来、明天和现在。探索和重复是设计思维创造性进程的核心，设计师会在一个实体空间中不断试错——"失败得越多越早，成功就越快来临。"

四、回归人本，变"需要"为"需求"

"设计师的工作就是将需要转变为需求。"诚如德鲁克说的，设计的核心是将人放在故事的中心，创意的首位。这其实并不容易。从设计到设计思维的演化，实际上是由创造产品演化到分析人与产品之间的关系，进而再演化到人与人之间的关系。消费者往往表达不清楚他需要的东西，更不明确未来的需求；数据只能精确测量我们已有的东西，告诉我们已经知道的东西。如"跑得更快的马车"。

布朗给出了洞察力——从他人的生活学习；观察——关注人们没有做的、倾听人们没有说的；换位思考——真切体会别人的感受；超越个体——由为民众创造演变为与民众一起创造，再演变为通过用户生成内容和开源创新自行进行创造。

随着创造者和顾客之间更深入的合作，彼此之间的界限模糊了。这便是"人人都是设计师"的真谛。如日本的无印良品经营模式，其纯朴、简洁、环保、以人为本的设计理念已经深入人心，激发世界各地的设计师和设计爱好者踊跃参与投稿。既引领先进的设计理念、又不失自己的文化特色。原研哉把日本设计文化提炼为两个道具的不断演化：棍棒和掬起的双手。前者是武器，具有破坏性；后者是容器，具有收容性，它意味着保存、保护、保留。日本设计的简约，是一种虚空的概念，用以对抗世界的豪华和五彩，而实际上日本学习了很多西方的东西。"我们无印良品就是虚空概念的代表。我们也正是以虚空的境界为目标不断地创造着产品。"

无印良品的坚守分明暗合了潮流趋势，却号称始终与流行保持着一定的距离。"比如说赛跑当中，我们好像是比流行慢一圈的选手，但实际上是跑在最前面的选手。为什么呢？如果你总是跟流行保持同一个步调的话，马上就会被淘汰。"很显然，这是一种关于存在哲学的思考。这种思考通过实体的产品持续地表达了出来。

蒂姆·布朗在书中提到英国大西部铁路，作为工业革命的标志，它是设计的力量改变世界的实证。设计者布鲁内尔赋予它的创意是：让乘客有"飘浮过乡间"的感觉。所以他逢山开洞、遇河搭桥，坚持让坡道的起伏尽可能的平缓。这种设计不仅为了创造高效的运输系统，也是为了给乘客营造最佳的乘车体验。

联想到不久前一个热传的视频，法国高铁电视广告与中国高铁广告的对比。投资1850万元的中国高铁广告，画面气势磅礴、视野辽阔壮观，高铁飞驰四通八达，快速闪过虚化的人群，连接一切、快速高效是突出的观感，你会联想到正在腾飞的中国经济，令人震撼。而法国高铁广告看起来构思十分简单，整个广告画面不见一列火车，但是给人带来无声的震撼：一棵神秘的大树，远远地望去，枝丫上似乎栖息着大群的鸟儿。随着镜头拉近——鸟儿次第起飞，你才发现那原来是一个个的人。只见他们以定格的、优雅的姿态朝着一个方向飞去，白云一样飘过美丽的高山原野、江河湖泊，安全平稳地落到世界各地……不禁令人们暗暗称奇。它传递出的是舒适、优雅、唯美、飞快、安全，删繁就简，突出的是人本身，体现出人文的关怀。

是不是和布鲁内尔的"飘浮过乡间"的设计理念如出一辙？这就是技术与设计、设计与设计思维的区别。它体现出技术进步的本意，正如文艺复兴对人性之美的唤醒一样，信息技术的进步也一定是对人类身心的进一步解放，而不是相反。虽然中国高铁较之法国高铁有着傲人的成就，从视频广告上则凸显出我们人文精神与先进理念必须跟上科技发展的急迫性与必要性。

五、那些假以互联网思维的创新，源自设计思维

蒂姆·布朗并没有神秘化设计思维，他以两大部分、九大章的内容，从理念到方法、从过程到方向给予了全面的阐述。意外的发现是，很多观点与刚刚热传的互联网思维相重合，也许与苹果、三星、微软等知名公司合作过的IDEO深谙互联网时代的产品节奏与传播之道，更具有启发意义的是，剥去了令人质疑的互

联网外衣后，我们更能看到设计思维的本质，并可澄清舆论关于互联网思维的误解。

（一）思维矩阵与迭代创新

由问题导向转到项目导向，被布朗认为是由传统的设计向创新型设计思维转变的途径。而项目设计经历的三个重叠的空间——灵感空间、构思空间和实施空间，在整个过程中的呈现是模糊不清的，重大的决定似乎是建立在最没有根据的预感上，会给人挫败感，也令人紧张与兴奋。所以布朗主张试错，并且说错误来得越早越好。"每个设计过程都会在看来毫无章法、模糊的实验阶段和突然变得极其清晰的阶段之间。"

（二）发散思维与聚合思维

发散思维有利于创新；聚合思维有利于找到解决方案。准确地说，设计思考所采用的过程看起来是发散思维阶段与汇聚思维阶段的规律交替。两度获得诺贝尔奖（化学奖、和平奖）的莱纳斯·鲍林说："为了有个好主意，必须先有很多想法"；而获得诺贝尔文学奖的威廉·福克纳在被问起写作最困难之处则说："剔除你的得意之笔"。恰好概括了两个思维方式与阶段。

由此关照当前关于互联网思维的争论，其实是陷入了非此即彼的二元僵化思维。大可不必非要从传统中对号入座，人们更习惯于聚合思维，转型创新下，不妨放开些发散思维。而所谓的叠代创新，也是在不可预测的前景下，逐步逼近结果的路径。

（三）实验的态度与不断试错

对冒险的宽容，同一个组织的文化与商业策略有很大关系。布朗特别讲到，必须给创造团队时间、空间和预算去试错。试错也是互联网思维下的热词，在布朗的设计思维中被视为从组织到团队再到个人的基本态度。这并非是浪费的、低效率的或者多余的，否则企业会陷入渐进式增长的陷阱，这意味着慢性自杀。

"当整个组织的生态系统——不只是设计师、工程师，当然也不仅是管理层，有进行实验的空间时，最好的想法才会出现。而最好的人才，也常常在发散思维的讨论中脱颖而出。18世纪英国最伟大的诗人亚历山大·蒲柏说过："犯错的是凡人，宽恕的是圣人。"

在信息透明、沟通无障碍的新媒体时代，负面信息会在人们的"分享"本能下大量的倍速传播，人们变得越来越没有耐性。而"在一个愤世嫉俗的组织里，好奇心很难得以发挥"，为了获得设计思维的力量，个人、团队和整个组织必须培养乐观精神。布朗认为，乐观精神需要信心，而信心是建立在信任的基础上的。这正是组织中冒险精神的前提。

（四）头脑风暴与非线性思维

在IDEO，有头脑风暴会议专用房间，而且将会议规则清清楚楚地写在墙上："暂缓评论、异想天开、不要跑题"。布朗强调说："我得说，这个规则中最重要的是'借题发挥'，这与'不杀生''敬父母'同等重要，因为这一规则可以保证每一个参与者对先前提出的想法有所贡献。这样整个会议才有机会向前推进。""在创造想法方面，没有比头脑风暴会议更好的了。"

在未来不可预知下，一切定论都似乎过早，在我们回到经营的基本层面、探讨并遵循事物的本质规律时，"去中心化"也是互联网思维的善意之一。这与激发创造想法的头脑风暴一样，是一个必要的过程。布朗竟然将鼓励发散思维的"借题发挥"提到如此的高度。

达芬奇的素描薄与他的名画一样闻名。多伦多大学罗特曼管理学院院长罗杰·马丁《整合思维》一书基于50个深度访谈，他在书中提出：利用对立想法构建新的解决方案的思考者，与那些每次只考虑一个模式的人相比，具有更大的内在优势。整合式思考者反对"不是/就是"，赞同"不但/而且"，将非线性和多方向的关系，看作是灵感的来源，而不是矛盾。马丁发现，最成功的领导者"欢迎混乱"，他们允许复杂性的存在，至少在寻找解决方案时如此，因为复杂性是创造机会最可靠的来源。任正非所提出的管理的灰度空间，深得此道。

（五）顾客体验与去中心化

工业革命不仅创造了消费者，还创造了消费社会。而工业化下的规模经济，随着商品或者服务的标准化，久而久之会无视消费者的价值。当人们的基本需要得到满足后，就会寻找意义、情绪上满足感的体验。网络1.0是对潜在顾客进行信息轰炸，而网络2.0关注的则是如何让用户参与。再也不能把人当作被动消费者了。"人人都是设计师"的含义还包括用户。这要求企业要为顾客打造体验、诱导人们改变行为，其中大有学问。布朗说一种让人们尝试新事物的方法就是，将事物建立在人们熟悉的行为上，比如唤起儿时的记忆。做一顿饭和设计一种用餐体验是不同的，要制作客户体验的蓝图。

六、回归初心，用"手"来思考

我一直强调知行合一，我在《致敬柴静：人的高度由双手决定》的文章中写道："大部分人也在强调自己比别人优越的各种条件，但是究其根本一定是：一个优秀的人能够持续的完善自己的行为，以比别人更高的标准来行动。""只有真正面对现实的人，才有机会成就理想。""我常常在不同的场合，要求大家把手举起来，我自己的一句座右铭是'手比头高'。""人的高度不是思想决定的，人的高度是双手决定的。"

不谋而合或者说异曲同工，在布朗这里，"手"本身就是一种有效的思考方式。哲学家说得没错，"人无异于一根芦草，只是这是一根会思想的芦草。"布朗用整整一章来谈这个话题，并上升到方法论，从而给了我们借鉴的路径。

（一）模型的力量

优秀的设计师从来不拒绝苛刻的条件要求，他们深谙这是诞生伟大产品的好时机。布朗说他的设计思考者生涯始于乐高积木。20世纪70年代，由于英国经济衰退、煤矿工人罢工，家里常常停电。布朗开动了脑筋要为家里贡献一份力量，他用能在暗处发光的乐高积木做了一个很大的手电筒，这样母亲就能够给家里做好一顿晚饭了。不少杰出的设计师都有着同样的经历，对儿时玩弄各种模型激发的好奇体验念念不忘。但是现在，"多数企业充满了这样的人，他们将孩子式的追求搁在一边，转而去做像写报告、填表格这类看似更重要的事。"而模型制作是实验性活动的最好实证，是设计思维的重要环节。布朗认为不惟设计师，许多行业、公司中的各个部门人员都应该参与进来。

（二）模型，不求精细，胜在快速

因为越快明确想法，就能越早评估和改进，并把注意力集中到最佳方案上去。"对一个想法投入得越多，人们就越难放弃这个想法"。要适可而止。在模型上投入的时间、精力和投资，只要足以获得有用的反馈并推动想法前进就足够了。一个看起来已经完成的、太完美的作品，他的制作者会下意识地拒绝别人的意见。

（三）把抽象的东西模型具象化

比如顾客体验的历程图。可以用图表画出一个虚拟顾客从接受服务开始到结束所经历的各个阶段，由此可以看到顾客与产品服务在什么情况下会发生互动。过程中的每一个接触点都指向可能为公司目标顾客提供价值的机会——或者是永远失去这些顾客的原因。

在这本书中，布朗本人就做了一个大胆的尝试，在目录页制作了一个密密麻麻的思维导图，从而将全书的内容具象化地展示在读者面前。

（四）角色扮演

孩子们在一起玩积木游戏，会自然地进行角色分工，无需任何的启发或诱导。其实，作为成年人，我们依然是凭借这种内在的脚本在这个世界上生活的。就某项具体的合作或者服务项目，你不妨先模拟一下整个过程。你还可以走进现场试验。现在好了，物联网可以提供虚拟模拟空间，如社交网站的"第二生活"，就是征集意见的好方式。

总之，制作模型的目的，不是制造一个能工作的、完美无缺的模型，而是赋予想法具体的外观，以便我们了解这个想法的长处和弱点，并找到新方向来搭建更详细、更精密的下一代模型。这就是用"手"思考的含义。

请作家讲故事，把你的想法传播出去。泰戈尔说："所有的民族都有义务将自己展示在世界面前。"这是一个超越时代、无法回避的大命题。当原研哉谈到无印良品的极简主义设计理念时，会引申到日本的虚空文化观念。

设计思维——本质上以人为中心来解决问题的方法，人类讲故事的能力起着非常重要的作用。在人类演变的历史中，在意识、语言和社会与讲故事之间已经建立起了一种紧密的联系。人类在学习如何把自己的想法传播出去的过程中，社会结构从游牧群体发展成了部落，发展成了定居村庄，然后成为城市和国家，进而发展成为跨国组织和运动。

IDEO公司创始人之一、著名工业设计师莫格里奇不断提醒他的团队："我们是在设计动词，而不是设计名词。"这意味着设计要沿着时间的轴，就消费者体验的关键接触点展开，构建相关联的事件。设计师称之为"第四维空间"。将时间嵌入设计过程中。创新的想法常常具有颠覆性。如果某个想法是真正的创新，就可能对现状提出挑战。这意味着要从其他重要的项目中争夺资源。所以设计不仅是给消费者看的，也是给公司内部决策者看的，这一样需要技巧和想象力，需要令人信服的故事设计。

毫无疑问，故事需要意义，尤其是这个时代，同样需要打破边界，要让消费者从故事的受众，转化为故事的讲述者，一定是人生信仰、价值观的共鸣。所以布朗提出，设计者要传播信仰。这便是品牌的价值意义，那些著名品牌无不以此打动人心。布朗认为在大型的推广活动中，有效的故事讲述有两个关键时刻：开始和结束。在开始的一端，尽早采用故事讲述，并将此融入到创新努力的每个环节至关重要。项目完成时，项目团队找来作家详细记录项目成为惯例。更多的情况下，从开始的第一天起，作家就被纳入到设计团队中，以便适时推进故事的形成。

舒尔茨发起星巴克转型的总动员，选择在两年一度的万名经理人见面会上发布。在公司财政极其困难的情势下，将会议地点选择在一样深陷卡特里飓风破坏困境中的新奥尔良，在会议期间特别设计了一个轮流参加城市重建的繁重义务劳动。3000万美元的活动经费，不但给当地人带去了商业服务、就业的机会，也提振了灾民重建家园的信心，而星巴克经理人更是以切身体会相互感染，深度理解了创造顾客价值的初心，唤醒了一起思考、行动的激情与创新灵感。更重要的还有，这个设计真真切切地触动了这个城市的内心，它如此意味深长，以至于让人久久不能遗忘。有一个故事可以说明：当组织团队的一个成员被特许留下度假休息，沿着街道散步时路遇一个当地人，得知他是星巴克人后，竟然激动地拥抱了他，感谢星巴克让他度过了这个艰难的时刻，两人都洒下了热泪。——而后来，舒尔茨与作家一起把他领导星巴克变革新生的故事写成了一本畅销书。

七、变革指向未来，从设计思维开始

一场信息革命已经铺天盖地渗透，工具智能化、信息透明化、连接时空无限化将给人们带来前所未有的变化，人的身心进一步解放、环境保护日益急迫、生活方式面临重塑，都给设计带来无限的空间。同时也体现出设计的必要。

经济被认为是一门忧郁的学问，因为要用有限的资源满足人类无限的需要，所以经营者的良心才如此重要。现在我们知道设计思维的空间有多大。一些优秀的新崛起的企业，无不一开始就体现出先进的理念，这也是品牌建设新的契机。

布朗提出，在经济衰退时，比在繁荣时期更容易发现新需求。设计从来不恐惧苛刻的条件限制。而维持社会经济延续性和地球生物延续性之间的平衡，需要最具"整合性"的头脑。设计师不能阻止人们按照自己的意愿去处置买来的商品，但是，设计师不能以此为借口而忽视更大的生态系统——你必须要考虑那些被使用资源的归处。

设计师具有引导人类健康生活方式的机会与责任，我们需要找到一种办法，鼓励人们把节约能源看作是进行投资而非是做出牺牲。

同时消费者自身也会与时俱进，他们会对产品与服务进行干预。一个显见的趋势是，企业正在放弃自己的控制权，渐渐地不把顾客当做是"终端用户"，而是把他们看做是双向过程的参与者。

布朗认为这也对学校教育提出了新挑战。现在的学校教育就像一个人步入了成年，由于归纳、分析法的不断灌输，渐渐地忘记孩童时的好奇天性，那时人们用双手来探索世界，通过搭建模型来检验想法，进行角色分工，做着数不清的游戏。渐渐地，忘记了发散思维的天性，多数人认为创造力不再重要，或者只有极少的怪才才会拥有。所以，必须创建一种教育体验，鼓励和强化这种天性，并持续保持这种活力，改变世界、创新未来取决于让更多的人掌握设计思维的整体原则。

正在兴起的，一种新型的社会契约。企业必须拥有先进的思维、全球的眼光。正如布朗最喜欢的那句经常被重复的话："作为一个整体，'我们'比任何个体都聪明。"

八、结语

蒂姆·布朗的设计思维，事实上更接近于做出战略决策的核心领导层，它是互联网思维的鼻祖，鼓励跨领域和新的思维模式，引领我们回归人本，回归初心。正因为如此，"作为一个整体，'我们'比任何个体都聪明"。

（原载：春暖花开公众号，2015年8月18日）